NO EXIT

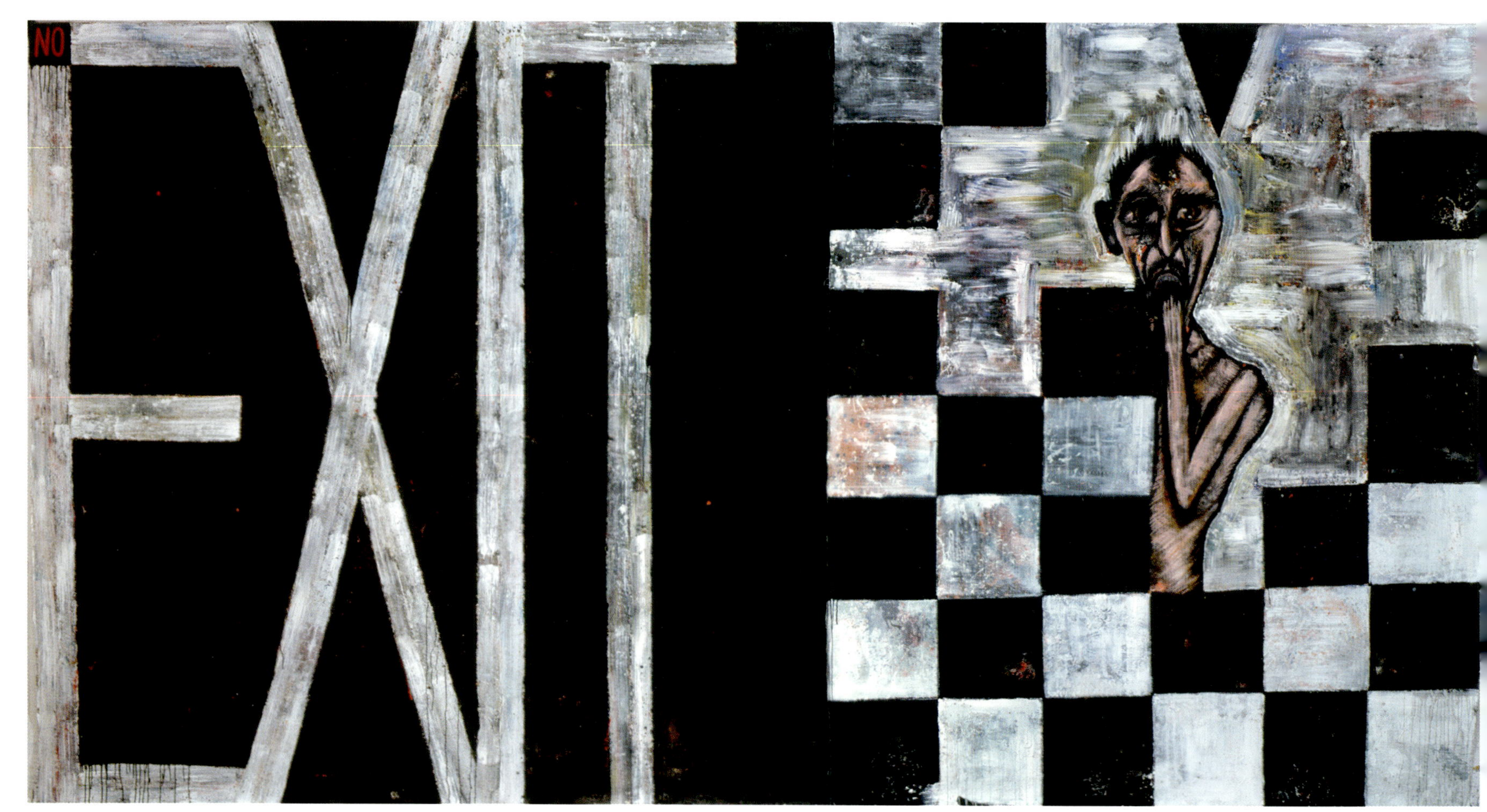

No Exit, 1987
Acrylic on canvas
Acrílico sobre lienzo
121 x 228"
307 x 579 cm
Private Collection
Colección particular

Luis Cruz Azaceta
NO EXIT

Carlos A. Aguilera

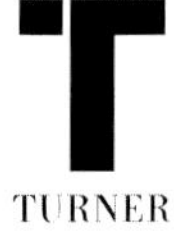

TURNER

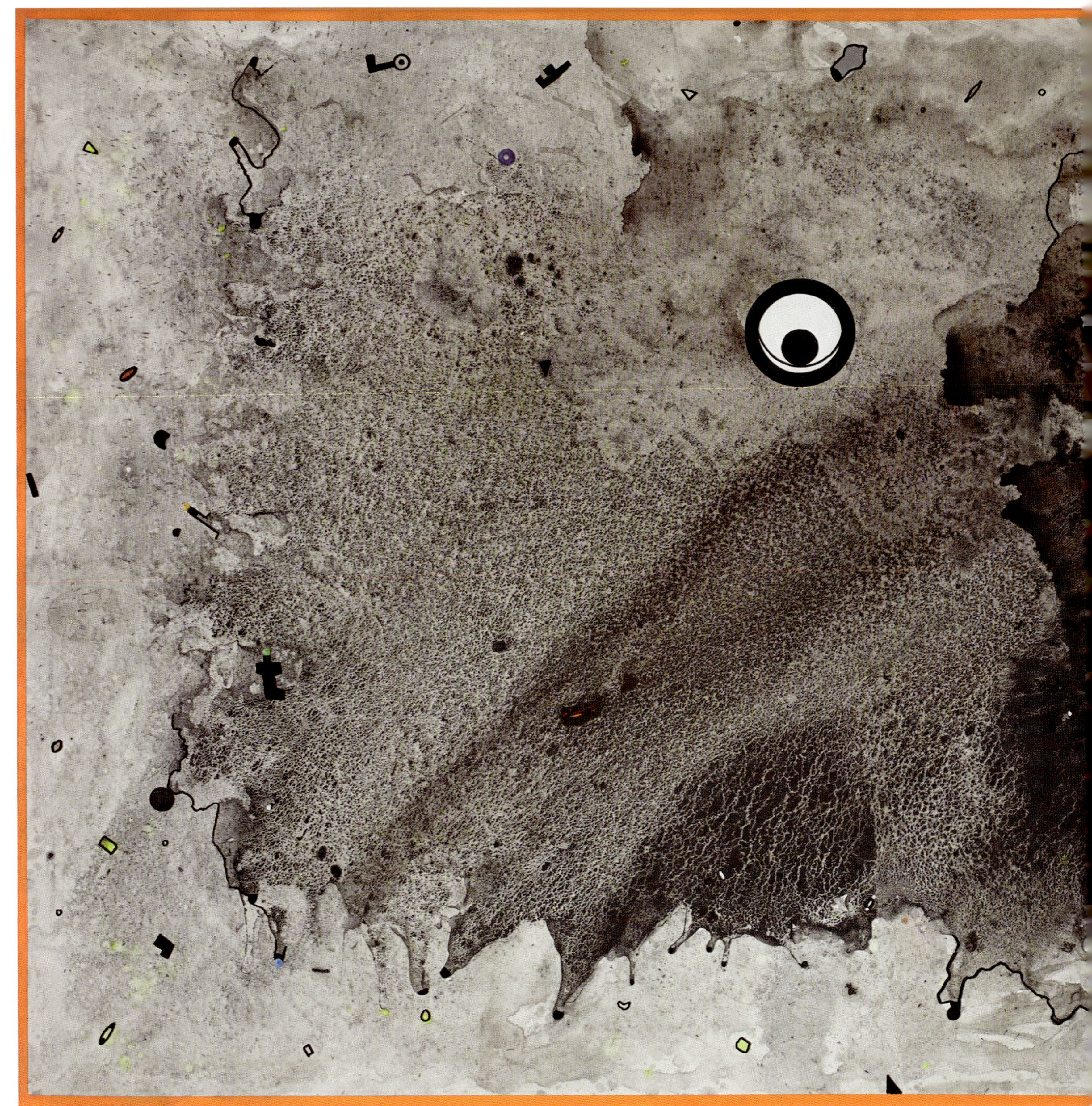

The Eye, 2014
Acrylic on canvas
Acrílico sobre lienzo
48 x 96"
122 x 244 cm

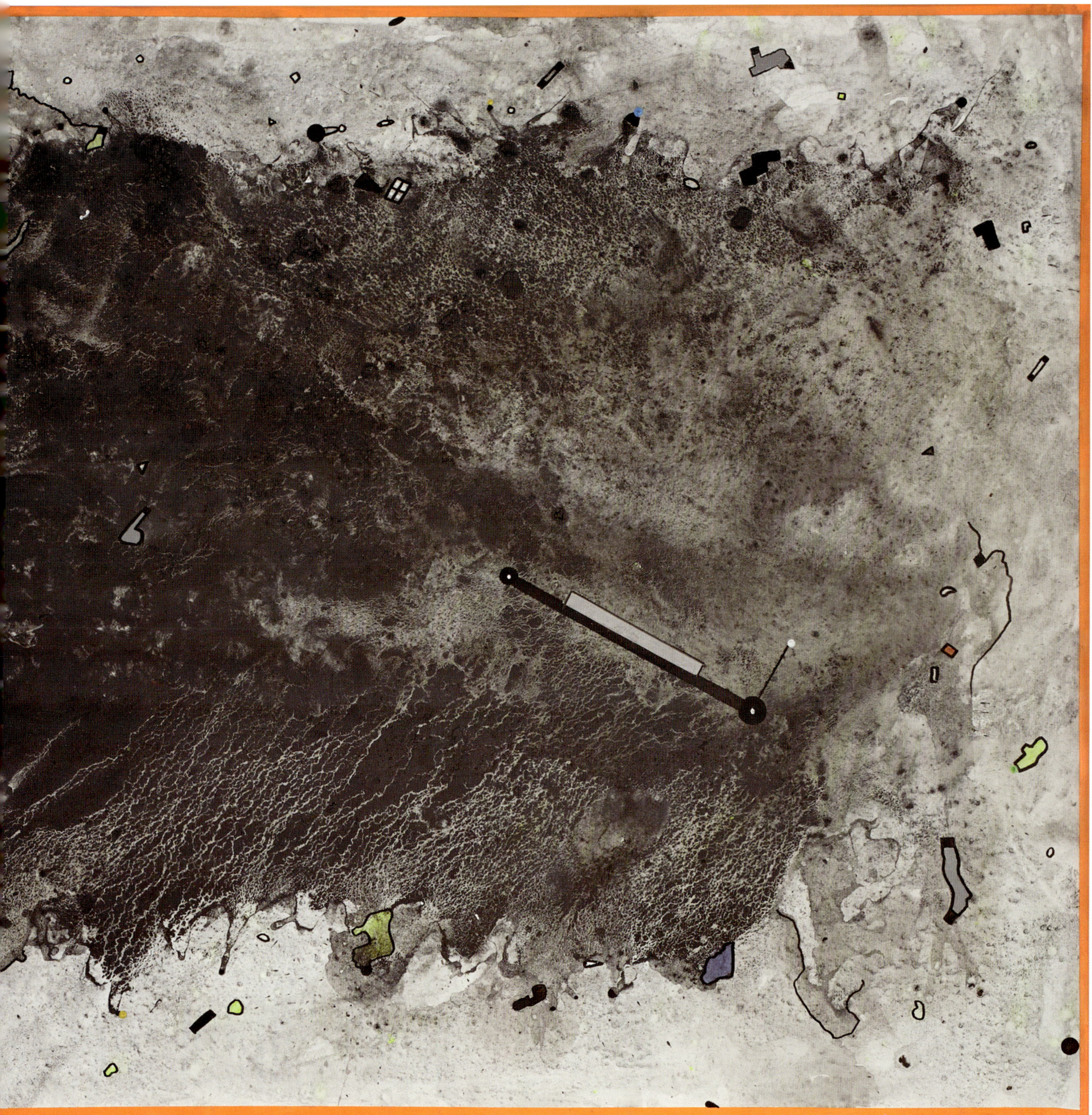

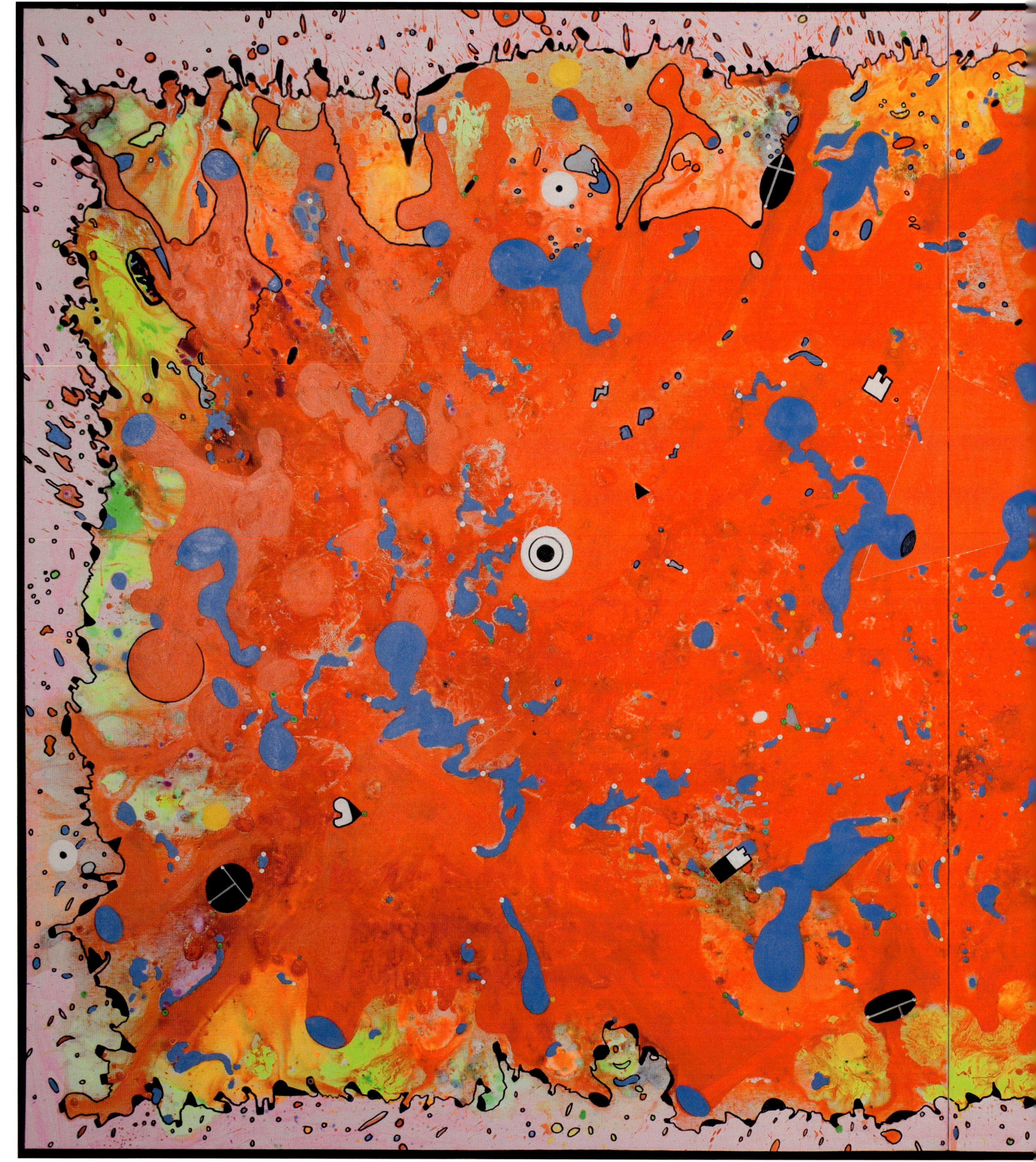

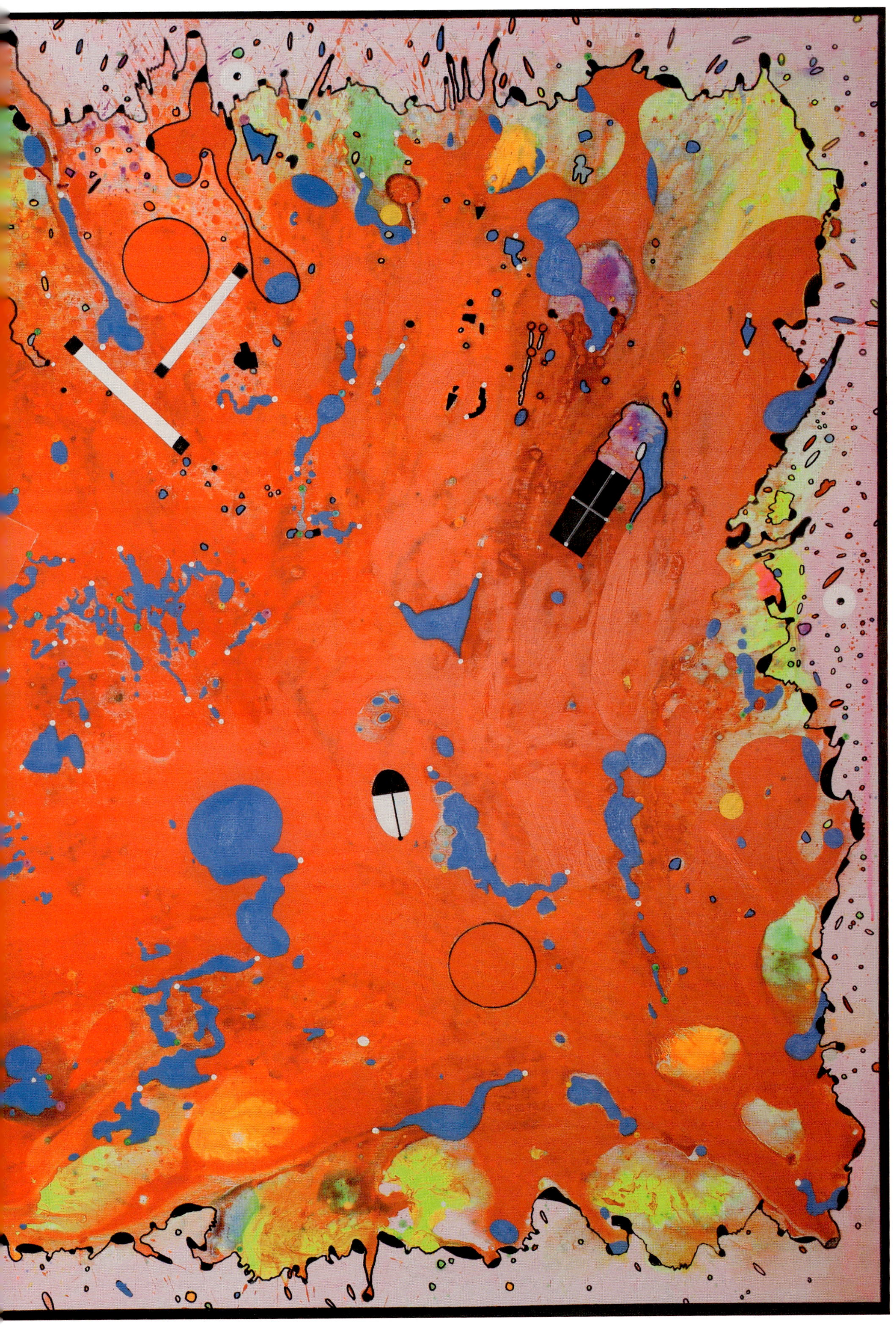

Target, 2014
Acrylic on canvas
Acrílico sobre lienzo
60 x 96"
152 x 244 cm

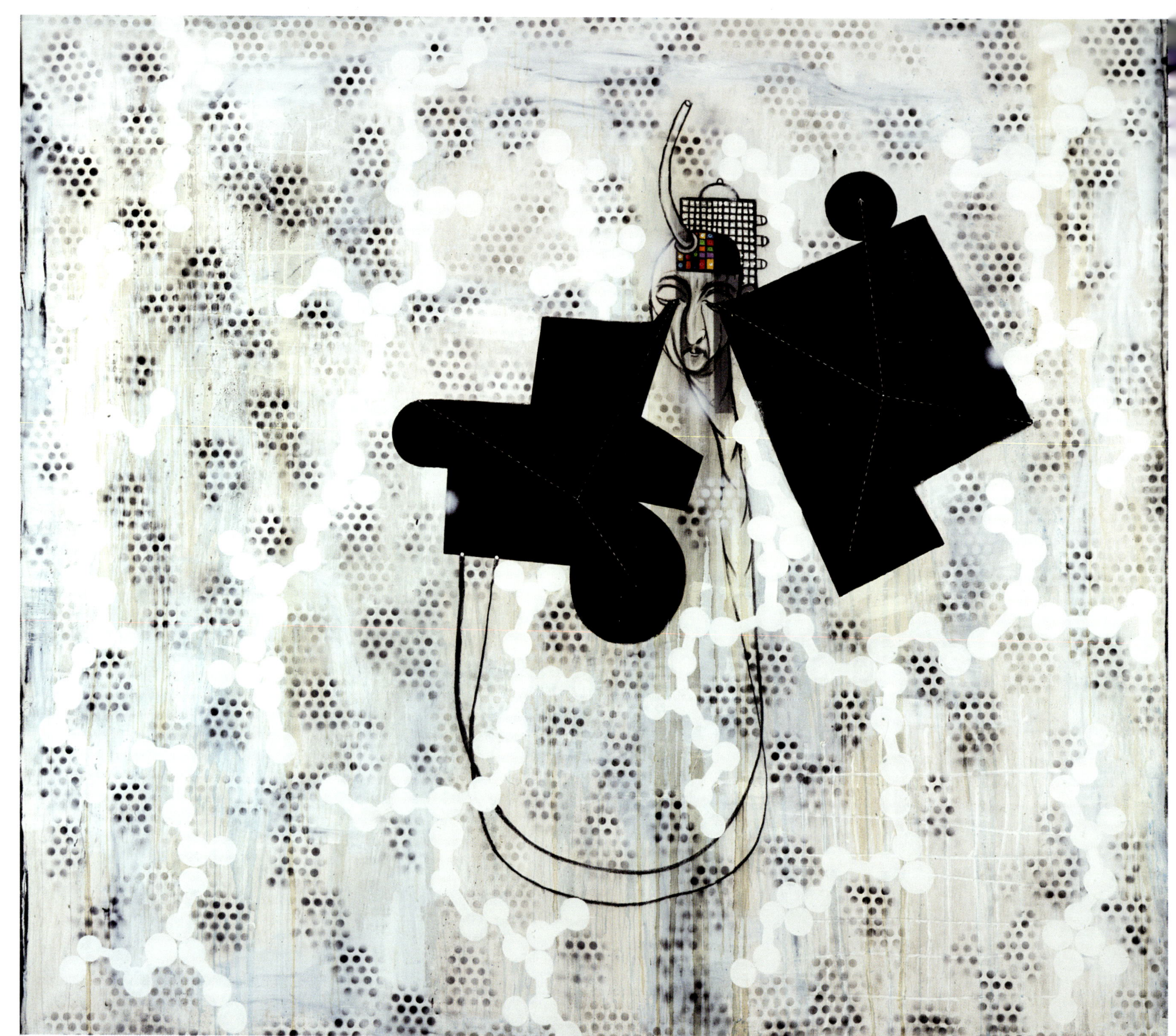

Eyeshot, 2004
Acrylic, charcoal, enamel, and shellac
on canvas
Acrílico, carboncillo, esmalte y laca
sobre lienzo
106 x 119"
269 x 302 cm
Private Collection
Colección particular

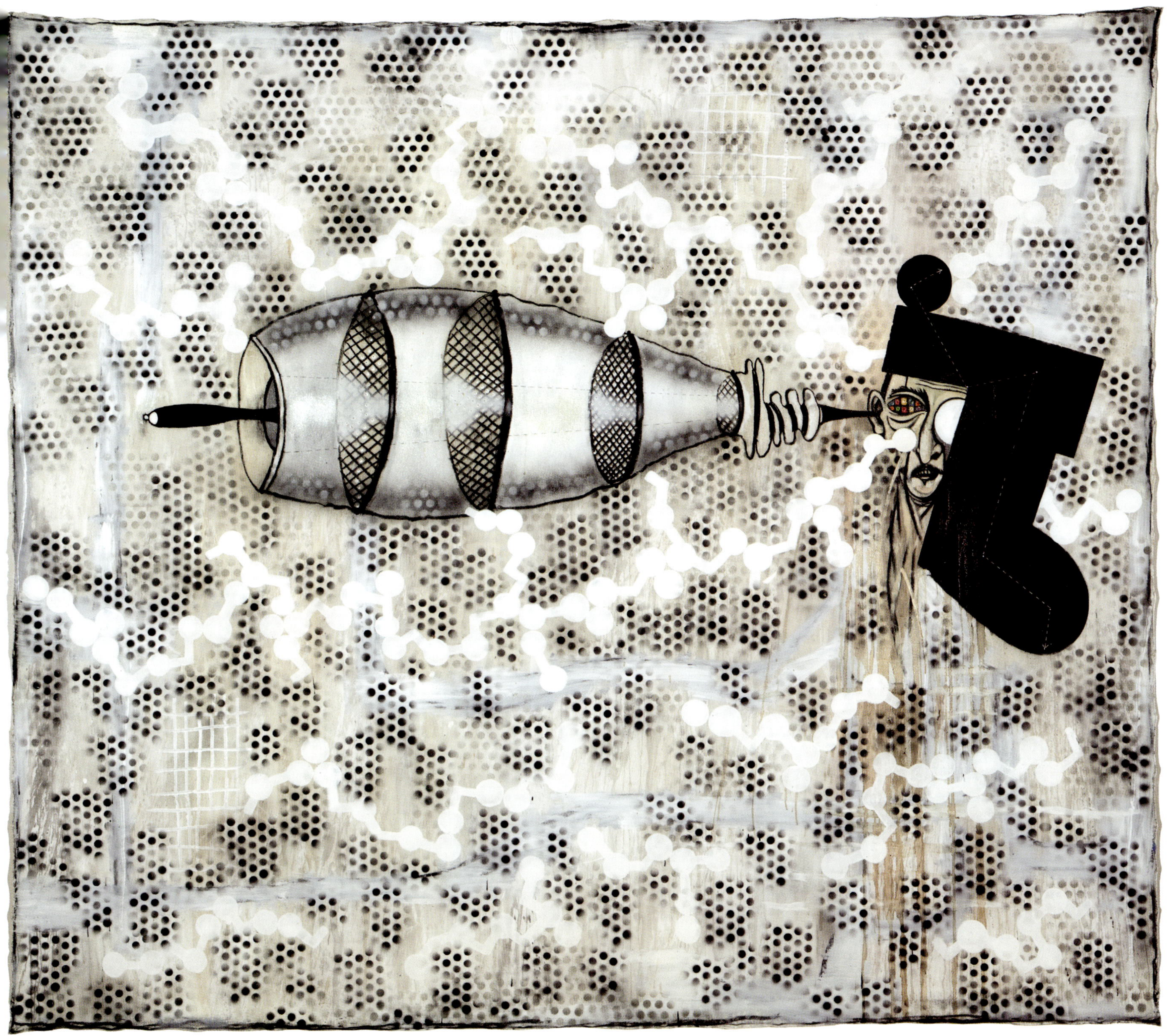

Earshot, 2004
Acrylic, charcoal, enamel, and shellac
on canvas
Acrílico, carboncillo, esmalte y laca
sobre lienzo
106 x 119"
269 x 302 cm

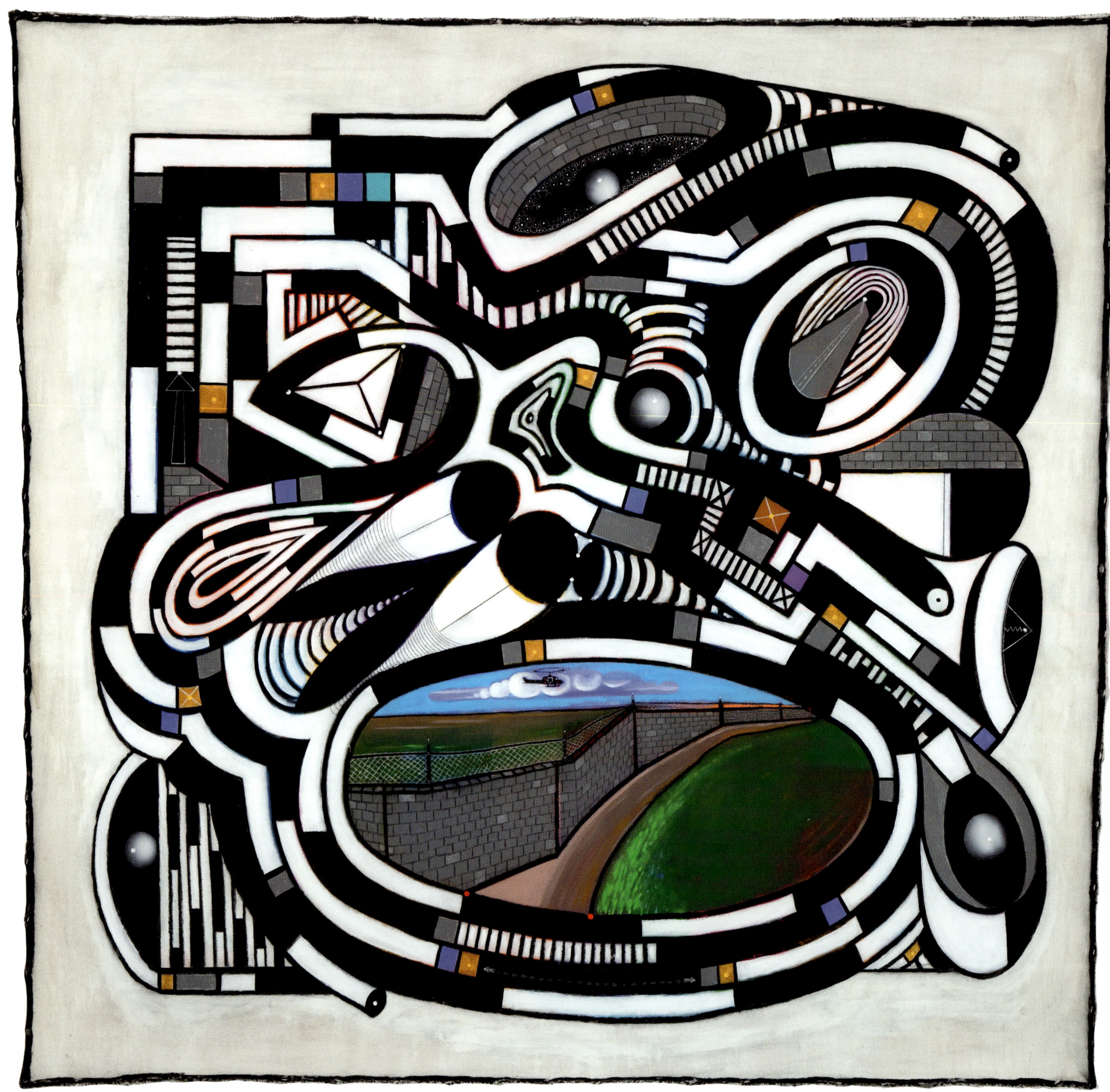

The Border, 2010
Acrylic, charcoal, enamel, and shellac
on canvas
Acrílico, carboncillo, esmalte y laca
sobre lienzo
84 x 84"
213 x 213 cm

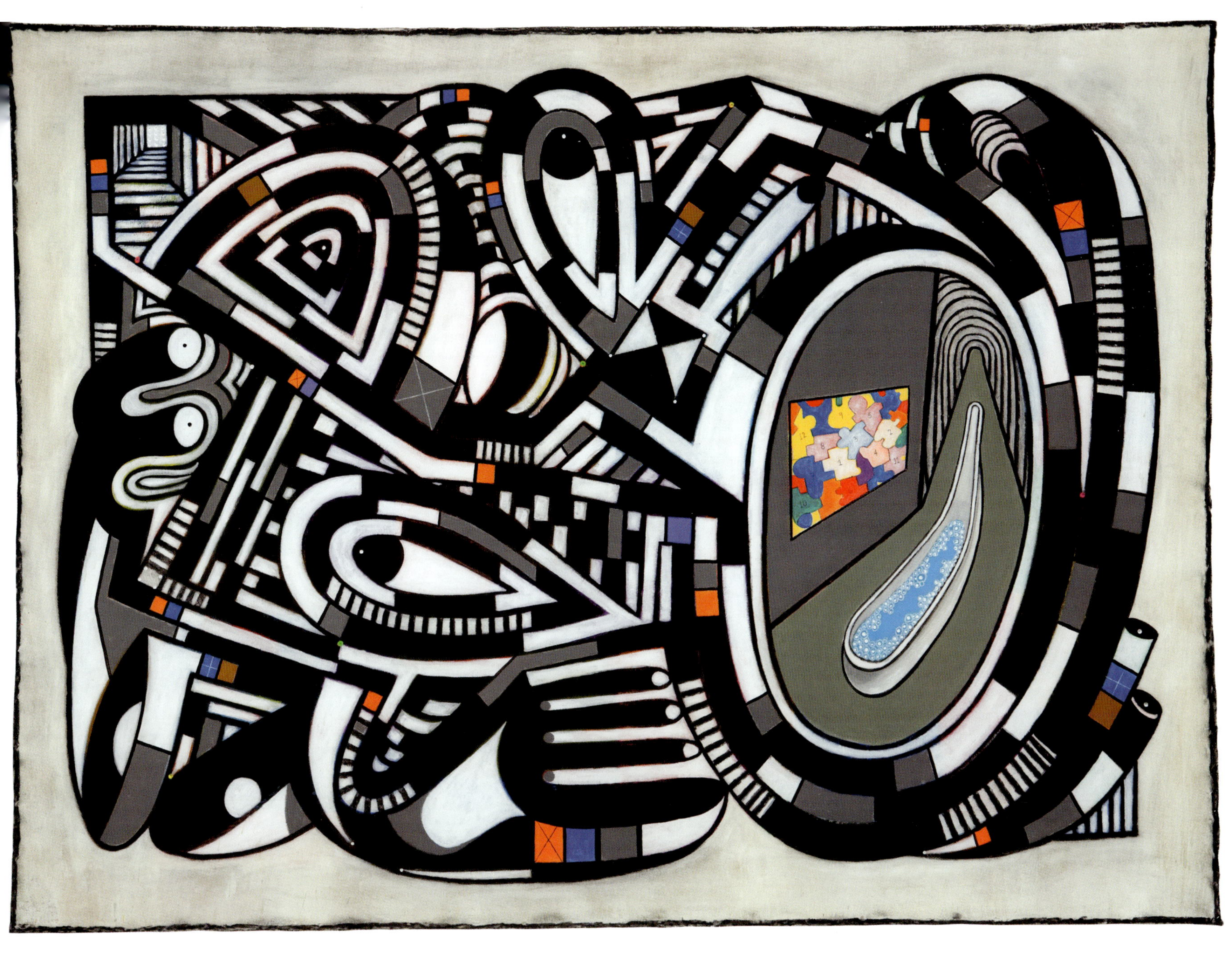

Collector 4, 2010
Acrylic, charcoal, enamel, and shellac
on canvas
Acrílico, carboncillo, esmalte y laca
sobre lienzo
72 x 101"
183 x 257 cm
Courtesy of Lyle O. Reitzel Gallery, New York
& Santo Domingo, Dominican Republic

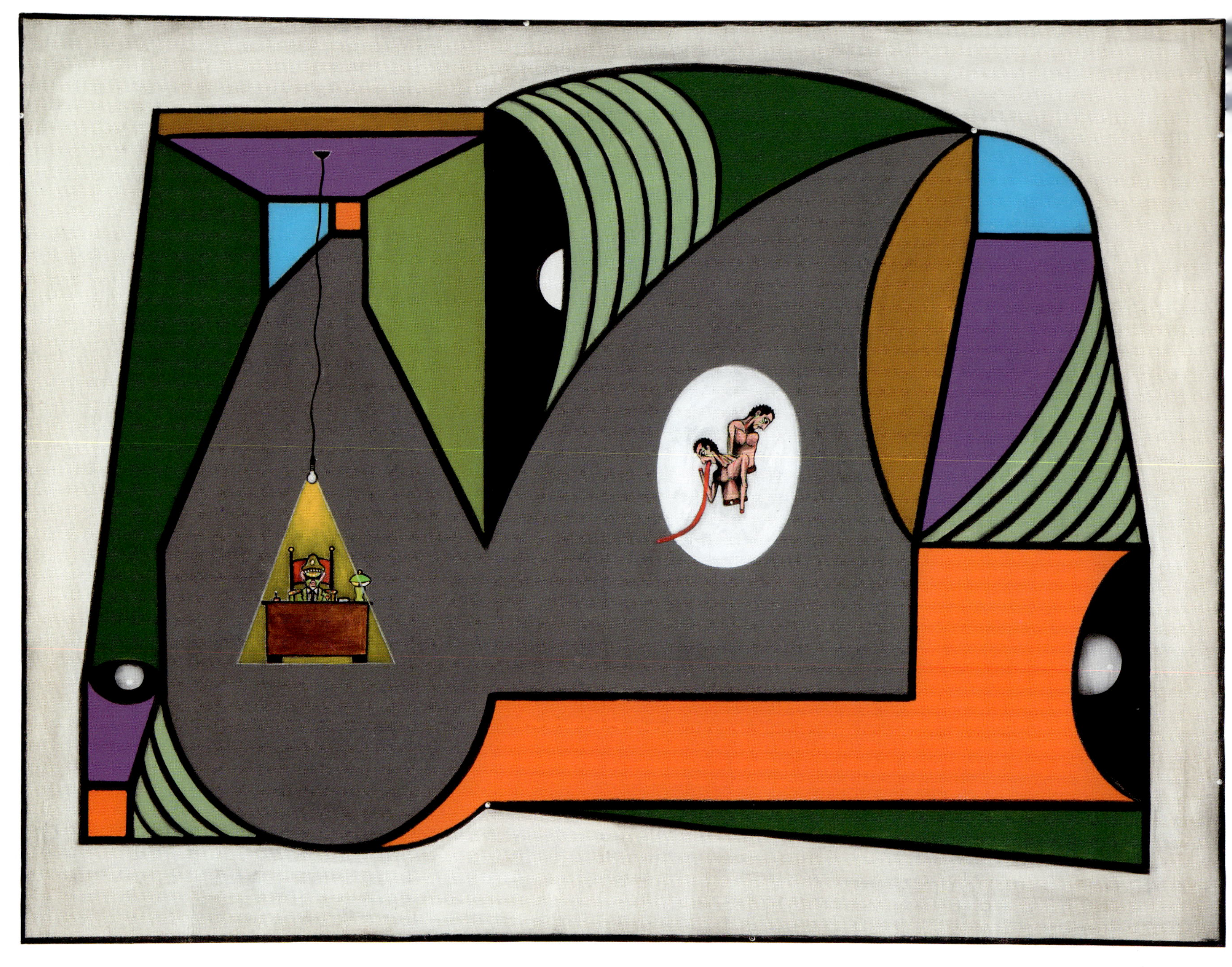

Unit 26, 2009
Acrylic, charcoal, enamel, and shellac
on canvas
Acrílico, carboncillo, esmalte y laca
sobre lienzo
56 x 72"
142 x 183 cm
Museo de Arte Moderno, Santo Domingo,
República Dominicana

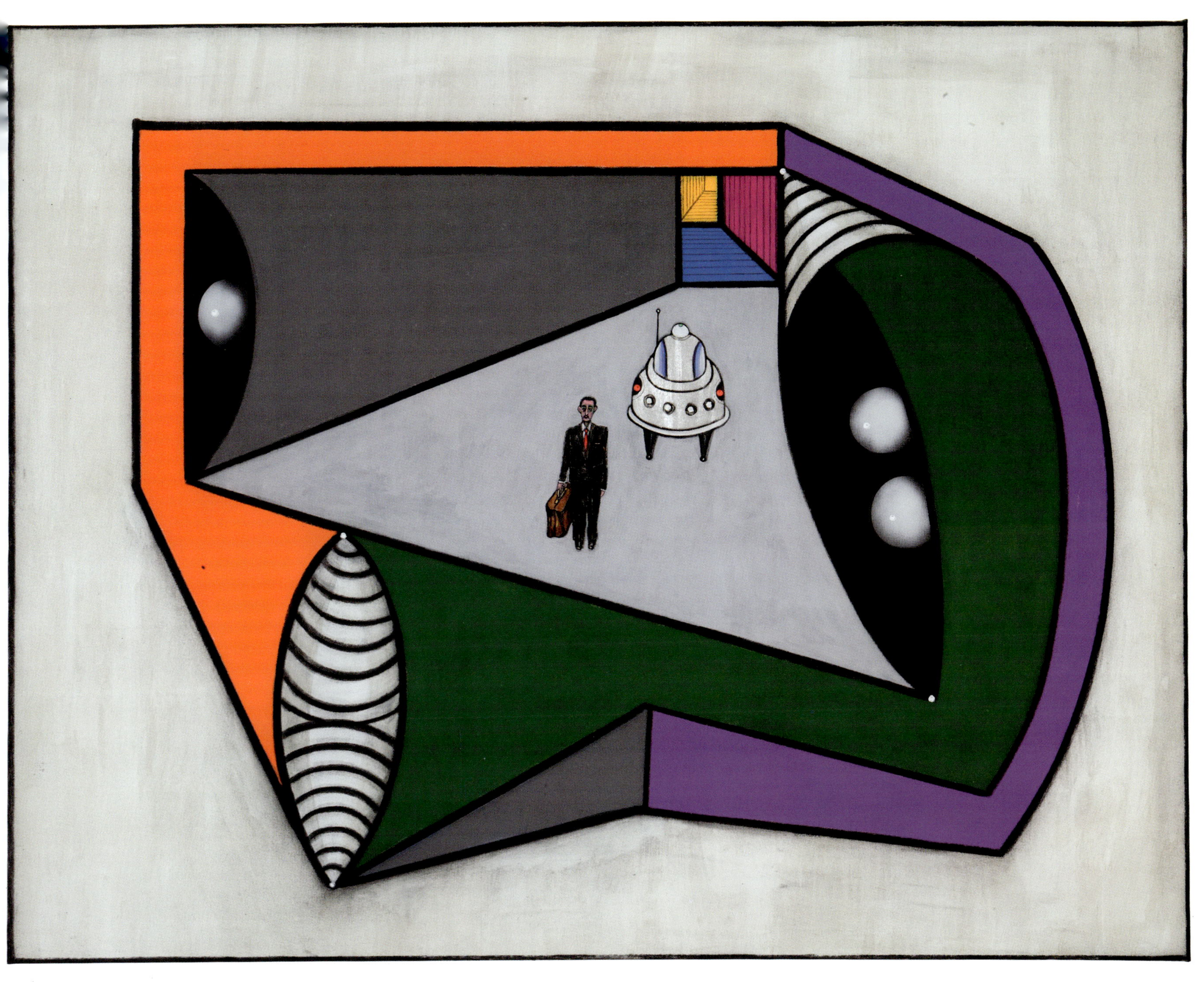

Alien, 2009
Acrylic, charcoal, enamel, and shellac
on canvas
Acrílico, carboncillo, esmalte y laca
sobre lienzo
56 x 70"
142 x 178 cm
Collection of Mr & Mrs Jaime del Hierro,
Guayaquil, Ecuador

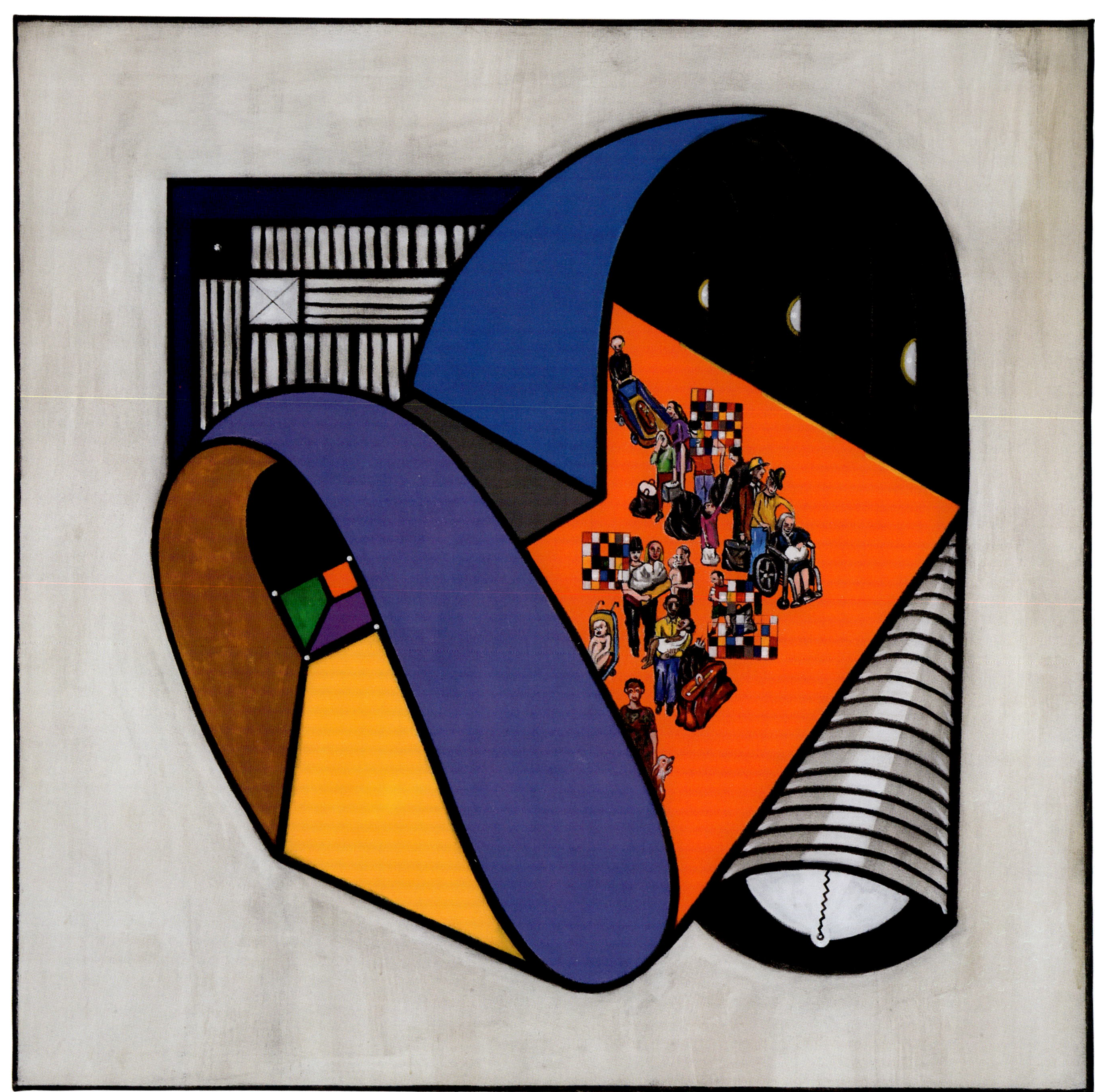

Evacuees, 2009
Acrylic, charcoal, and shellac on canvas
Acrílico, carboncillo y laca sobre lienzo
56 x 56"
142 x 142 cm

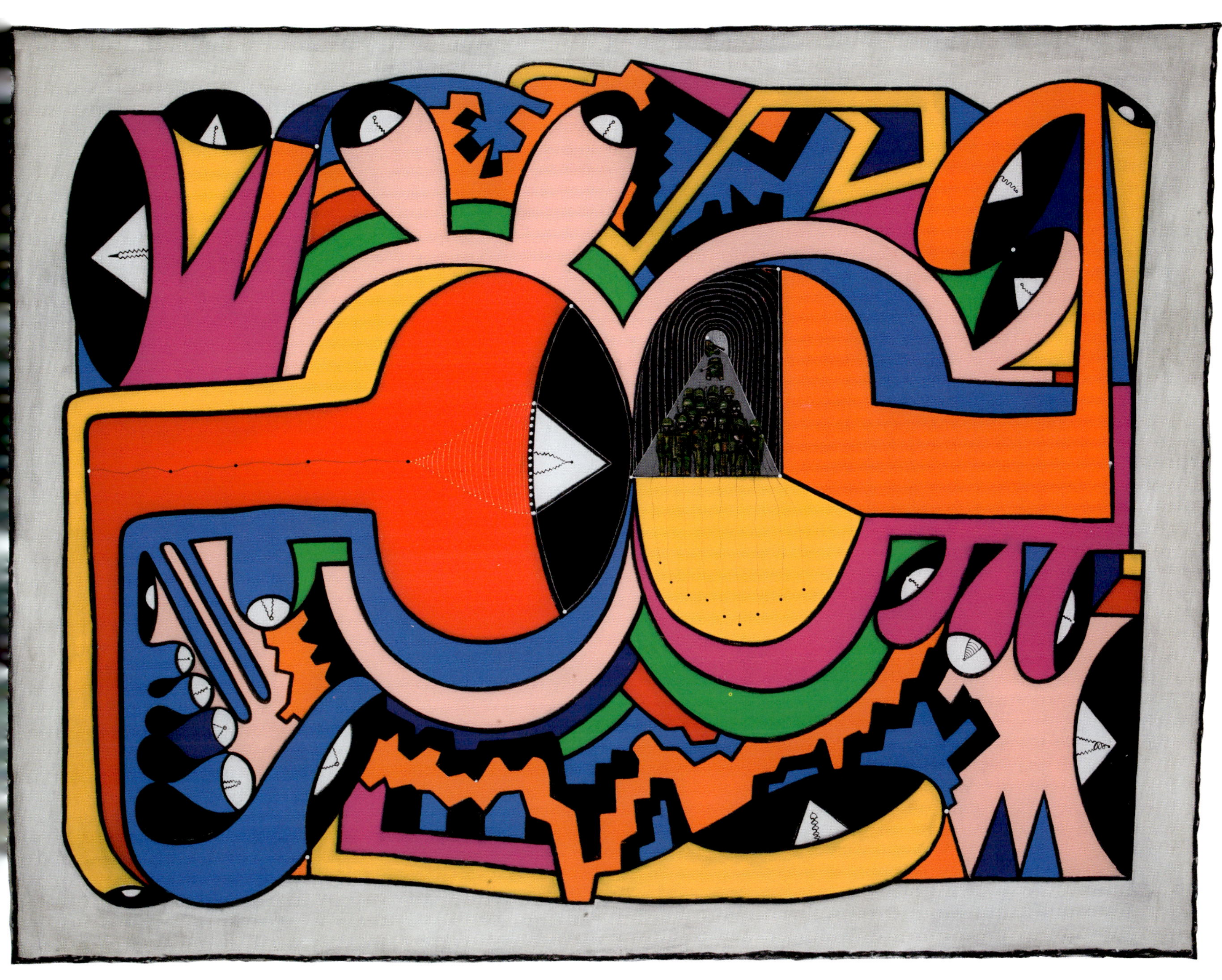

Piñata, 2009
Acrylic, charcoal, and shellac on canvas
Acrílico, carboncillo y laca sobre lienzo
96 x 122"
244 x 310 cm

Index
Índice

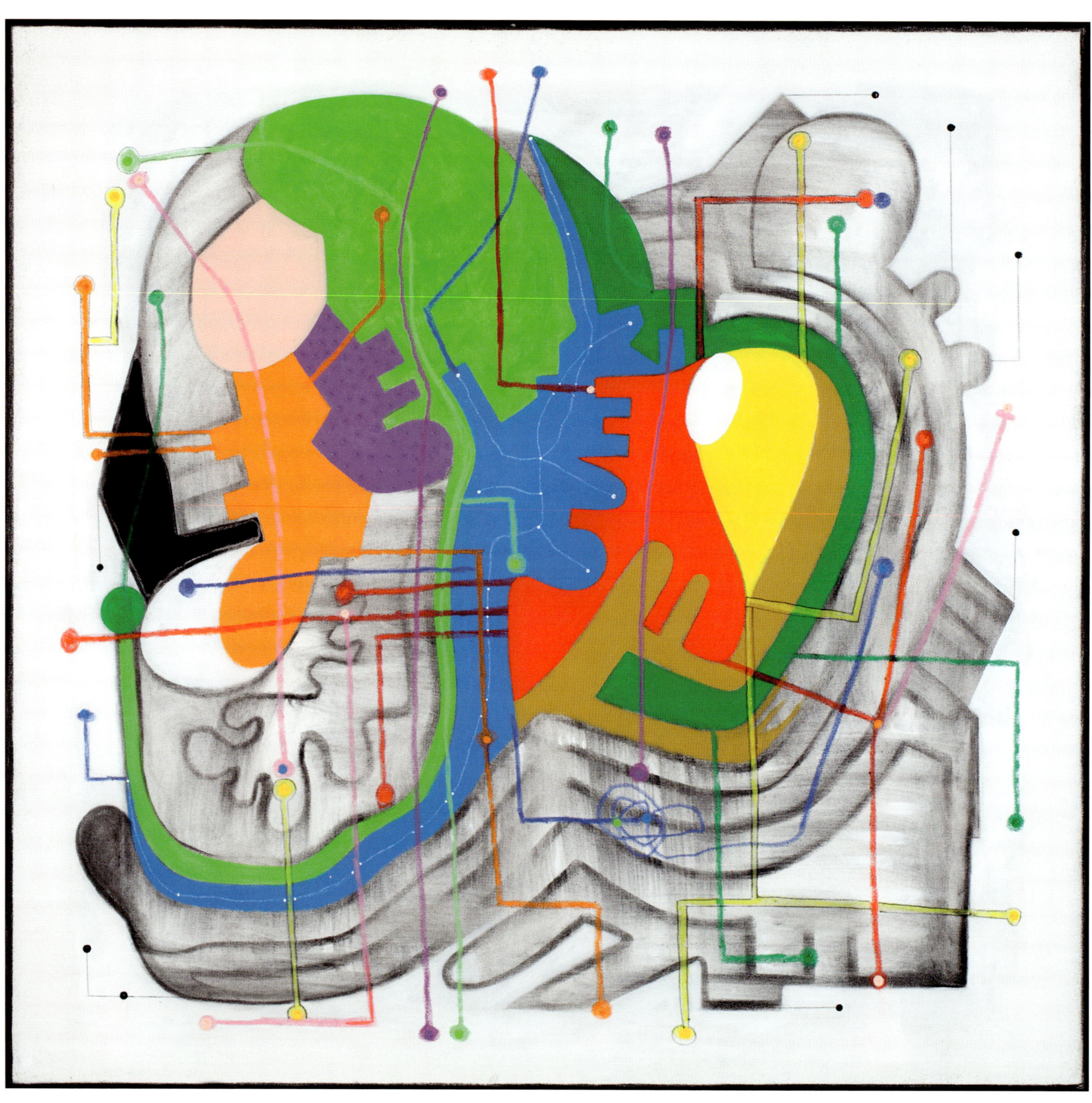

Notes on
Luis Cruz Azaceta

What language does the man-dog speak? What does he say? What does he bite and bark?

Who is the man-dog facing off with?

Is the man-dog the creature walking down the street? The one that suddenly turns to look at you with shining fangs (that flash like lightning, revealing the animal before it can reveal itself)?

If you toss a bone at the man-dog (history-bone, memory-bone, archive-bone, politics-bone…), will he chew on it?

What is the man-dog? Who is he?

And what is the man-dog doing in Luis Cruz Azaceta's work?

Before we begin, it must be said that Cruz Azaceta is a painter of man-dogs, men who are transformed into beasts and then collapse inward until they implode.

Man-dogs contain something aggressive (in other words, they *embody* aggression itself), something fecal (they actually *are* fecal matter)…

Man-dogs create fear all on their own.

As does the image of a man-dog walking down the street with its hair standing on end, "like a Christ or n'kisi," its tongue hanging out, observing you. Isn't it the one thing that could strike fear (in us)?

Apuntes sobre
Luis Cruz Azaceta

¿Qué habla el hombre-perro? ¿Qué dice, qué muerde, qué ladra?

¿A quién se enfrenta el hombre-perro?

Ese que va por la calle y de pronto te mira y al cual el colmillo le brilla (ese relámpago que muestra al animal antes de que este se muestre a sí mismo) ¿es el hombre-perro?

Si tiramos un hueso (hueso-historia, hueso-memoria, hueso-archivo, hueso-política…), ¿el hombre-perro lo roerá?

¿Qué, quién es el hombre-perro?

¿Qué hace el hombre-perro en la obra de Luis Cruz Azaceta?

Antes de empezar, hay que decir que Cruz Azaceta es un pintor de hombres-perros; hombres que se convierten en bestias y se hunden en sí mismos hasta que explotan.

Hombres-perros que tienen algo agresivo (es decir, son lo agresivo), algo fecal (es decir, son lo fecal)…

Algo que en sí mismo da miedo.

¿O la imagen de un hombre-perro en la calle, erizado, «como un cristo o un *n'kisi*», con la lengua afuera, observándote, no es exactamente lo que (nos) daría miedo?

Cruz Azaceta's man-dogs are displaced subjects. They have a history, but they have been thrown out of the historical archives. They are subjects with an identity, but they survive outside the place which was supposedly created for them.

They are *balseros*.

Flies.

Heads separated from their torso.

They are numbers.

Cruz Azaceta's man-dog is a number.

That is why the man-dog often stands before an empty space, alone, thinking about whether to leap off into the void or jump across from one side to the other, as in *Homo Fly*: a fly's body which seems to have landed right in the middle of the street completely by chance, then continuing on its way…

The man-dog is precisely that: a fly that continues along its way…

A victim.

Not because he has been hurt by anybody (in Azaceta's painting, everybody has been hurt by

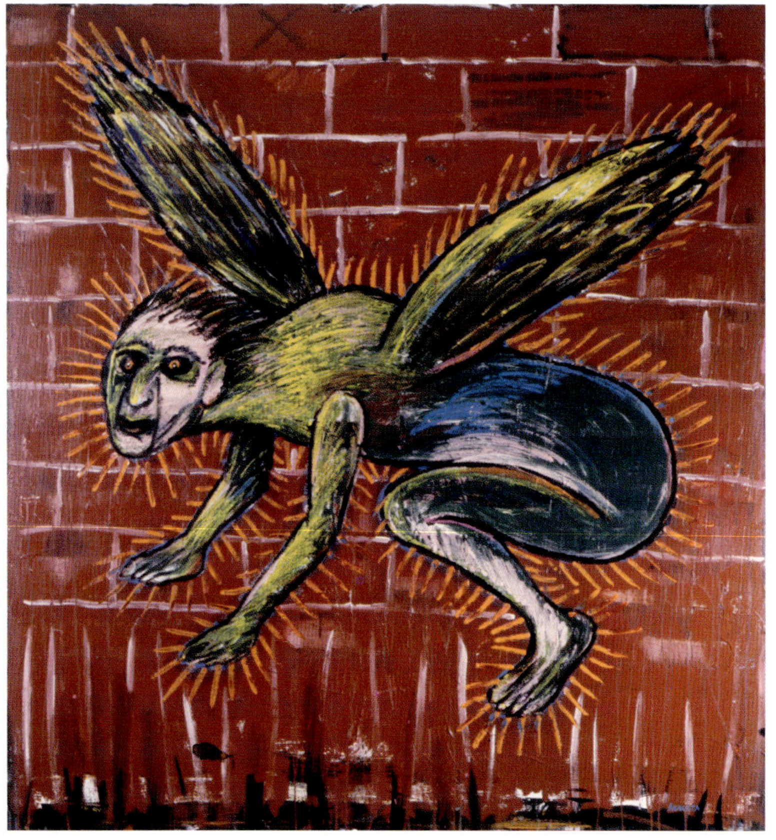

Homo Fly, 1984
Acrylic on canvas
Acrílico sobre lienzo
66 x 60"
168 x 152 cm
The Richard Brown Baker Collection,
Yale University Art Gallery,
New Haven, CT

Los hombres-perros de Cruz Azaceta son sujetos desplazados. Sujetos con historia, pero que han sido lanzados fuera del archivo-historia. Sujetos con identidad, pero que sobreviven fuera de lo que aparentemente había sido creado para ellos.

Son balseros.

Moscas.

Cabezas separadas de su tronco.

Números.

El hombre-perro de Cruz Azaceta es un número.

Por eso muchas veces está frente a un hueco, solo, pensando si «despetroncarse» en el vacío o saltar de un lado a otro como en *Homo Fly*, ese cuerpo-mosca que parece haber aterrizado por casualidad en medio de la calle antes de seguir de largo…

El hombre-perro es precisamente eso: una mosca que sigue de largo…

Una víctima.

No porque haya sido dañado por alguien (en la pintura de Azaceta todo el mundo ha sido dañado por algo/alguien, pero a la vez ese daño pertenece a la lógica interna de las catástrofes que el autor de *No Exit* pinta), sino por eso que Iván de la Nuez en magnífico ensayo ha llamado «una estética de fugas continuas».

Es decir, de asincronías, de salidas que no responden precisamente al *topoi* de lo actual, de multiplicidades, de auto-búsquedas…

something or someone, but at the same time that hurt forms part of an internal logic of catastrophes painted by the author of *No Exit*), but because of that *je ne sais quoi* which Iván de la Nuez referred to as "an aesthetics of constant escapes" in a magnificent essay.

In other words, they are escapes of asynchronicity, of journeys which do not exactly respond to the *topoi* of the present, of multiplicities, of searches for the self...

Self-searching is what causes Cruz Azaceta to shift from self-narcissism (all are him, while at the same time none incarnate him, in the ontological meaning of the word) to the urban self. Or, to state the same thing differently, it has led him to cannibalize the characters which make up the urban setting, the fiction of the "Me" which is not actually me, but which I observe, dramatize, situate, detest and represent regardless.

Aren't urban places –the subway, the streets, sewers, malls– the greatest possible location to generate self-subjectivities, the place where creators, whoever they may be, can create and take whatever they wish to use in their books or photos or stories, the place where they can best construct and become themselves?

Azaceta is a painter of malls. Malls and suburban trains, as the subway is called in some places.

And not precisely because he is obsessed with them (I believe very few appear in his work, perhaps in some collages, but nothing more...). He paints malls because he has been influenced by a certain aggressiveness and tension from these places populated by "wolves" and "flies," and that is what he paints.

Auto-búsqueda que hace pasar a Cruz Azaceta del *self*-narcisismo (todos son él y a la vez ninguno lo encarna, en el sentido ontológico de la palabra) al *self*-urbano. O lo que es lo mismo, la canibalización de los personajes que componen lo urbano, la ficción de ese Yo que no es el mío, pero también observo, dramatizo, sitúo, detesto, represento.

¿No es acaso lo urbano: el metro, la calle, las alcantarillas, los *malls*, el mayor centro de producción de *self*-subjetividades que existe, allí donde mejor un creador, cualquiera que este sea, puede apuntar y tomar lo que para su libro o foto o cuadro o relato ambiciona, allí donde mejor puede construir y devenir?

Azaceta es un pintor de *malls*. De *malls* y suburbanos, como se le dice al metro en algunos lugares.

Y no precisamente porque esté obsesionado con ellos (creo que en su obra aparecen muy pocos, quizá en algún *collage*, pero no más...). Es un pintor de *malls* porque recoge de estos lugares poblados de «lobos» y «*flies*» cierta agresividad y cierta tensión, y eso es lo que pinta.

Azaceta es un pintor de tensiones. Se ha dicho de dramas, de tragedias, de muertes..., pero en verdad es un pintor de tensiones, de temblores a flor de piel, de erizamientos. Y para esto nadie mejor que ese *homo homini lupus* que Azaceta descubre en todas partes, como si la ciudad fuera en sí un gran *mall* atravesado por un suburbano. Un suburbano que tiene una sola estación (la del *mall* –la del Mal– precisamente) y está obligado a recorrer hasta de nuevo aminorar la marcha.

Azaceta is a painter of tensions. Some have said he paints dramas, tragedies, deaths…, but the truth is he is a painter of tensions, of tremors running skin-deep, of bristled hairs. And to achieve this, there is nobody better than the *homo homini lupus* which Azaceta discovers everywhere, as if the city were a huge mall itself, crisscrossed by a subway. A subway that has a single station, the "Mall"/"Ghoul" stop, and is forced to repeat the same route until its pace is slowed again.

Living inside the mall are the sick, the displaced, the people-who-buy-themselves, the men who become dogs…

Inside the mall lives violence.

And nothing comes closer to the Cuban-American imaginary than the Violent, which generates strength but at the same time disgust, because it basically violates the order pre-established by the police society.

"An actor must know how to lash out at the 'psychological hump' on his own back with conscious cruelty," Jerzy Grotowski said to Eugenio Barba in an interview, when the latter was living in Opole, learning how to set up a new theater.

Azaceta's man-dogs are precisely the representation of that psychological hump. The representation of a hump that may perhaps symbolize society, ideology, the market, myth, the scene…

The detritus which is left behind when nothing is left behind anymore (and nobody expects anything ever again).

Eschatology, in its sense of salvation, of a future-self, of loss, as has been described in by René Girard in some of his best essays.

En el *mall* viven los enfermos, los desplazados, los-que-se-compran-a-sí-mismos, los que devienen perros…

En el *mall* vive lo violento.

Y nada más cercano al imaginario del cubanoamericano que Lo Violento, lo que genera fuerza y a la vez repugna, ya que viene a violar el orden preestablecido por la sociedad-policía.

«Un actor debe saber agredir a su propia "joroba psíquica" con una crueldad consciente», le decía Jerzy Grotowski a Eugenio Barba en una entrevista, cuando este último vivía en Opole aprendiendo cómo crear un teatro nuevo.

Los hombres-perros de Azaceta son precisamente la representación de esa joroba psíquica. La representación de una joroba que quizá simbolice la sociedad, la ideología, el mercado, el mito, la escena…

El detritus que queda después de que ya no quede (ni nadie espere) nada.

La escatología, en su sentido de salvación, de *self*-futuro, de pérdida, tal y como ha sido descrita en algunos de los mejores ensayos de René Girard.

A su vez, lo que escapa a toda simbolización.

El hombre sin historia no tiene por qué representar nada ni representar a nadie. Es el hombre no-domesticado, mascacarne, tuercepescuezo, y no tiene por qué atenerse a las reglas de la ciudad higiénica.

La ciudad regulada y *kitsch*-otoñal, creadora de sub-urbanos…

At the same time, it is that which escapes all symbolization.

Man without history need not represent anything or portray anyone. He is man undomesticated, the meat-eater, the neck-wringer, and he has no reason to heed the rules of the sanitized city.

The regulated, autumnal-*kitsch* city, creator of the sub-urban…

The man-dog owes his existence to instinct alone (that is why he is a man-dog!), to his hunger. And if hunger tells him to eat someone, he will, as in *Loco Local*, in which the man-dog, with bulging eyes and gangrenous skin, devours an old horse-faced woman.

Or in *Double Self-Portrait: Aggressor/Victim*, in which an Azaceta in spider form sacrifices another Azaceta screaming with white teeth, offering us the endless pleasure of understanding sacrifice as a beautiful act *in extremis*, one which requires

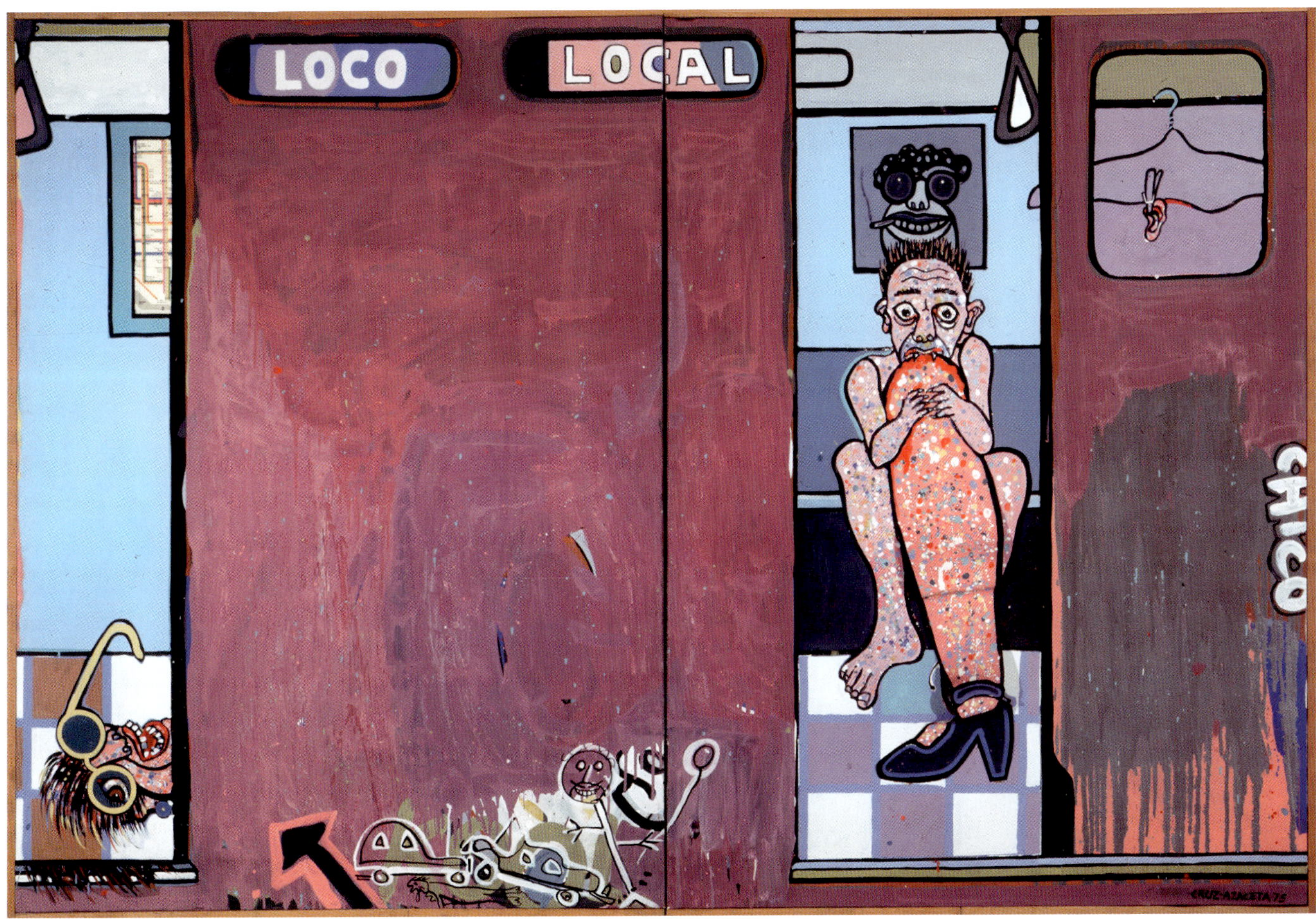

El hombre-perro solo se debe a su instinto (¡por eso es el hombre-perro!), a su hambre. Y si su hambre le dice que debe comerse a alguien, lo hace, como en *Loco Local*, donde un hombre-perro de ojos desorbitados y piel gangrenosa devora a una vieja cara de caballo.

O en *Double Self-Portrait: Aggressor/Victim*, donde un Azaceta-araña sacrifica a otro Azaceta gritón, de dientes blancos, y nos ofrece el infinito goce de entender el sacrificio como un acto *in extremis* bello, que no necesita otra cosa que cierta luz, cierto

Loco Local, 1975
Oil on canvas
Óleo sobre lienzo
70 x 100"
178 x 254 cm
El Museo del Barrio, New York, NY

23

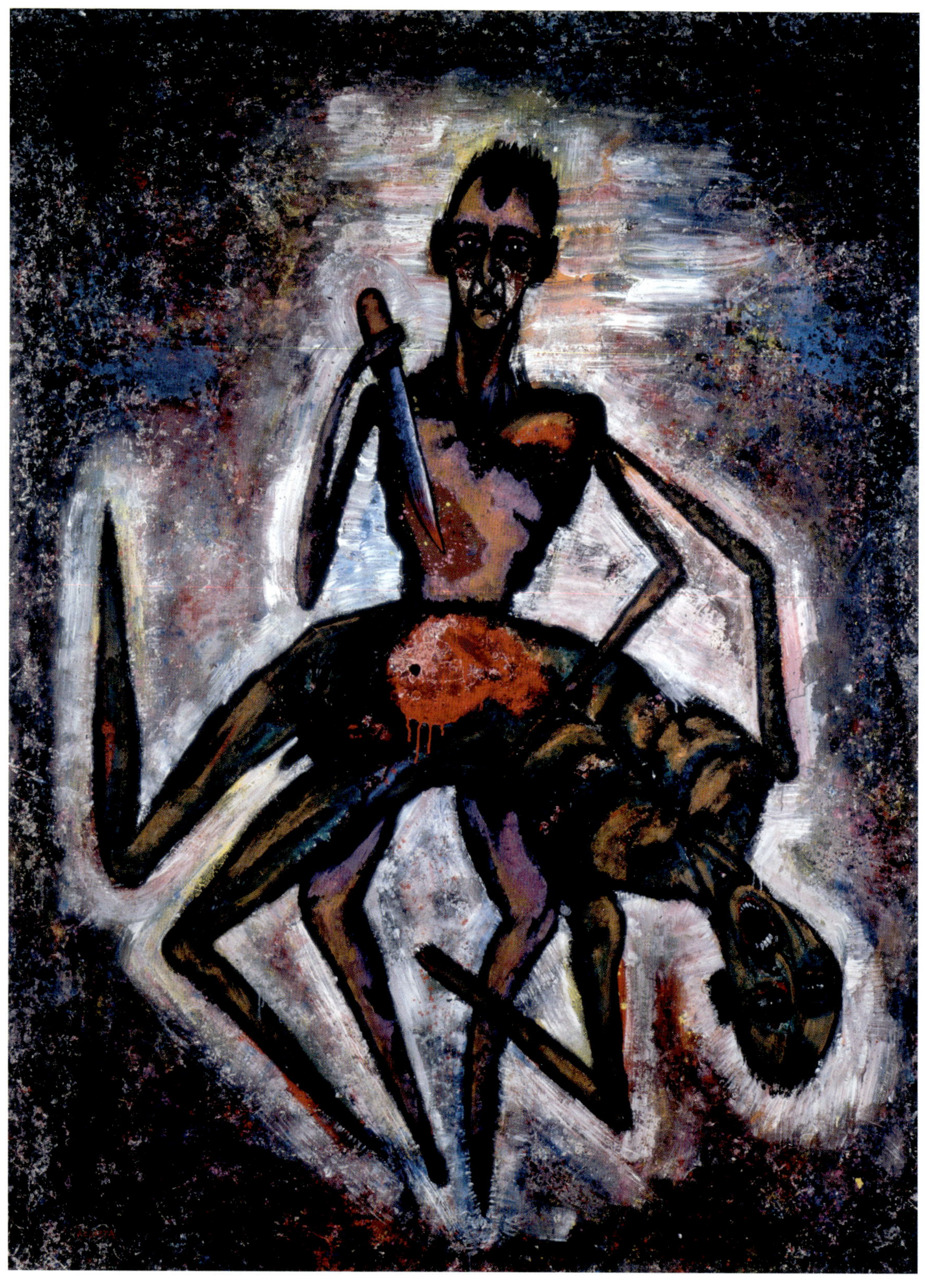

nothing more than the proper lighting, the right knife, a shriek. (By the way, in this painting isn't Azaceta the executioner reminiscent of the *Christ Pantocrator* of medieval iconology, one of those stiff, upright, starched beings who always sticks up two fingers and stares straight into your eyes?)

Sacrifice as a matter of aesthetics, of hygiene, of ontology and the theater?

The man-dog is origin itself.

He is located in places where there is nothing, and there he shrieks. He is the king of the mall, of stress, of spinsters who flirt with him at the edge of the voids, right next to the sewer. Which is why he rips them to shreds. Could there be any pleasure greater than dismembering an old maid who reveals the tip of her thigh to you so you will follow her home and drink her brew?

The man-dog is order sublimated: a social regulator.

He is a creature that moves outside the whole economy and produces nothing but puss (not to be confused with plus). The one who has turned widespread victimization into an anti-construction.

And he does not grovel.

He does not fly.

He does not eat.

And he does not kill.

Though he is always watching us.

He observes us, even when we go to the mall and get lost amid the shelves of laundry detergent and beer.

cuchillo, un grito. (Por cierto, ¿el Azaceta-verdugo de este cuadro no recuerda a esos *Christus pantocrator* de la iconología medieval, esos siempre enhiestos, almidonados, que asoman sus dos deditos y te miran fijo?)

¿El sacrificio como un hecho de la estética, y de la higiene, y de la ontología, y del teatro?

El hombre-perro es el origen mismo.

Se sitúa ahí donde hay nada, donde falla el origen, y chilla. Es el rey del *mall*, del estrés, de las solteronas que flirtean con él al borde de los huecos, a pie de alcantarilla. Y por eso las despedaza. ¿O es que hay placer mayor que descuartizar a una solterona que te enseña la puntica del muslo para que la sigas hasta su casa y te tomes su batido?

El hombre-perro es el orden sublimado: un regulador social.

El que va fuera de toda economía y no produce nada, salvo pus (no confundir con plus). El que ha convertido la victimización general en una anti-construcción.

Y no se arrastra.

Y no vuela.

Y no come.

Y no mata.

Aunque siempre nos vigile.

Nos observe hasta cuando vayamos al *mall* y nos perdamos entre estantes de detergente y cerveza.

The dog-man is always watching us.

That is his animal instinct, the one he has not yet lost luckily: detritus and fecal matter, as I wrote earlier…

Breaking away from the stereotype.

And against the Art History-style stereotypes and symbolism (one of the silliest symbolisms ever to be created), the man-dog will stand on his hind feet and bark, holding a knife in his hand.

A knife that displays hundreds of numbers and two little drops of blood on its blade.

That is why I have decided to be there, to see the knife and feel its threat.

To feel the threat incarnated by its very presence, and the Violence in its presence.

The Violence which structures everything in the work of Cruz Azaceta: that other man-dog…

Yes, you heard it right…

That other man-fly.

El hombre-perro nos observa siempre.

Es su instinto animal, ese que por suerte aún no ha perdido: detritus y fecalidad, como escribía antes…

Ruptura del estereotipo.

Y contra los estereotipos y la simbología estilo historia del arte (una de las simbologías más bobas que se han creado), el hombre-perro se parará en dos patas y ladrará, con un cuchillo en la mano.

Un cuchillo que tendrá grabado en su filo cientos de números más dos goticas de sangre.

Por eso ha decidido estar ahí, para que veamos el cuchillo y para que sintamos su amenaza.

La amenaza que encarna en sí su presencia y lo violento de su presencia.

La violencia que estructura todo en la obra de Cruz Azaceta: ese otro hombre-perro…

Sí, como escuchan…

Ese otro hombre-*fly*.

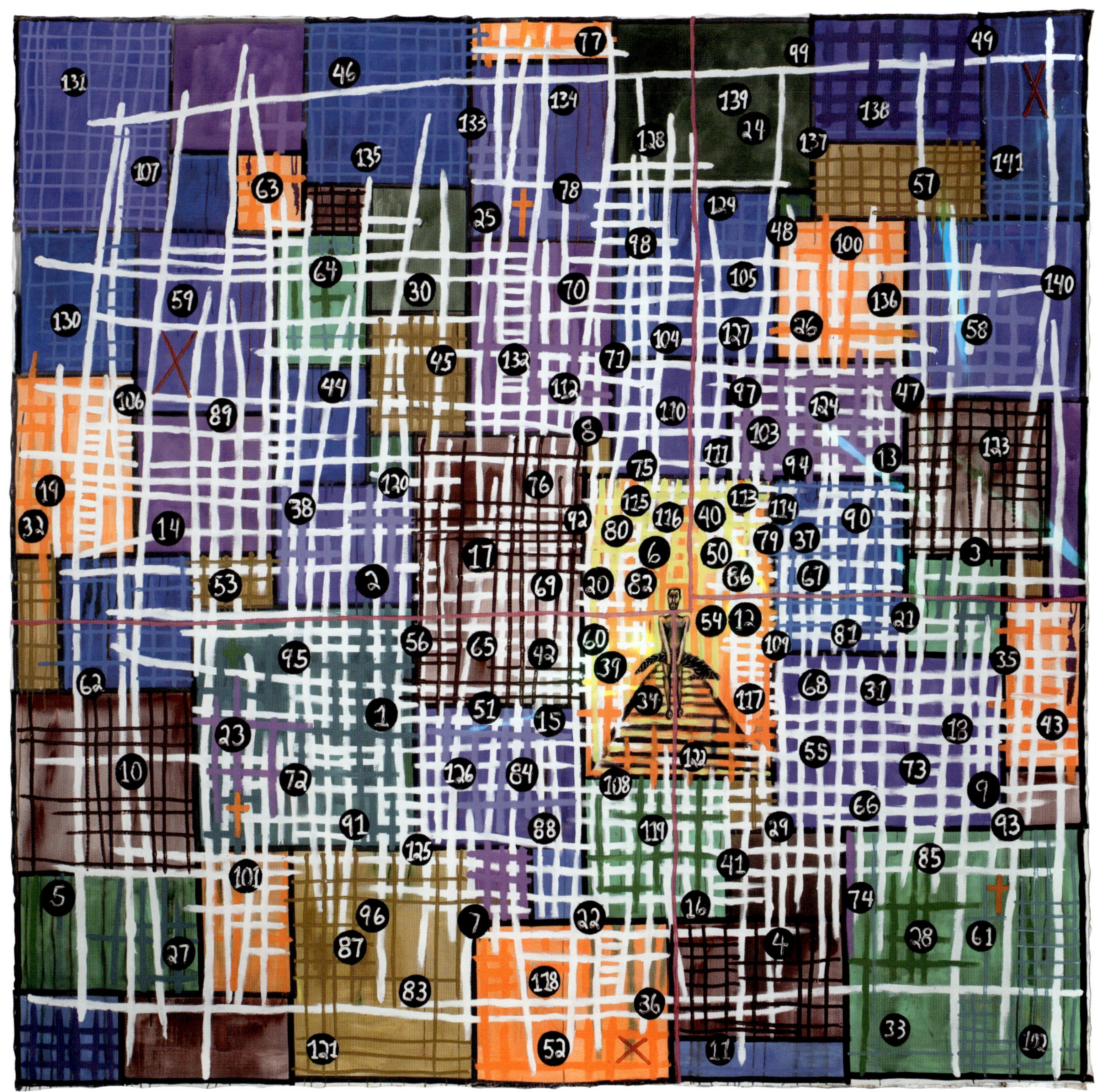

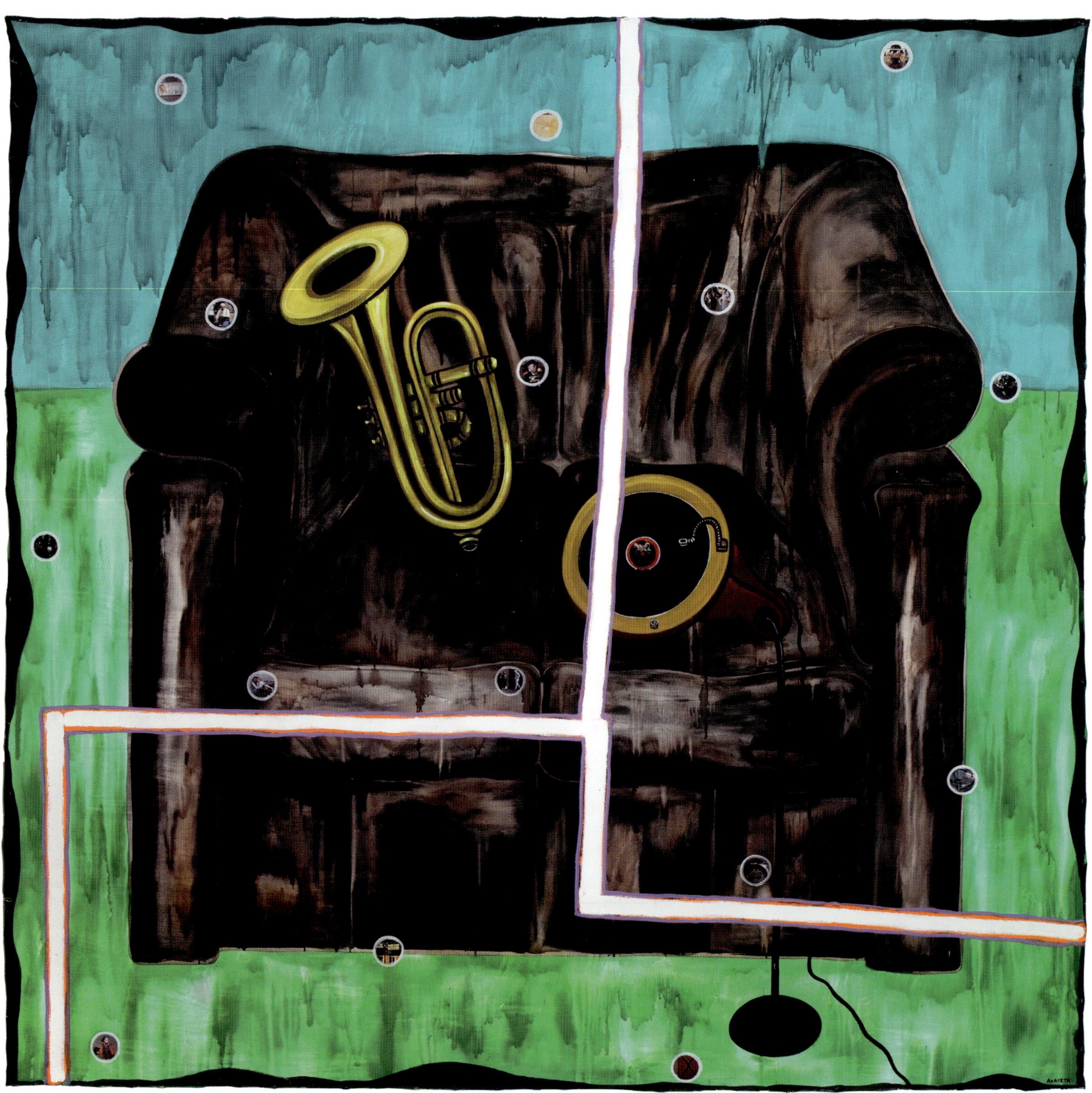

Conversation with Luis Cruz Azaceta

Carlos A. Aguilera When people think of Luis Cruz Azaceta, the first places they imagine are New York or New Jersey, where he has spent most of his lifetime. However, Azaceta lived in Cuba until he was eighteen years old, which means that his imaginary, though fully and finally constructed in the United States, reached this "new territory" having been somewhat well-shaped already. As a result, I will have to start our conversation at the very beginning of his life story… Luis, what was your childhood like? What type of work did your family do?

Luis Cruz Azaceta I was born one Easter Sunday and baptized with the name of Luis Salvador de Jesús. Luis after my maternal grandfather, Salvador for my father, and Jesús for Jesus Christ the King. I was born at Columbia Hospital on April 5, 1942. That year thousands and thousands of people died in Europe… My father, Salvador, was an aircraft mechanic in the Cuban Air Force and my mother, María, a housewife. My sister Sonia was born two years later. I had a nice childhood. I grew up in a neighborhood called Almendares, in Marianao, with a whole lot of aunts and uncles at the carpenter's shop my grandfather Luis owned. The Buena Vista Social Club was back behind the shop, and every weekend they would play music until three or four in the morning there. All our neighbors on the block had grown accustomed to this loud racket of music,

Conversación con Luis Cruz Azaceta

Carlos A. Aguilera Cuando pensamos en Luis Cruz Azaceta, imaginamos de inmediato Nueva York o New Jersey, lugares donde ha transcurrido la mayor parte de su vida. Sin embargo, Azaceta vivió en Cuba hasta los dieciocho años y su imaginario, si bien terminó de armarse en Estados Unidos, llegó ya bastante hecho al «nuevo territorio». Así que, por primera vez, una conversación tendrá que comenzar por y desde el principio… Luis, ¿cómo fue tu infancia?, ¿qué hacía tu familia?

Luis Cruz Azaceta Nací un domingo de resurrección y me bautizaron con el nombre de Luis Salvador de Jesús. Luis por mi abuelo materno, Salvador por mi padre y Jesús por Jesucristo Rey. Nací en el hospital de Columbia el 5 de abril de 1942. En ese año, ya había miles y miles de muertos en Europa… Mi padre, Salvador, era mecánico de aviación en las Fuerzas Aéreas cubanas. Mi madre, María, ama de casa. Mi hermana Sonia nació dos años después. Mi infancia fue muy buena. Crecí en el barrio de Almendares, en Marianao, con muchos tíos y tías en la carpintería de mi abuelo Luis. El Buena Vista Social Club estaba detrás de la carpintería y todos los fines de semana tocaban música hasta las tres o las cuatro de la mañana. Ya todos

What a Wonderful World, 1992
Acrylic and photos on canvas
Acrílico y fotografías sobre lienzo
120 x 120"
305 x 305 cm
Courtesy of Arthur Roger Gallery
in New Orleans, LA

with all the noise, screaming, chatter, drinking and intoxication that went with it, and lewd behavior behind a poplar tree which concealed couples in the dark of night. I can also remember the royal palm on the block where would leave offerings and perform witchcraft using apples, pennies and sometimes even rooster heads. Boys would grab the pennies with their left hand and urinate on them right away to prevent witchcraft. This would free them from any possible curse. From there we would run to the Díaz newsstand to buy candy and jawbreakers and drink Orange Crush. One day, I crossed the street from the newsstand, went into the yard by the house on the corner and found a hen's nest with eight or nine eggs inside. With pride and joy, I grabbed them and took them home. My father questioned me about where I had come across this bounty of eggs, and when I explained their origin, he looked at me outraged and made me return them all, as well as apologizing to the family that lived on the corner.

I had a lot of friends in the neighborhood. We would play baseball there, or a game resembling baseball called *tinguiriche*, with a broomstick and a cork that we filled with nails and covered with tape to make it heavier, so we could hit it with a bat. We would also play with spinning tops and marbles, as well as hide-and-go-seek.

I loved flying kites during Lent, a very windy season when we would hold kite fights, tying small razor blades together in the form of a cross on the kite tails to create a fascinating visual effect that filled the sky with colors and arabesques.

The *papaguapo* kite was invented in my neighborhood. It is small like a regular flying kite, but the lower part forms a V shape. They are swift and fierce, decorated with images of the Cuban flag, or colored black in pirate style with a white skull in the middle.

los vecinos en la cuadra estaban acostumbrados a todo ese jelengue musical con sus ruidos, gritos, chácharas, tragos, borracheras y singaderas detrás del álamo que los cubría en la oscuridad. También me acuerdo de la palma real en la cuadra a donde traían ofrendas y brujerías de manzanas, kilos viejos y a veces cabezas de gallos. Los muchachos cogían los kilos con la mano izquierda para evitar la brujería y los meaban inmediatamente, así se libraban del hechizo. De ahí íbamos para el quiosco de Díaz a comprar caramelos y «rompequijá» y a tomar *orange crush*. Un día descubrí en el patio trasero de la casa de la esquina, al cruzar el quiosco, un nido de gallina con ocho o nueve huevos y —muy orgulloso— me los llevé a casa; mi padre me preguntó que de dónde había sacado ese tesoro huevuno. Cuando le conté, me miró indignado, y me hizo devolver todo aquello además de pedirle perdón a la familia de la esquina.

En el barrio tenía muchos amigos. Allí se jugaba a la pelota o al «tinguiriche» con un palo de escoba y un corcho penetrado por clavos y cubierto de «teipe» para darle peso y poder batearlo. También jugábamos al trompo y a las bolas y a los escondidos.

Me encantaba volar papalotes durante la cuaresma, temporada en la que hay mucho viento y son perfectos esos combates con cuchillitas de afeitar amarradas y en forma de cruz en la cola del papalote produciendo un juego visual de colores y arabescos en el cielo, fascinante.

When I was ten years old, on November 30th—I can still remember the date—while playing in the street by a house being renovated, a few of my pals came across a small pile of lime putty sitting on a lawn along the sidewalk, so they started throwing balls of the putty at each other. I just sat on the street curb and watched the others fight it out. When one of my friends leapt aside to dodge a ball just as I was standing up, some of this putty landed straight in my left eye, burning my cornea and part of my pupil. My uncle Pedrín, who happened to be nearby, urgently rushed me to a taxi that would get me to Columbia Hospital. It took them three hours to remove it all from my eye, and for the three weeks after that I was closed up in a dark room, blind in my left eye. About a year later, I miraculously began to see again, but a scar was left behind on my cornea and pupil—like a bluish cloud—that has marked my eye forever.

When I was seven years old, my uncles took me off to witness the site of an accident that had taken place a half-hour earlier. A garbage truck had run over a boy, leaving a pool of blood and pieces of his brain on the street. Seeing this was like a visual punch in the face and made a huge impact on me. Another day, at the same intersection (between 31st Avenue and 46th Street), a car hit a cyclist, thrusting him through air about thirty yards and killing him instantly. A half a block further down was the Buena Vista Social Club, which I mentioned to you before.

I went to three different schools in Cuba: the Academia América, Centro Gallego and Academia Sabina Garrido.

At the Academia América, which was in my neighborhood of Almendares, I reached second grade. At the Centro Gallego, in downtown Havana, I only stayed for two

El «papaguapo» fue inventado en mi barrio. Es pequeño como el papalote pero la parte inferior hace una V. Son rápidos y guerreros, con imágenes de la bandera cubana o estilo pirata, negros, con una calavera blanca en el centro.

A los diez años, un domingo 30 de noviembre —me acuerdo— jugando en la calle donde estaban renovando una casa, había una pequeña lomita de macilla en el césped de la acera y varios de mis amigos empezaron a tirarse bolas de aquella cosa unos a otros. Yo me senté en el contén de la calle para ver el tira-tira. Uno de mis amigos corrió, esquivando una bola cuando yo al mismo tiempo me paraba y la bola aterrizó en mi ojo izquierdo, quemándome la córnea y parte de la pupila. Urgentemente mi tío Pedrín, que se encontraba cerca, corrió conmigo a buscar un taxi que me llevara al hospital de Columbia. Estuvieron tres horas extrayéndome aquello. Durante las tres semanas posteriores estuve en un cuarto oscuro y ciego del ojo izquierdo. Como al año, milagrosamente, empecé a ver, pero en la córnea y la pupila quedó una cicatriz —como una nube azulosa— que me marcó el ojo para siempre.

Cuando tenía siete años mis tíos me llevaron a presenciar un accidente que había ocurrido media hora antes. Un camión de basura aplastó a un muchacho dejando un charco de sangre y partes de su cerebro en la calle. Fue un golpe visual e hizo un gran impacto en mí. En otra ocasión, en el mismo cruce (avenida 31 y calle 46), un carro golpeó a un ciclista lanzándolo por el aire como a treinta yardas y matándolo instantáneamente. A media cuadra de ahí se encontraba el Buena Vista Social Club, del que te hablé antes.

years, during the third and fourth grades. The daytime classes were given to boys, and in the afternoon to girls. I was the first kid the school bus would pick up but the last one to get taken home. On the return trip, as boys got dropped off, girls would step onto the bus. I remember I would sit behind the bus driver to stare into the rearview mirror, like a buffoon, at Nancy, a blonde girl with green eyes. I was madly in love but never got up the nerve to speak a word to her. Our classes were huge, with nearly 40 students, and one of the teachers was a hopeless alcoholic.

After that, I was registered at the Academia Sabina Garrido, located in the district of La Sierra, about twelve blocks from my house. The principal and his wife were in charge of this academy, inherited from his mother. They were devout Catholics, fine teachers and extremely dedicated. His brother and sister also taught there. In the sixth grade, I earned the award for academic excellence and received many medals, a matter of great pride to my family. I even made it into secondary school and studied business. I graduated four years later with honors.

A friend of mine had graduated a year earlier, and he and his brother owned a shoe-shining chair at the front steps of a small grocery store. The owners and their employees were all Chinese. My friend Rodolfo began to work at an office in Old Havana, so he asked me if I would like to take over the shoe-shining chair. His brother had also found a new job and could no longer run the business. And that is how another friend of mine and I began to shine shoes on the weekends, as a way to work without skipping school and earn a few pesos. They also handed their clientele down to us, and the chair became our own little Buena Vista Social Club. All of our

En Cuba fui a tres escuelas: Academia América, Centro Gallego y Academia Sabina Garrido.

En la Academia América, que estaba en el Almendares, fui hasta segundo grado. Al Centro Gallego, en el centro de La Habana, fui solamente dos años, a tercero y cuarto. Por el día era para los varones y por la tarde para las hembras. Me tenía que levantar a las seis de la mañana. Era el primero que la guagua recogía y el último en volver a casa. De regreso, según iban devolviendo a los varones, iban recogiendo a las niñas. Me acuerdo que yo me sentaba detrás del chófer para mirar, como un bobo, en el espejo del autobús, a Nancy, una rubita de ojos verdes. Yo, enamorado locamente de ella, aunque nunca me atreví a decirle nada. Las clases eran muy numerosas, cerca de cuarenta alumnos, y uno de los profesores era un alcohólico perdido.

Después me matricularon en la Academia Sabina Garrido, que estaba en el reparto La Sierra, como a doce cuadras de mi casa. El director y su esposa estaban a cargo de la academia heredada de su madre. Eran muy católicos, buenos maestros y muy dedicados. Su hermano y hermana también enseñaban. En sexto grado gané la excelencia con muchas medallas, cosa que se convirtió en un gran orgullo para mi familia. Llegué a ir a la secundaria y estudiar Comercio. Me gradué cuatro años después, con honores.

Un amigo mío se había graduado un año antes y él y su hermano tenían un sillón de limpiabotas en los escalones de una bodeguita. Los dueños y empleados eran todos chinos. Rodolfo, mi amigo, empezó a trabajar en una oficina en La Habana Vieja y me

friends would come to hang out, chat, tell jokes and have a laugh. I became an amazing shoe-shiner. My friend (and business partner) Roberto flaked out and left me on my own to deal with the huge piles of shoes that customers would bring in, always asking to have them back by the evening, in addition to the ones who came to sit in the big shoe-shine chair. I would get paid ten cents for each pair I shined, and forty cents for two-tone shoes. The end result is that I was able to start purchasing the customary comic strip books of the day: Superman, Donald Duck, Mickey Mouse, and so on, and then to sell them for a small profit. I employed another two friends who were also students and paid them half the amount they brought into the business. I often left them working at the shoe-shine stand and ran off to the movies with part of the profits they had earned. The rent money I paid the Chinese grocer to let me keep the chair at his door was three pesos a month, if I remember right. A time came when there were so many kids hanging around to stir up trouble that the Chinese grocer made me remove the stand from his doorway. So, what I did was place it further out under a tree and tie it up with a padlock and chain so nobody could steal it. I eventually graduated and passed the chair on to another friend who had recently moved in from the country and had only lived in Marianao for a short time. This former peasant was a good-natured guy in great need of earning his daily bread.

For two weeks, I sold a magazine called *Bohemia*. I learned to announce it by imitating other highly experienced vendors I would see in the streets, bellowing out the events of the day: "Extra, extra! Get photos and all the details with *Bohemia* magazine, *Bohemiaaaaaaa!…*!" Customers would scream down to me from the third

preguntó si yo quería quedarme con el sillón de limpiabotas. Su hermano también había conseguido otro empleo y no podían atender el negocio. Entonces yo y otro amigo mío empezamos a limpiar zapatos los fines de semana para no interrumpir el colegio y ganarnos algunos pesos. Heredamos también la clientela y el sillón se convirtió en nuestro Buena Vista Social Club. Todos nuestros amigos venían a conversar, decir chistes, reírse; me convertí en tremendo limpiabotas. Mi amigo Roberto (mi socio en el negocio) se rajó y me dejó a mí solo con el peso de una tonga de zapatos que me traían los clientes para recogerlos de nuevo por la tarde, además de los que venían al caballete-sillón. Cobraba diez centavos por limpieza y, por los zapatos de dos tonos, cuarenta centavos. En resumen, empecé a comprar revistas de historietas de uso: Superman, Donald Duck, Mickey Mouse, etcétera, y a venderlas con una pequeña ganancia. Empleé a otros dos amigos estudiantes también y les pagaba la mitad de lo que ellos hacían. Muchas veces yo los dejaba en el negocio y me iba al cine con parte de lo que había ganado. La renta que le pagaba al chino por dejarme tener el sillón en su portal, creo, eran tres pesos al mes. Llegó un momento en que eran tantos los jóvenes que venían y se quedaban a joder la pita que el chino me hizo quitar el sillón de su portal. Yo lo que hice fue ponerlo fuera, debajo de un árbol, y amarrarle una cadena con candado para que no me lo robaran. Me gradué y regalé el sillón a otro amigo que había venido del campo y no hacía mucho tiempo vivía en Marianao. Un guajirito muy buena gente con gran necesidad de buscarse el pan nuestro.

floor, "Hey, kid!"—I was about 13 years old—"come on up and bring me a copy!" I was a skinny little runt and could hardly lift the magazines with all the photos and extras. *Bohemia* magazine sold for 20 cents, and my earnings were 6 cents per copy. I had to sell 20 magazines just to make 1.20 pesos for the whole wretched day, under sunlight so hot it would crack the asphalt in the neighborhood of Almendares.

My grandma Manuela was from Oviedo, Asturias in Spain, and my grandfather Luis from Bilbao, in Vizcaya, Spain. I never met my grandparents from my father's side. My dad never took us to Potrerillo, where they lived on a plantation. He was one of seven children (five brothers and two sisters), but I only met two of my uncles from the countryside, when they came into Havana to spend a few days with us. One night, they woke us up hollering at four in the morning, my father totally unaware that they would be paying us a visit: "Salvador, Salvador! Open the door up!," they screamed. Despite the hour, we all got out of bed. My mother ran into the kitchen to make coffee, and my uncles entered with burlap sacks full of beans, fruit and a couple of hens to cook chicken and rice and celebrate their arrival. I had great fun listening to their conversations with my father about Potrerillo, Ranchuelo, Las Cruces, the sugar harvest, the oxen, the mules, machetes and *guayaberas*, the *sinsontes* (a Caribbean songbird) and the plantation fences, the high waters on the river and the mosquitos, Cuco's daughter who got pregnant at the age of 14, and her boyfriend who got lost out in the scrub-filled swamps.

My grandfather from Spain was a woodworker and cabinetmaker. All of my uncles were carpenters. Being the eldest grandson and first nephew, they spoiled me rotten

Durante dos semanas vendí la revista *Bohemia*. Aprendí a vocear imitando a esos vendedores con mucha experiencia en la calle, vociferando los hechos del día: «Fotografía y detalle de la revista *Bohemia, Bohemiaaaaaaa…*». «Muchachito (yo tendría como trece años)», me gritaban de un tercer piso, «ven, sube y tráeme una revista». Yo, flaquito, casi no podía cargar con las cabronas revistas con fotografías y detalles… La *Bohemia* se vendía por 20 centavos. Mi ganancia eran 6 centavos por revista. Tenía que vender 20 revistas para ganarme 1,20 por todo el cabrón día, bajo un sol que rompía el asfalto en el barrio de Almendares.

Mi abuela Manuela era de Oviedo, Asturias. Y mi abuelo Luis, de Bilbao, en Vizcaya. A mis abuelos por parte de padre nunca los conocí. Mi padre nunca nos llevó a Potrerillo, donde ellos vivían en una finca. También eran siete hijos (cinco varones y dos hembras). Solamente conocí a dos de mis tíos del campo, que vinieron a La Habana a pasar varios días con nosotros. Nos despertaron a gritos a las cuatro de la mañana sin que mi padre supiera que ellos venían a visitarnos: «Salvador, Salvador, ¡¡¡abre la puerta!!!», gritaban. A esa hora todos nos levantamos, mi madre corrió a hacer café y mis tíos entraron con sacos de yute cargados de frijoles, frutas y un par de gallinas para hacer arroz con pollo y celebrar su llegada. Me divertía mucho oyendo sus conversaciones con mi padre sobre Potrerillo, Ranchuelo, Las Cruces, la zafra del azúcar, los bueyes, las mulas, los machetes y las guayaberas, el sinsonte y la talanquera, el río crecido y los mosquitos, la hija de Cuco de catorce años preñada y el novio perdido por la manigua.

with attention. They would give me wood, nails and a hammer to play with. And so I grew up in the Azaceta carpenter's shop, amid wood shavings and sawdust. Protected and loved, I learned to hammer away. Our wooden house sat at the back, and the carpenter's shop storage room stretched as far back as the fence along the street. On either side of the yard, there were bushes and trees where we grew soursops, mangoes, avocados and figs, with a washing basin made of cement that my grandmother and mother would use to wash the laundry. Two or three dogs would run around the yard, and at night they would act as watchmen for the carpenter's workshop.

One year after the rebels entered Havana and took over the reigns of government, their air force performed demonstrations with a squadron of planes over Havana Harbor. My uncle Manolo took me to Havana's boardwalk to watch them. As we gazed at their supersonic arabesques, a thin bearded man wearing a military uniform stepped out of a completely black car. It was Fidel Castro. He approached the wall along the boardwalk, about 25 yards from us, and stood staring at the formation of airplanes diving through the air across from Morro Castle. The crowd nearby recognized him immediately and surrounded him enthusiastically, showing great admiration. Out of the second car, also black, came three or four soldiers carrying machine guns, to escort Castro towards the first car. The monarch/commander in chief waved at the masses with his left hand as they ushered him into the back seat. My uncle Manolo and I kept looking at this scene, then finally turned around to watch the airplanes in the blue sky and the Cuban flag over La Cabaña Fort…

Mi abuelo español era carpintero ebanista. Todos mis tíos fueron carpinteros. Como era el primer nieto y el primer sobrino, me echaron a perder con sus atenciones. Me daban madera, clavos y martillo. Y así crecí en la carpintería Azaceta, entre virutas y aserrín. Protegido, querido, aprendí a martillar. La casa de madera estaba al fondo y la nave de carpintería se extendía hasta la cerca de la calle. A un lado y otro del patio estaban las matas de guanábana, mango, aguacate e higos, con un lavadero hecho de cemento donde mi abuela y mi madre lavaban la ropa. Dos o tres perros corrían por todo el patio y de noche se convertían en los serenos de la carpintería.

Un año después de que los rebeldes entraran a La Habana y tomaran las riendas del gobierno, la aviación hizo demostraciones con un escuadrón de aviones sobre la bahía de La Habana. Mi tío Manolo me llevó al malecón a verlas. Estábamos presenciando todos esos arabescos supersónicos cuando de un carro todo negro salió una figura esbelta, con barba y uniforme militar. Era Fidel Castro. Se acercó al muro del malecón, como a veinticinco yardas de nosotros y se puso a mirar la formación de los aviones en picada frente al morro. El gentío en el área lo reconoció de inmediato y lo rodeó muy entusiasmado y con gran admiración. Del segundo auto, también negro, salieron tres o cuatro soldados con metralletas y se lo llevaron hacia el primero. El monarca-comandante en jefe saludó con la mano izquierda a la muchedumbre mientras lo metían en el asiento trasero del carro. Mi tío Manolo y yo nos quedamos mirando la escena y nos volteamos a ver los aviones en el cielo azul y la bandera cubana en la Cabaña…

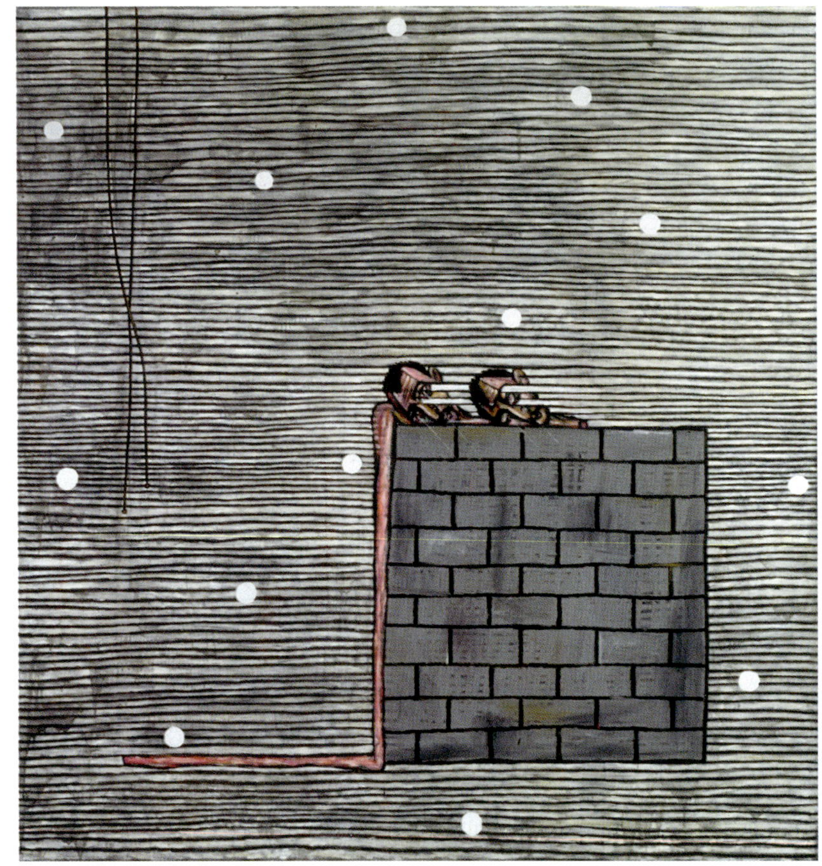

Wall 4, 1999
Acrylic, charcoal, and shellac on canvas
Acrílico, carboncillo y laca sobre lienzo
120 x 112"
305 x 284 cm

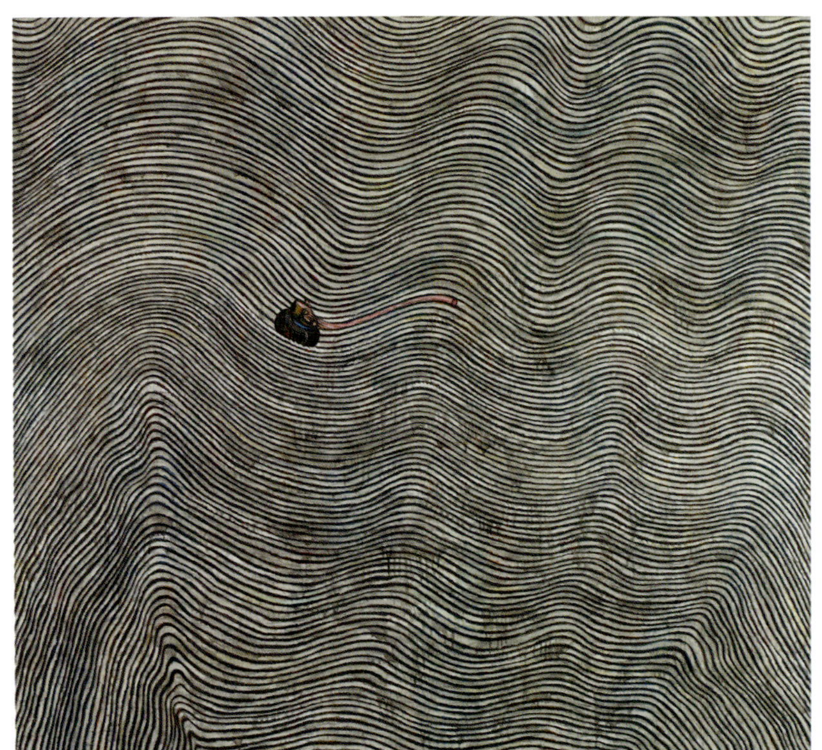

Crossing, 1999
Acrylic, charcoal, and shellac on canvas
Acrílico, carboncillo y laca sobre lienzo
112 x 120"
284 x 305 cm
Artium, Centro Museo Vasco de Arte
Contemporáneo, Vitoria-Gasteiz

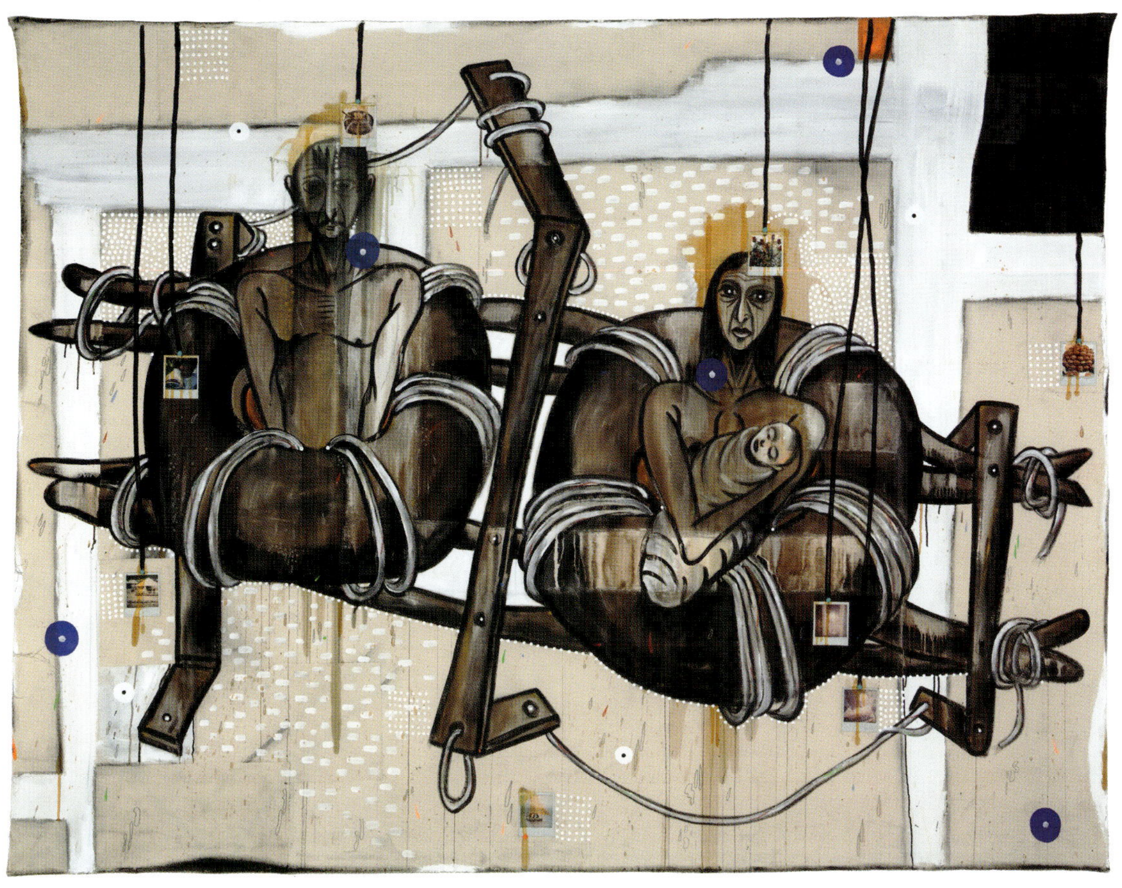

Familia Balseros, 1994
Acrylic, charcoal, polaroids, and shellac
on canvas
Acrílico, carboncillo, polaroids y laca
sobre lienzo
84 x 108"
213 x 274 cm
Cuban Museum / Museo Cubano,
Miami, FL

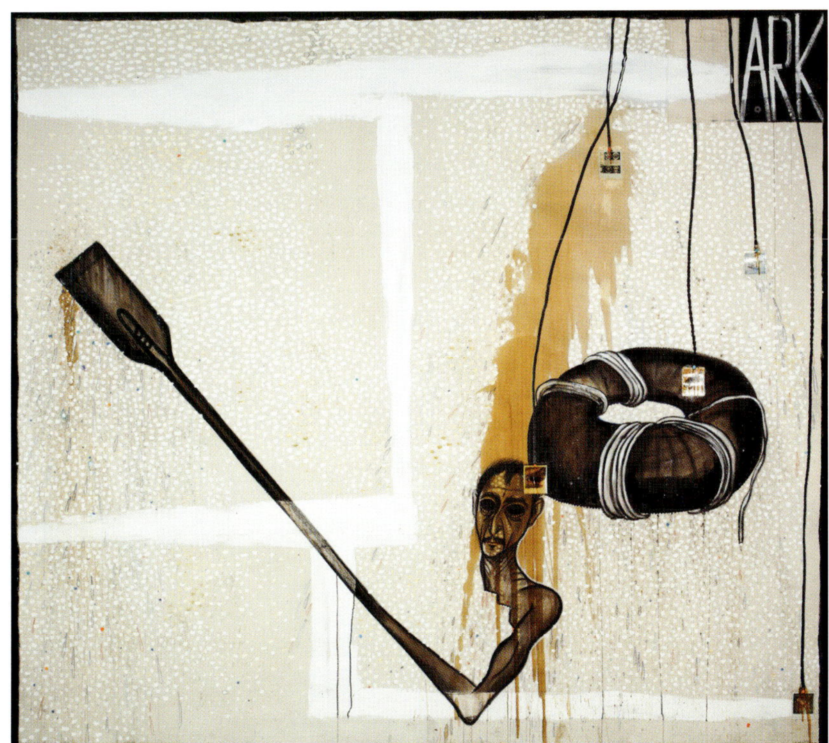

Ark, 1994
Acrylic, charcoal, polaroids, and shellac
on canvas
Acrílico, carboncillo, polaroids y laca
sobre lienzo
110 x 119"
279 x 302 cm

My parents decided to send me to the United States, where many on my mother's side of the family had taken up residence. In order to get the visa to exit Cuba, I had to take a place and wait in a line at the American embassy that stretched five blocks long (this was back in 1960), with throngs of Cubans who were hoping to travel north. To avoid losing my place in this queue, I had to take shifts with my mother, my grandmother, my uncle… We were in that line 24 hours a day, and it took me three days to make it inside the embassy. All the while, throughout the whole three days, trucks filled with people would drive by and yell insults at us, "Worms, worms, go to hell! Cuba, yes. Yankees, no. Long live Fidel! Long live the revolution! Your country or death!"

After I graduated with a degree in business from the Academia Sabina Garrido, I got a job as a secretary at an office in Alamar across the harbor, where they were building new housing developments for middle-class people. The company's president was Mr. Alamilla, a highly cultured millionaire with a very stimulating vision for the future. I only stayed there for two months, because a boat exploded, or rather someone blew it up, and the government took over all of the company's land and housing developments. I remember I once met the great comedian Rosendo Rosell there, as he went through the process to purchase a home in the Alamar district of that era.

In the early sixties, I began to work at the García Pharmacy and Drugstore in El Vedado. It was one of the largest of its kind in Cuba. I started out cleaning floors and placing merchandise on the shelves. After a month, Mr. García had me take telephone calls and help with his sister's bookkeeping, as she also worked at the

Mis padres decidieron mandarme para Estados Unidos donde tenía mucha familia por parte de madre. Para poder conseguir la visa de salida de Cuba tenía que coger un turno. La cola frente a la embajada americana era como de cinco cuadras (esto fue en 1960) y cantidad de cubanos querían irse para el norte. Para no perder mi puesto tenía que turnarme con mi mamá, mi abuela, mi tío… Veinticuatro horas en la cola. Me tomó tres días poder entrar a la embajada. Mientras tanto, en esos tres días, camiones llenos de gente nos gritaban: «Gusanos, gusanos, váyanse al carajo, Cuba sí, yanquis no, viva Fidel, viva la revolución, ¡patria o muerte!».

Después que me gradué de Comercio en la Academia Sabina Garrido, conseguí un trabajo de secretario en una oficina de Alamar, cruzando la bahía, donde estaban construyendo nuevas urbanizaciones de casas para la clase media. El presidente de la compañía era el señor Alamilla, un millonario muy culto y con una visión de futuro muy estimulante. Solamente estuve ahí dos meses, pues un barco explotó o lo explotaron y el gobierno se apoderó de todos esos terrenos y urbanizaciones. Me acuerdo que en una ocasión conocí allí al gran cómico Rosendo Rosell, quien estaba en trámites de adquirir una residencia en la Alamar de aquella época.

A principios de 1960 empecé a trabajar en la farmacia y droguería García en el Vedado. Era una de las más grandes de Cuba. Empecé limpiando pisos y colocando mercancías en los estantes. Al mes, el señor García me puso a tomar las llamadas por teléfono y a ayudar con las cuentas a su hermana, que también trabajaba en la farma-

pharmacy. I earned the minimum wage: three pesos a day. Humberto, the pharmacist, was an old curmudgeon, but a good fellow at heart. He used to wait on Secundino Fernández, who had once served as Fidel's guide in the Sierra Maestra, a commander in the army and the boss of Humberto's son, a rebel lieutenant. Sometimes three jeeps would show up with soldiers inside. Secundino would come into the pharmacy with his assistant, while the other soldiers toting machine guns on their shoulders surrounded the entrance to the pharmacy and drugstore. Old Humberto would invite him into the back room of the pharmacy, give him his injection and perform a treatment using medicinal vials all over his torso and back and underneath his arms.

Months later I finally had my visa, so, aware that I would be leaving the country soon, I spoke with Mr. García. I went to see him at his office, where he was surrounded by recent photos of himself: García donating tractors for the future Agrarian Reform alongside bearded officials and government workers, García with Secundino shaking each other's hands, García smiling… I told him, "I'm leaving for the United States soon, and I've come to hand in my resignation and collect fifteen days' wages for my work, which I need you to pay me right away. He looked into my eyes and, nearly crying, he uttered, "I only wish it were me who was going." This was beyond words! I went to his desk and he settled his accounts with me: 15 days times three is equal to 45 pesos. Not one cent more, not one cent less.

Ten years later, in 1970, I traveled to Puerto Rico with my first wife, Ada, to visit her family. To break ourselves in slowly, we decided to have lunch at a Cuban-owned

cia. Ganaba el mínimo: tres pesos diarios. Humberto, el farmacéutico, era un viejo cascarrabias, pero muy buena gente. Atendía a Secundino Fernández, quien había sido guía de Fidel en la Sierra Maestra y comandante en el ejército y jefe del hijo de Humberto, un teniente rebelde. Llegaban tres *jeeps* con soldados, Secundino entraba en la farmacia con su ayudante, y los otros soldados con metralletas al hombro rodeaban el portal de la farmacia y droguería. El viejo Humberto lo metía en la trastienda de la farmacia y le inyectaba y le hacía un tratamiento con unas ampollas por todo el torso y la espalda y debajo de los brazos.

A los seis meses, ya con mi visa y sabiendo que me iba del país, hablé con el señor García. Fui a verlo a su oficina, todo él rodeado de fotos recientes: García donando tractores para la futura Reforma Agraria con barbudos oficiales y gente del gobierno, García con Secundino estrechándole la mano, García sonriendo… Le dije: «Me voy para los Estados Unidos pronto y vengo a darle mi renuncia de trabajo y a cobrar los quince días que he trabajado y necesito me pague». Me miró a los ojos y casi lloroso me dijo: «Ojalá fuera yo el que se va. ¡Esto está de madre!». Fue a su escritorio y me liquidó la cuenta: quince días por tres es igual a cuarenta y cinco pesos. Ni un centavo más ni un centavo menos.

Diez años después, en 1970, voy a Puerto Rico con mi primera esposa, Ada, a visitar a sus familiares y a presentarme, y nos vamos a almorzar a un restaurante de dueños cubanos, llamado Daiquirí, en el pueblo de Hatillo. Resulta que el dueño era

restaurant called *Daiquirí*, in the town of Hatillo. The owner turned out to be García himself, who was in Puerto Rico with his whole family trying to make a living, selling *cuchifritos* and probably reminiscing over the millions which the Castro regime had taken away from him. The tractor donor/peasant immigrant exploiter (he would bring them in from Santa Clara to squeeze as much as he could out of them) had now become a Puerto Rican fried pork vendor. Oh, the irony of life! We all live in the dark. Everything is an illusion, a nightmare, a tractor. The big fish eat the small fry, and the small fry eat the tiniest creatures of all.

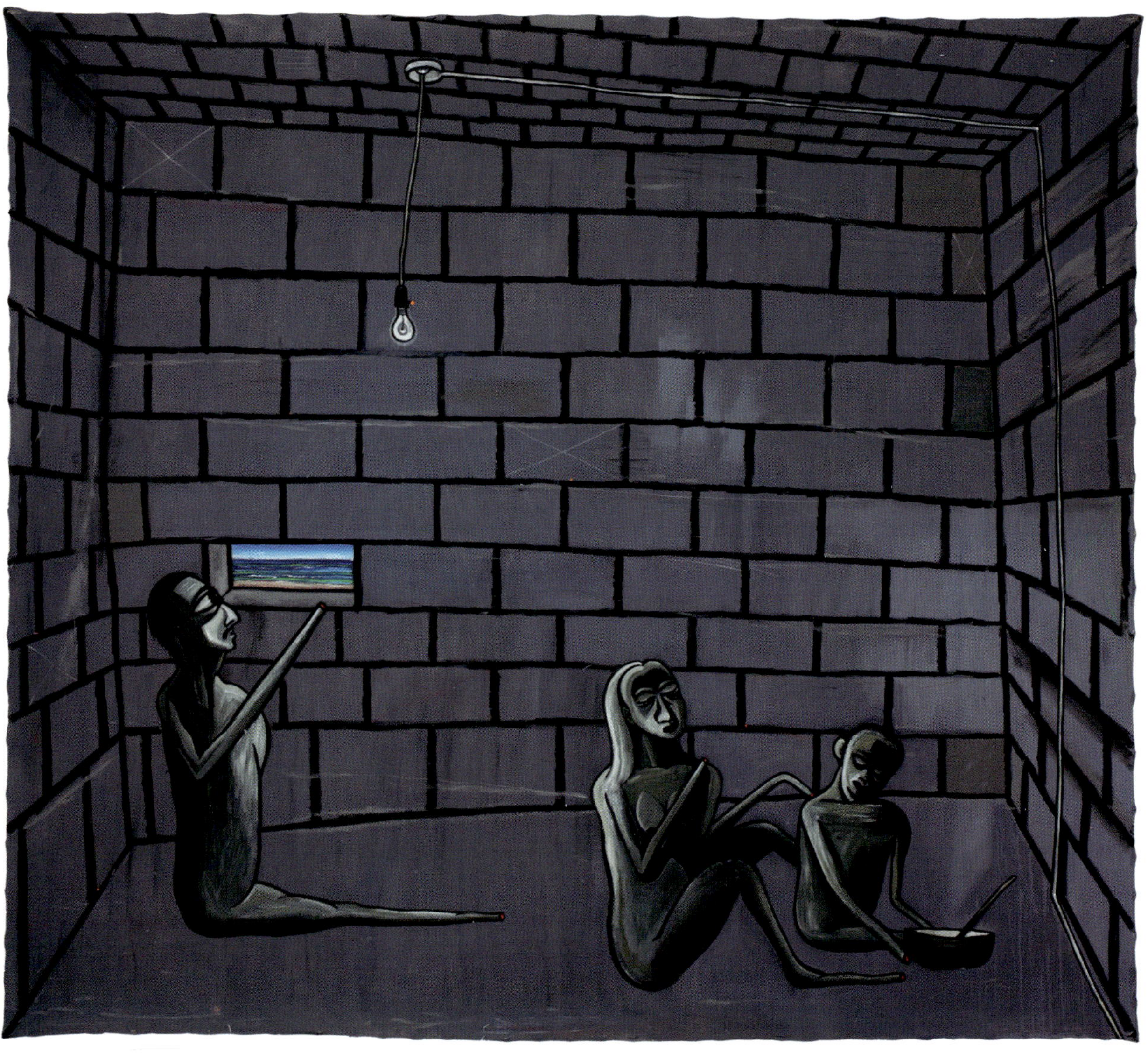

Looking at the Sea, 1999
Acrylic on canvas
Acrílico sobre lienzo
109 x 118"
277 x 375 cm

García, quien con toda su familia estaba buscándose los frijoles en Puerto Rico y vendiendo cuchifritos y probablemente recordando los millones que el régimen de Castro le había quitado. El *regalatractores* y explotador de guajiritos (se los traía de Santa Clara para sacarles el jugo), ahora era vendedor de cuchifritos boricuas. La ironía de la vida. No sabemos nada. Todo es una ilusión, una pesadilla, un tractor. El grande se come al pequeño y el pequeño al más pequeño.

CAA Now that you mention Fidel, what do you remember from those times (especially prior to the revolution) in relation with the political upheaval that the country went through in the fifties? Was the adolescent Luis Cruz Azaceta interested in politics? Did anyone in your household talk about politics?

LCA My family was not very political. There was not a lot of talk about that at home. None of us were intellectuals or university graduates. My father was an airplane mechanic, and all of my uncles were carpenters. The truth is that they all had to help my grandfather from a very early age, so they only reached the sixth grade. Of course, families with well educated members have greater ease engaging in dialogue, expressing opinions and discussing political problems in a more eloquent way than do workers who are constantly busy, just trying to get by in everyday life, with little time to deliberate over politics. They almost only talk about such matters when a lack of food supplies or work arises. In the mid-fifties, all of my uncles left for New York after my grandfather passed away. In the years of 1957 and 1958, Havana was being terrorized by explosions of bombs in stores, movie theaters and restaurants. The government's secret police under the Batista dictatorship was torturing people and imprisoning suspected revolutionaries, and people were growing tired of the whole mess.

I remember one day when the secret police came to arrest one of the neighbors who lived with his wife and two daughters. After they dragged him away, the newspapers and radio reported that this individual was a gangster belonging to Policarpio Soler's gang. This neighbor had been a quiet, family-oriented type. People did not

CAA Ahora que mencionas a Fidel, ¿qué recuerdas de aquel tiempo (sobre todo del anterior a la revolución) y esté vinculado a la rebambaramba política que vivió el país en los años cincuenta? Al Luis Cruz Azaceta adolescente, ¿le interesaba la política? ¿Se hablaba de política en tu casa?

LCA Mi familia no era muy política. No se hablaba mucho de eso en casa. No había intelectuales ni graduados en la universidad. Mi padre, mecánico de aviones, y mis tíos, todos carpinteros. La realidad fue que tuvieron que ayudar a mi abuelo desde muy jóvenes y solamente llegaron a sexto grado. Claro, familias con personas bien educadas tienen la facilidad de dialogar, opinar o discutir los problemas políticos mucho mejor que los trabajadores que tienen que buscarse su pan diario constantemente y no tienen mucho tiempo de pensar en política. Casi únicamente lo hacen cuando hay escasez de víveres o trabajo. A mediados de los años cincuenta todos mis tíos se fueron a Nueva York después de la muerte de mi abuelo. En los años 1957 y 1958, La Habana estaba aterrorizada con explosiones de bombas en las tiendas, cines, restaurantes. La policía secreta del gobierno de la dictadura de Batista estaba torturando, apresando a los supuestos revolucionarios, y el pueblo se estaba cansando de toda esa jodedera.

Me acuerdo un día que la policía secreta vino a arrestar a un vecino que vivía con su esposa y sus dos hijas, y se lo llevaron; los periódicos y la radio informaron después que el individuo era un gánster de la pandilla de Policarpio Soler. El vecino era una

know a lot about his life, because he was fairly new in the apartment building next door to our house. For a whole week, that is all the neighborhood was talking about. The wife and daughters moved away shortly after his arrest.

They also took another neighbor from near my home prisoner. He was referred to as Cachirulo and would always walk around boasting about his white-handled gun. He also vanished from the neighborhood. We never saw him again until the revolution triumphed. Cachirulo was a dopey-looking guy who seemed a bit sickly. The torture and beatings he suffered left him mentally damaged.

My father always said the best president Cuba ever had was Machado…

CAA Machado?

LCA Yes, he would always say that, of all the bandits who had run the country, Gerardo Machado was the best president, especially during his earliest period. He ordered the construction of the national capitol building, the central highway and a lot of other things that helped improve the country's infrastructure … As for Batista, my father said he was a lazy dirtbag because he failed to rip Fidel's head off.

CAA How would you describe the neighborhood you lived in, politically speaking?
LCA Many people on my block were Batista supporters. Some got a payoff of 33 pesos per month for showing their support, a bit of assistance they received from the government. "One-hand María," Chachachá the bartender's girlfriend, (that's what they called him, and I never found out his real name) was a diehard Batista enthusiast.

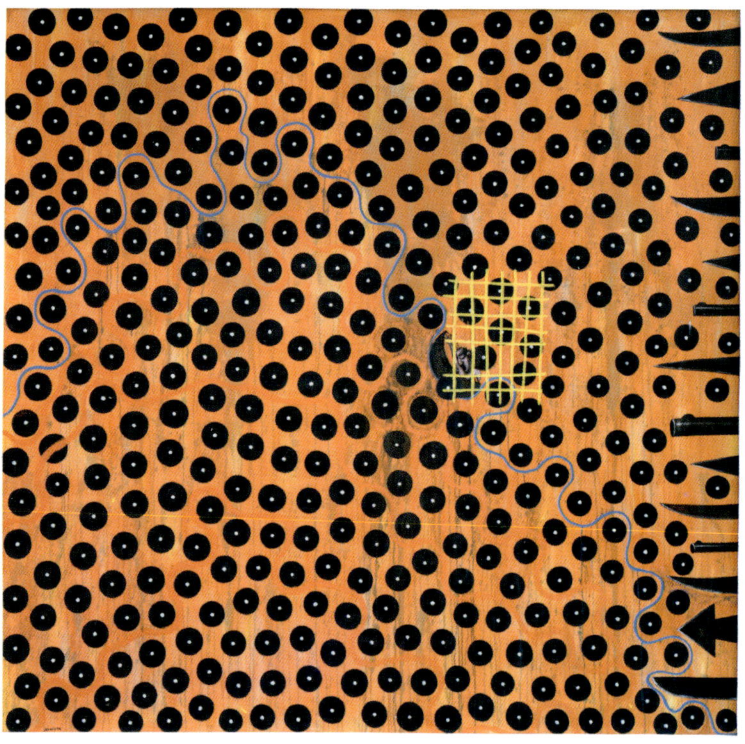

Hell Act II, 1993
Acrylic on canvas
Acrílico sobre lienzo
120 x 120"
305 x 305 cm
Phoenix Art Museum, Phoenix, AZ

persona tranquila, familiar, y no se conocía mucho sobre su vida, pues eran relativamente nuevos en un apartamento adyacente a nuestra casa. Por una semana se estuvo hablando de todo eso. La mujer e hijas se mudaron un poco después del arresto.

También cogieron preso a otro vecino de cerca de mi casa. Le decían Cachirulo y siempre andaba mostrando una pistola de culata blanca. También desapareció del barrio. No lo vimos más hasta el triunfo de la revolución. Cachirulo estaba medio turulato y se veía medio enfermo. Las torturas y palizas que le dieron lo dejaron medio abobado.

Mi padre siempre dijo que el mejor presidente que Cuba tuvo fue Machado…

CAA ¿Machado?
LCA Sí, siempre me dijo que de todos esos bandoleros Gerardo Machado fue el mejor presidente, sobre todo en su primer periodo. Mandó hacer el capitolio nacional, la carretera central y muchas cosas más

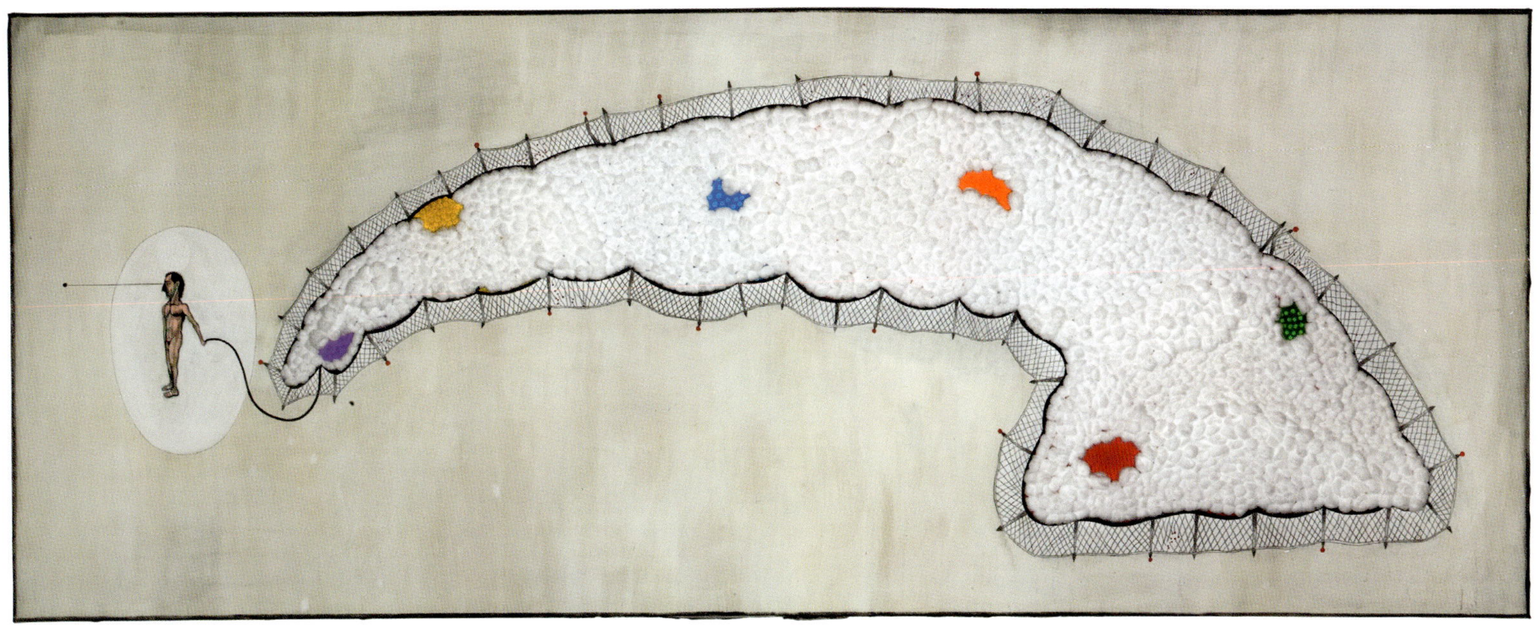

Exile 50, 2009
Acrylic, charcoal, cotton balls, and shellac on canvas
Acrílico, carboncillo, bolas de algodón y laca sobre lienzo
60 x 104"
152 x 264 cm

mejorando la infraestructura del país… Y de Batista decía que era un flojo comemierda por no haberle arrancado la cabeza a Fidel.

CAA ¿Cómo era, políticamente hablando, el barrio donde vivías?
LCA En mi cuadra había muchos batistianos. Algunos con «botella» de treinta y tres pesos mensuales, una ayuda que les daba el gobierno. La manca María, novia del cantinero Chachachá, pues así le llamaban —nunca supe su nombre— era una batistiana que te comía. Después de la revolución, esta mujer se hizo la más fidelista y revolucionaria de la cuadra, fundadora de los Comités de Defensa de la Revolución. A veces seguía a mi padre y si lo veía con cartuchos o jabas le preguntaba qué llevaba ahí o a dónde iba o de dónde venía. Pura chivata, oportunista, sinvergüenza e hija de puta. Así hubo y hay actualmente muchos. Sobreviven a costa de otros.

   Mis padres, ya viviendo yo en Nueva York, me contaron que le habían dicho en el barrio que había una lista encabezada con el nombre de mi padre, una lista de contrarrevolucionarios. No me sorprende, pues mi viejo estuvo en las fuerzas aéreas por treinta y tres años y lo percibían como miembro de la dictadura de Batista.

CAA ¿Por qué razón tu familia decide enviarte a Estados Unidos?
LCA Mis padres decidieron que sería lo mejor. La situación en Cuba se puso extrema. En la farmacia-droguería casi todos los empleados se hicieron milicianos. Yo ya sentía la

After the revolution, though, that woman became the greatest revolutionary on the block, Fidel's biggest fan. She even founded the Revolution Defense Committees. Sometimes she would follow my father around, and if she saw him with bags or sacks, she would ask what he was carrying around, where he was going, or where he was coming from. A totally shameless, opportunistic stool pigeon and bitch. There were and continue to be a lot like her. They survive at other people's expense.

My parents, then living in New York, told me they had been informed of a list circulating around the neighborhood with the names of all the counter-revolutionaries, and my father's was at the top of the list. I was not surprised, because my old man was in the Air Force for 33 years, so they perceived him to be a member of the Batista dictatorship.

CAA Why did your family decide to send you to the United States?
LCA My parents decided it was for the best. The situation in Cuba grew extreme. All of the employees at the pharmacy/drugstore became militia members. I was already feeling the pressure and some misgivings, since I did not have the slightest desire to become a new regime convert. Furthermore, about two months after the revolutionary government took over the reigns of the nation's aviation system, where my father worked as a mechanic, a rebel pilot crashed in his fighter plane, and they scapegoated the mechanics. They were accused of sabotage and got detained for four or five days inside the military camp, unable to leave. With hardly any food, they were forced to sleep sitting in chairs. I imagine they were terrified that they were

presión y algo de desconfianza, pues no sentía impulso ninguno por convertirme al nuevo régimen. Además, como a los dos meses de que el gobierno revolucionario tomara las riendas de la aviación nacional, donde mi padre era mecánico, un piloto rebelde se estrelló con un avión de guerra y echaron la culpa a los mecánicos. Los acusaron de sabotaje y los tuvieron cuatro o cinco días sin poder salir del campo militar. Casi sin comida, durmiendo sentados en sillas y, me imagino, con tremendo miedo a ser enviados a paredón. Se comprobó que el piloto de los rebeldes no tenía suficiente experiencia en pilotear un avión de guerra y, por fin, mi viejo pudo salir. Mi tío Pedrín y yo fuimos a verlo al campo militar al tercer día y pudimos hablar con él a través de una cerca altísima. Estaba demacrado y se veía bien preocupado. Mi tío le dijo varias palabras de aliento y le dijo que eso se resolvería pronto. Mientras tanto, todos en la familia estábamos en estado de terror.

CAA ¿Recuerdas todavía con qué saliste de Cuba?
LCA Me vine a Nueva York solamente con la ropa que llevaba puesta, con una mano delante y otra detrás, pero con mucho júbilo, entusiasmo y grandes esperanzas de aprender y encontrar mi destino. El arte me dio una voz y un arma.

CAA ¿En qué año ocurre esto?
LCA Llegué a Nueva York a finales de noviembre de 1960. Toda la familia vino a recibirme al aeropuerto.

about to be executed by firing squad. The authorities discovered that the deceased rebel pilot did not have the proper experience for flying a war plane, so my dad was finally allowed to leave. My uncle Pedrín and I went to see him in the military camp on his third day in detention, and we were only able to speak with him over the top of a very high fence. He was extremely thin and looked very worried. My uncle uttered a few words of encouragement to him and told him everything would get set straight soon. In the meantime, our whole family lived in a state of terror.

CAA Do you still remember what you had with you when you left Cuba?
LCA I came to New York with nothing but the clothes on my back, completely empty-handed, but I was full of excitement, enthusiasm and big hopes for learning and seeking out my destiny. Art gave me a voice and a weapon.

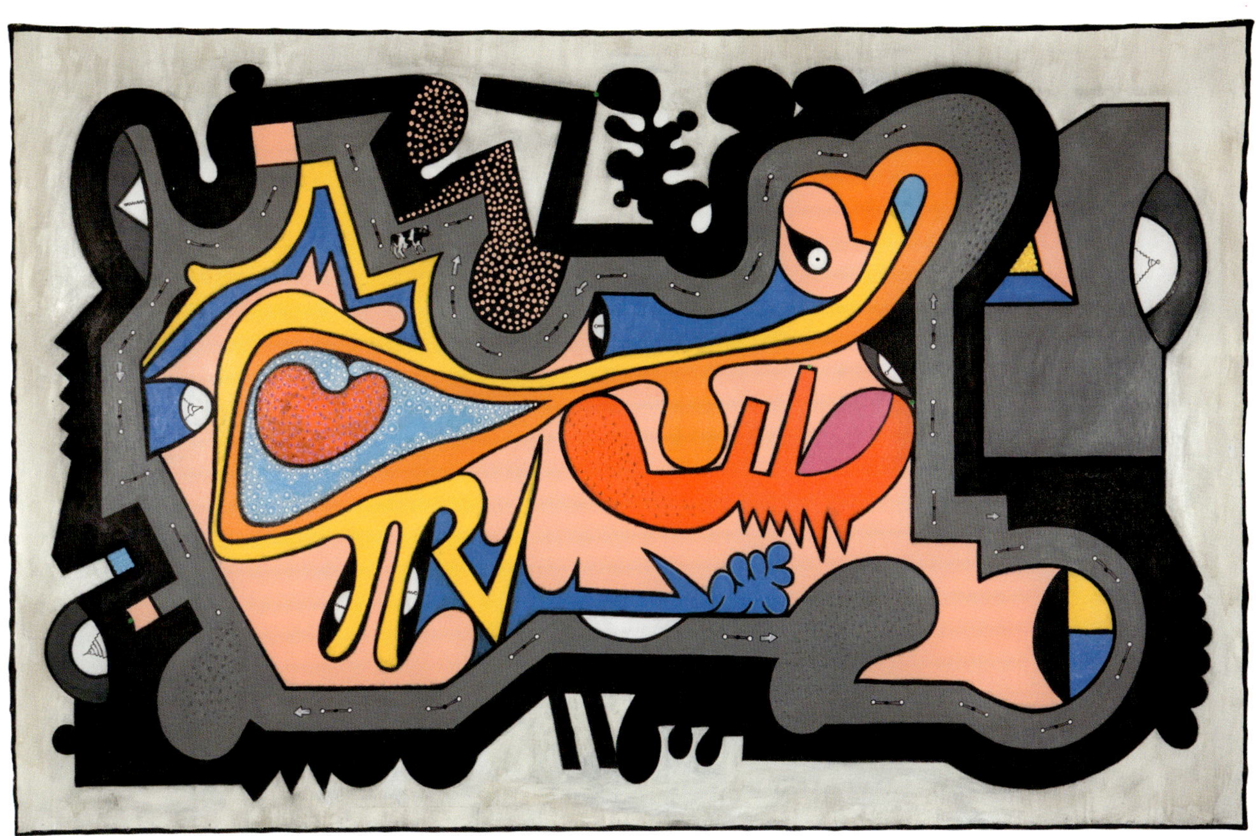

On the Road, 2010
Acrylic, charcoal, and shellac
on canvas
Acrílico, carboncillo y laca
sobre lienzo
76 x 116"
193 x 295 cm
Courtesy of Lyle O. Reitzel Gallery,
New York & Santo Domingo,
Dominican Republic

CAA ¿Cuál era la principal diferencia (social, política, estética) entre Nueva York y la ciudad que acababas de abandonar?
LCA Nueva York fue un choque visual, con sus altos rascacielos, puentes, túneles, metro, luces, energía y sus muchas posibilidades. Pero mi primera emoción estética, ya viviendo en el exilio, fue la gran necesidad de comunicar mis experiencias como cubano en Nueva York. Me hice artista por la necesidad que sentía de expresarme. Mientras tanto, empecé a trabajar al tercer día de llegar de Cuba con mis tíos Carlos y Pedrín en la fábrica de trofeos Award Incentives en Brooklyn. Trabajé allí por dos años y medio. Al poco tiempo me compré mi primer carro, un Mercury de cambios manuales, y lo llené de trofeos para impresionar a las mujeres, algunas de ellas americanas.

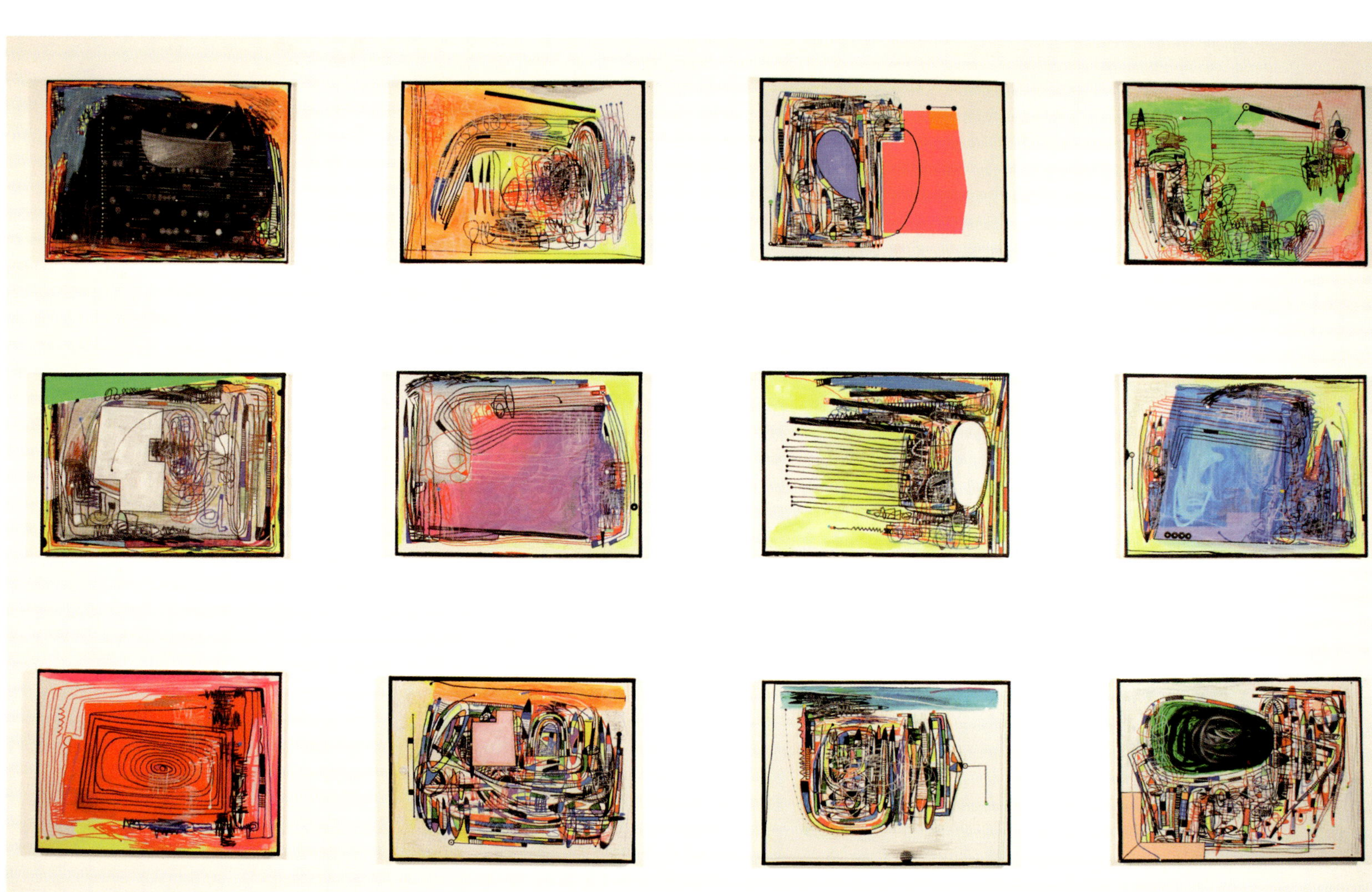

Journey, 2015
Acrylic on canvas
Acrílico sobre lienzo
18 x 24"
each of 12 panels
46 x 61 cm
cada uno de los 12 paneles

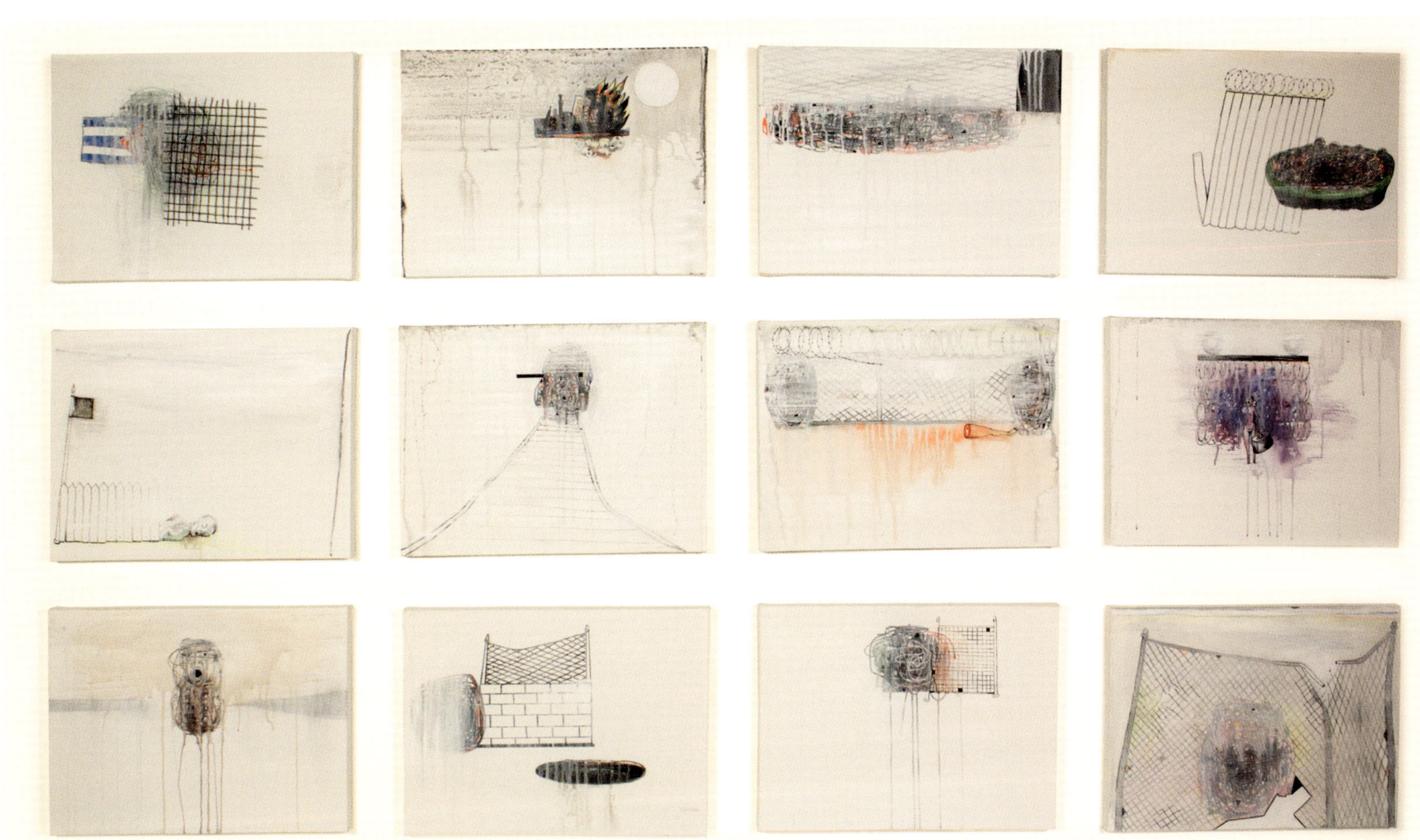

Refugees, 2015
Acrylic on canvas
Acrílico sobre lienzo
18 x 24"
each of 12 panels
46 x 61 cm
cada uno de los 12 paneles

CAA What year did this happen?

LCA I got to New York in late November of 1960. My whole family came to welcome me at the airport.

CAA What was the main difference (social, political, aesthetic) between New York and the city you had just left behind?

LCA New York was visually shocking, with its tall skyscrapers, bridges, tunnels, subway, street lights, energy and enormous potential. However, my first aesthetic emotion once living in exile was the huge need to communicate my experiences as a Cuban in New York. I became an artist because of the need I felt to express myself. Meanwhile, I began to work on the third day after arriving from Cuba, with my uncles Carlos and Pedrín at the Award Incentives Trophy Factory in Brooklyn. I was employed there for two and a half years. Shortly after starting, I bought my first car, a Mercury with a manual gearshift, and I filled it with trophies to impress women, some of whom were American.

Almost all of the employees at the trophy factory were African Americans, Puerto Ricans and Jews who had arrived after World War II. The owner of the factory was also Jewish, and my uncles called him *Chorro Gordo* to make fun of him. My uncle Carlos was a foreman in the carpentry department. A couple of women, my uncle Pedrín and I all worked with him making wooden boards, bases for trophies and such. None of it could be called full-fledged carpentry. I earned the minimum wage, which was one dollar per hour, but I worked six days a week, so it amounted

En la fábrica de trofeos, casi todos los empleados eran afro-americanos, puertorriqueños y judíos que vinieron después de la Segunda Guerra Mundial. El dueño de la fábrica era también un judío y mis tíos, en jodedera, le decían Chorro Gordo. Mi tío Carlos era capataz en el departamento de carpintería. Un par de mujeres, mi tío Pedrín y yo trabajábamos con él haciendo placas de madera, bases para los trofeos, etcétera. Nada en verdad que se pudiera llamar carpintería. Yo ganaba el mínimo, que era un dólar la hora, pero trabajaba seis días a la semana y me ganaba setenta y cinco dólares semanales, que en 1960 era dinero. Con eso podía enviar algo a mis viejos en Cuba.

Se me olvidó decirte que cuando llegué a Nueva York me fui a vivir con mi tío y padrino Carlos, su esposa Gladys y sus tres hijos a Hoboken, el pueblo de Frank Sinatra, en New Jersey. Para ir a Brooklyn íbamos en el auto de mi tío y tomábamos el ferry La Caguama hasta la punta de Manhattan, y desde allí cruzábamos el puente de Brooklyn hasta la fábrica. Nos tomaba casi una hora de ida y otra de vuelta.

CAA ¿En la Nueva York de ese momento había ya muchos latinoamericanos? ¿Cuáles eran los temas que más se movían; el ambiente?

LCA Cuando yo llegué a Nueva York la comunidad grande era la puertorriqueña. Como todas las migraciones que llegaron a Estados Unidos y en particular a Nueva York, los puertorriqueños estaban en la lucha por la integración, el trabajo, el lenguaje

to 75 dollars each week, quite a hefty sum back in 1960. It was enough for me to send some money back to my parents in Cuba.

I guess I forgot to mention to you that, when I arrived in New York, I went to live with Carlos, my uncle and godfather, and his wife Gladys and their three children in Hoboken, New Jersey, the town Frank Sinatra was from. To get to Brooklyn we would take my uncle's car and get on what we called the "Turtle Ferry," which made a slow crossing to the tip of Manhattan. From there we would cross the Brooklyn Bridge to get to the factory. It took us nearly an hour to finish the trip there and another hour to return.

CAA Were there many Latin Americans in New York yet at that time? What were the big topics of the day? What was the ambience like?
LCA When I got to New York, the largest of all was the Puerto Rican community. Like all of the migrant groups that reached the United States, and New York in particular, the Puerto Ricans were fighting for integration, work, the language and education, and they were often subject to discrimination by generations of immigrants who had arrived before them and were, in turn, also discriminated against in their day.

The *Boricua* community provided us with support and assistance learning the English language. They helped us fill out all the different forms and translate documents. They recommended factories and other workplaces to us. These teachings were of major importance to us Cubans, though we have been very ungrateful to them, because we Cubans have always thought we were superior to Puerto Ricans.

y la educación, y muchas veces eran discriminados por las generaciones de inmigrantes que habían llegado antes, los cuales, a su vez, también habían sido discriminados en su momento.

La comunidad boricua fue la que nos brindó apoyo y ayuda con el idioma inglés, ayudándonos a llenar planillas y formularios, a traducir documentos, la que nos recomendó en factorías y otros lugares. Fue una enseñanza muy grande para nosotros, los cubanos, y sin embargo hemos sido muy mal agradecidos, pues siempre nos hemos creído mejores. Claro, la primera y segunda ola de emigrantes cubanos, exiliados y residentes en Estados Unidos eran en su mayoría gente educada: médicos, abogados, contadores, arquitectos, comerciantes, banqueros…

En la primavera de 1961, viviendo en Hoboken, me fui en un bus-guagua con un amigo al famoso Village, atravesamos el túnel Lincoln y cambiamos al metro cuando llegamos a Manhattan. Visitamos el Washington Square Park y andábamos caminando en lo que una música muy interesante nos llegó a los oídos. Sentados en una rotonda con una fuente de agua, pero sin agua, había un pequeño grupo de músicos tocando *folkmusic* —música de protesta—, y el cantante era Bob Dylan. Ahí lo escuché por primera vez. Dylan fue para mí un gran descubrimiento. Uno de los compositores más importantes en la cultura musical americana.

Cruzando el Washington Square Park está la Universidad de Nueva York, la NYU, universidad en la que seis años después empecé a trabajar a media jornada en la

Of course, the first and second wave of Cuban emigrants, exiles and residents in the United States were mostly educated people: doctors, lawyers, accounts, architects, businesspeople, bankers…

In the spring of 1961, while living in Hoboken, I hopped on one of the renowned buses to the famous New York's famous "Village" with a friend of mine. We crossed the Lincoln Tunnel and transferred over to the subway when we got to Manhattan. We visited Washington Square Park and were strolling around, when some very interesting music suddenly reached our ears. Sitting in a square with a waterless fountain was a small group of musicians playing *folk music*—protest music—, and the singer was Bob Dylan. That is where I heard him for the first time. To me, Dylan was a huge discovery, one of the most important composers in American musical culture.

If you cross Washington Square Park, you reach New York University, NYU, the university where I began to work half-time at the library six years later, and the place where my great friend Iván Acosta was studying filmmaking while working in the Education Department library. I worked in the most important department of the University, the book lending department, while also attending classes at the School of Visual Arts in the morning and working for NYU at night.

CAA So, you had already quit your job at the trophy factory entirely?
LCA At a certain point in time, we got Union District 65 into the trophy factory, a labor union that supported workers. We went out into the streets to demand better wages, benefits, vacation time… So, they fired us all. The union could not do a thing.

biblioteca, donde también mi gran amigo Iván Acosta estudiaba cinematografía y trabajaba en la biblioteca del Departamento de Educación. Yo lo hacía en el departamento principal de la Universidad, el de Préstamos, mientras asistía a clases en la Escuela de Artes Visuales por la mañana y trabajaba en la NYU por la noche.

CAA Entonces, ¿ya habías dejado del todo el empleo en la fábrica de trofeos?
LCA A partir de un momento, le metimos a la fábrica de trofeos la Union-District-65, un sindicato que apoyaba a los trabajadores. Nos tiramos a la calle a pedir mejores salarios, beneficios, vacaciones… Nos largaron a todos. El sindicato no pudo hacer nada. Cobré desempleo por varios meses. Las dos primeras semanas me iba al cine todos los días en Time Square. Ese fue el tiempo que me hizo reflexionar sobre mi futuro. Mientras buscaba trabajo a través de la Union, empecé a dibujar y así fue, creo, cómo me hice artista.

Después de esto encontré otro trabajo en una fábrica de botones. Recuerdo que, en la entrevista, uno de los jefes —un treintón— me preguntó que qué estaba leyendo, pues andaba con un libro para no aburrirme en el metro. Le dije que era la vida de Renoir, el famoso pintor impresionista. Al escucharme me rectificó la pronunciación del nombre, dándole un sonido francés-americano y no un sonido francés-cubano como el mío. Pero, bueno, me dio el trabajo y empecé al día siguiente rellenando órdenes de botones, medallas, broches de mujer, etcétera.

I received unemployment for several months. The first two weeks I would go to the movies every day in Times Square. That was a time period that forced me to think long and hard about my future. While I looked for work through the union, I started drawing, which is how I believe I ended up becoming an artist.

After that I found another job at a button factory. During the interview, I remember one of the bosses, who was around thirty years old, asking me what I was reading, since I used to carried a book with me to avoid getting bored on the subway. I told him it was the life story of Renoir, the famous Impressionist painter. When he heard my answer, he corrected my pronunciation of the artist's name, giving it an American-French accent instead of the Cuban-French accent I had used. In any case, he gave me the job and I started the very next day, filling out order forms for buttons, medals, women's brooches and that sort of thing.

CAA What other books do you remember having read during those times, besides the one about Renoir?

LCA As soon as I got my job at the library in New York, I was overtaken by an enormous curiosity about Latin American literature. I also went crazy looking up a huge number of art books and reading them. I met several students and writers, and became friends with some of them. That is when my major interest began, despite my complete prior ignorance of the subject matter up to then. Rafael Catalá, a Cuban writer, started recommending Latin American writers to me. One of the first I read, if memory does not fail me, was *The Time of the Hero (La ciudad y los*

CAA ¿Qué otros libros recuerdas haber leído en esta época, aparte del de Renoir?

LCA A partir de mi empleo en la biblioteca de la NYU desperté a una curiosidad muy grande por la literatura latinoamericana. Me volví loco mirando y leyendo muchísimos libros de arte. Conocí a varios estudiantes y escritores, y me hice amigo de algunos de ellos. Ahí empezó mi gran interés, ya que era totalmente ignorante en la materia. Rafael Catalá, cubano y escritor, empezó a recomendarme escritores latinoamericanos. Uno de los primeros que leí, si mal no recuerdo, fue *La ciudad y los perros* de Mario Vargas Llosa. Otro, *Cien años de soledad*, de Gabriel García Márquez, libro que fue una revelación, una catarata de palabras realizadas con una simplicidad y sabiduría extraordinaria sobre el ser humano. Lo que no entiendo (y como yo, muchísimos) es cómo este gran escritor, que también escribió *El general en su laberinto*, llegó a hacerse tan amigo de Fidel Castro, sabiendo además lo que ocurre en Cuba; sabiendo que no hay expresión libre, que hay opresión, dictadura, torturas, fusilamientos; sabiendo que encarcelan a la disidencia por querer cambios básicos para poder vivir con libertad y no subordinada a un sistema policial, de desconfianza y paranoia. Claro, Fidel le dio todas las comodidades que le podía brindar: casa, criados, jardinero, chófer y, me imagino, muchachitas jóvenes para que alimentara su fantasía intelectual y oportunista.

Otros libros que me fascinaron por esta época fueron *El túnel* de Ernesto Sábato, *Los pasos perdidos* de Alejo Carpentier y *El laberinto de la soledad* de Octavio Paz. También, *Tres tristes tigres* de Guillermo Cabrera Infante.

perros) by Mario Vargas Llosa. Another book, *One Hundred Years of Solitude (Cien años de soledad),* by Gabriel García Márquez, was a revelation, a waterfall of words created with extraordinary simplicity and wisdom about human beings. What I do not understand (neither myself nor many others) is how this great writer, who also authored *The General in His Labyrinth (El general en su laberinto),* became such a great friend of Fidel Castro's, knowing so well what goes on in Cuba, fully aware that there is no freedom of expression, but instead oppression, dictatorship, torture and executions by firing squad; knowing that dissidents are jailed because they want basic change so that they can live with liberty, and not subjugated to a police state system of mistrust and paranoia. Of course, Fidel gave him all the comforts anyone could be offered: a home, servants, a gardener, a chauffeur and, I imagine, young women to feed his intellectual and opportunistic fantasy.

Other books that fascinated me during that era included *The Tunnel (El túnel)* by Ernesto Sábato, *The Lost Steps (Los pasos perdidos)* by Alejo Carpentier and *The Labyrinth of Solitude (El laberinto de la soledad)* by Octavio Paz. *Three Trapped Tigers (Tres tristes tigres)* by Guillermo Cabrera Infante was yet another.

Little by little, I ventured towards American and European writers. One short but fascinating book is *The Man Who Planted Trees (L'homme qui plantait des arbres)* by Jean Giono and, of course, the beguiling works by Kafka. In any case, it is a long list, and I have never managed to read many of the classics. I do not possess the ideal literary foundation. I am hungry and needy of restless souls who are passionate, who yearn to express their real, imagined and experienced worlds through

Poco a poco me aventuré en los escritores americanos y europeos. Un libro corto, pero fascinante, es *El hombre que plantaba árboles* de Jean Giono, y claro, los escritos alucinados de Kafka. En fin, la lista es larga, y muchos de los clásicos nunca los he leído. No tengo una base literaria. Tengo hambre y necesidad de almas intranquilas, con pasión y necesidad de comunicar a través de la narrativa sus mundos reales, imaginados y vividos, dándole vida a todo eso que llamamos humanidad, como el pintor con su lienzo en blanco.

CAA Y en Cuba, ¿leíste algo?

LCA Que me acuerde el único libro que leí en Cuba fue uno sobre Paul Cézanne. Lo saqué de la Biblioteca Nacional, en La Habana… Si me hubiera quedado en Cuba me habría convertido en piloto de aviación.

CAA Entonces, ya estás en Nueva York estudiando Artes. Háblame más de esto. ¿Qué recuerdas? ¿Qué asignaturas se impartían? Los profesores, ¿quiénes eran?

LCA Viviendo en Astoria, Queens, empecé unas clases de arte en un centro de adultos, un centro que de día era una escuela de bachillerato. Las clases eran, sobre todo, de dibujo al desnudo. Ya por entonces había hecho muchas pinturas imaginarias y paisajes del Central Park, influido por los impresionistas franceses pero con toques expresionistas. En ese centro conocí a Andrew Pinto, uno de los instructores-maestros, quien me recomendó que fuera a estudiar arte a la Escuela de Artes Visuales.

their narratives, giving life to all those things we refer to as humanity, like a painter does on his blank canvas.

CAA What about Cuba? Did you read anything there?

LCA As far as I can remember, the only book I read in Cuba was one about Paul Cézanne. I checked it out at the National Library in Havana... If I had stayed in Cuba, I would have become an airplane pilot.

CAA So, we have reached the point where you are in New York studying art. Tell me more about that. What do you remember? What subjects were being taught at the university? Who were the professors?

LCA While living in Astoria, Queens, I started taking some art classes at an adult education center that was open as a high school during the daytime. The classes' main focus was to learn how to draw nudes. By that time, I had already done a lot of imaginary paintings and landscapes in Central Park, influenced by the French Impressionists, but with touches of Expressionism. While at the center, I met Andrew Pinto, one of the teacher/instructors, who recommended I go study art at the School of Visual Arts. I registered for night classes while still working at the button factory. That is when I realized I had to quit my job at the factory and attend classes at the school full-time. It is the best thing I ever did. Most of my teachers are famous today: Leon Golub, Larry Wienner, Robert Mangold, Mel Bohner, Janet Fish, Michael Lowe, Frank Roth, Dory Ashton...

Me matriculé en las clases de noche mientras trabajaba en la fábrica de botones. Ahí me di cuenta de que tenía que dejar el trabajo en la fábrica y asistir matriculado a tiempo completo a la escuela. Fue lo mejor que hice. La mayoría de los maestros hoy son famosos: Leon Golub, Larry Wienner, Robert Mangold, Mel Bohner, Janet Fish, Michael Lowe, Frank Roth, Dory Ashton...

En aquel entonces, 1967, Leon Golub tenía alguna fama. Había vivido en París vía Chicago. Él fue quien me recomendó a los artistas que exhibían en la galería de Allan Frumkin. Los estudiantes eran tres o cuatro años menores que yo, y muchos no tenían el hambre o la disciplina, o no sabían lo que querían y se andaban buscando.

El problema que yo tenía era el idioma. Lo que entendía era básicamente como el cuarenta o el cincuenta por ciento de lo que se hablaba en clases. No obstante, debido a mi tenacidad y necesidad de abrirme camino, lograba hacer las tareas y proyectos y sacar buenas notas. Debido a esto la escuela me dio una beca parcial de 500 dólares al año; con lo que yo empecé a ganar en la biblioteca de NYU no me alcanzaba para pagar matrícula, libros, materiales de arte (que son caros), etcétera. Pedí un préstamo estudiantil al banco pagando el 3% de interés mientras el gobierno me pagaba el otro 3% restante. Después que me gradué, lo fui pagando poco a poco y creé tan buen precedente que automáticamente el banco me dio una tarjeta de crédito, cosa que empezaba entonces a usarse y solo tenían unos pocos en Nueva York.

Back then, in 1967, Leon Golub was fairly well-known. He had lived in Paris, via Chicago. He is the one who recommended me to the artists who exhibited their work at the Allan Frumkin Gallery. In general, the students were three or four years younger than I was, and most of them lacked hunger or discipline. Many did not really know what they were looking for in life.

The problem for me was always the language. I could basically understand about forty to fifty percent of what was said in my classes. However, because I was a tenacious fellow eager to forge my path ahead, I managed to get my homework and projects done, and I earned good grades. Thanks to this, the school gave me a partial scholarship of 500 dollars per year. The amount I started earning at the NYU library was not enough to afford my tuition, books, art supplies (which are expensive) and so forth, so I applied for a student loan from the bank at an interest rate of 3%, which the government matched by paying the remaining 3%. After I graduated, I paid off what I had borrowed little by little and ended up creating such a good credit record that the bank automatically issued me a credit card, an item whose use was gradually becoming more widespread, possessed by just a few people in New York.

One of the professors who helped me a great deal was Frank Roth, as did Leon Golub. Back in those times, the United States was going through a revolution of consciousness: the assassination of the Kennedy brothers, the assassination of Martin Luther King, the march on Washington, civil rights, hippies, the Vietnam War, feminism, equality, a man on the moon, the Cold War, the Bay of Pigs, LSD, the Beatles… In the meantime, I was searching for my voice at school.

Uno de los maestros que me ayudó mucho fue Frank Roth, además de Leon Golub. En aquellos años, Estados Unidos estaba pasando por una revolución de conciencia: el asesinato de los Kennedy, el asesinato de Martin Luther King, la marcha a Washington, los derechos civiles, los *hippies*, la guerra de Vietnam, el feminismo, la igualdad, el hombre en la luna, la guerra fría, Bahía de cochinos, el LSD, los Beatles; mientras yo en la escuela buscaba mi voz.

CAA Aparte de a Rafael Catalá, en este tiempo, ¿a qué otros escritores conoces?
LCA Conocí a José Kozer, poeta cubano, exiliado a finales de los sesenta, que me incluyó en un libro de poetas latinoamericanos que vivían en Estados Unidos. En aquel entonces yo escribía también poemas además de pintar mucho. Kozer y Catalá me daban ánimo para que continuara escribiendo y me recomendaban a autores como Nicanor Parra, Pablo Neruda, Virgilio Piñera y muchos más.

Yo nunca fui de grupo. Nunca me reuní mucho con nadie. La mayoría de los pintores cubanos que conocí en la década de los setenta eran ya artistas de nombre en Cuba, y no les gustaba mi obra, la encontraban aberrante y violenta.

Mi pintura reflejaba (refleja) mi medio ambiente: exilado en Nueva York, pintando y plasmando temas contemporáneos, desarrollando una obra que reflejase mis experiencias. No pintando flamboyanes o la belleza de la escuela parisina como muchos hacían; cosas ya manoseadas, sentimentales, manieristas. Mi obra o arte aberrante,

CAA Besides Rafael Catalá, what other writers did you meet at that time?

LCA I met José Kozer, a Cuban poet exiled in the late sixties, who included me in a book of Latin American poets living in the United States. Back then I would write poems, as well as painting a great deal. Kozer and Catalá encouraged me to continue writing and recommended me authors like Nicanor Parra, Pablo Neruda, Virgilio Piñera and many more.

I was never the sort to join groups. I never met up with people. Most of the Cuban painters I met in the seventies were already artists with a name in Cuba, and they did not like my work. They found it aberrant and violent.

My painting reflected (and still reflects) my environment: exiled in New York, painting and approaching contemporary topics, developing an *oeuvre* that would convey my experiences, not painting royal poinciana trees or the beauty of the Parisian school like many were doing, subjects already hackneyed, sentimental and manneristic. My work or "aberrant art," as many of them called it, was the begin-

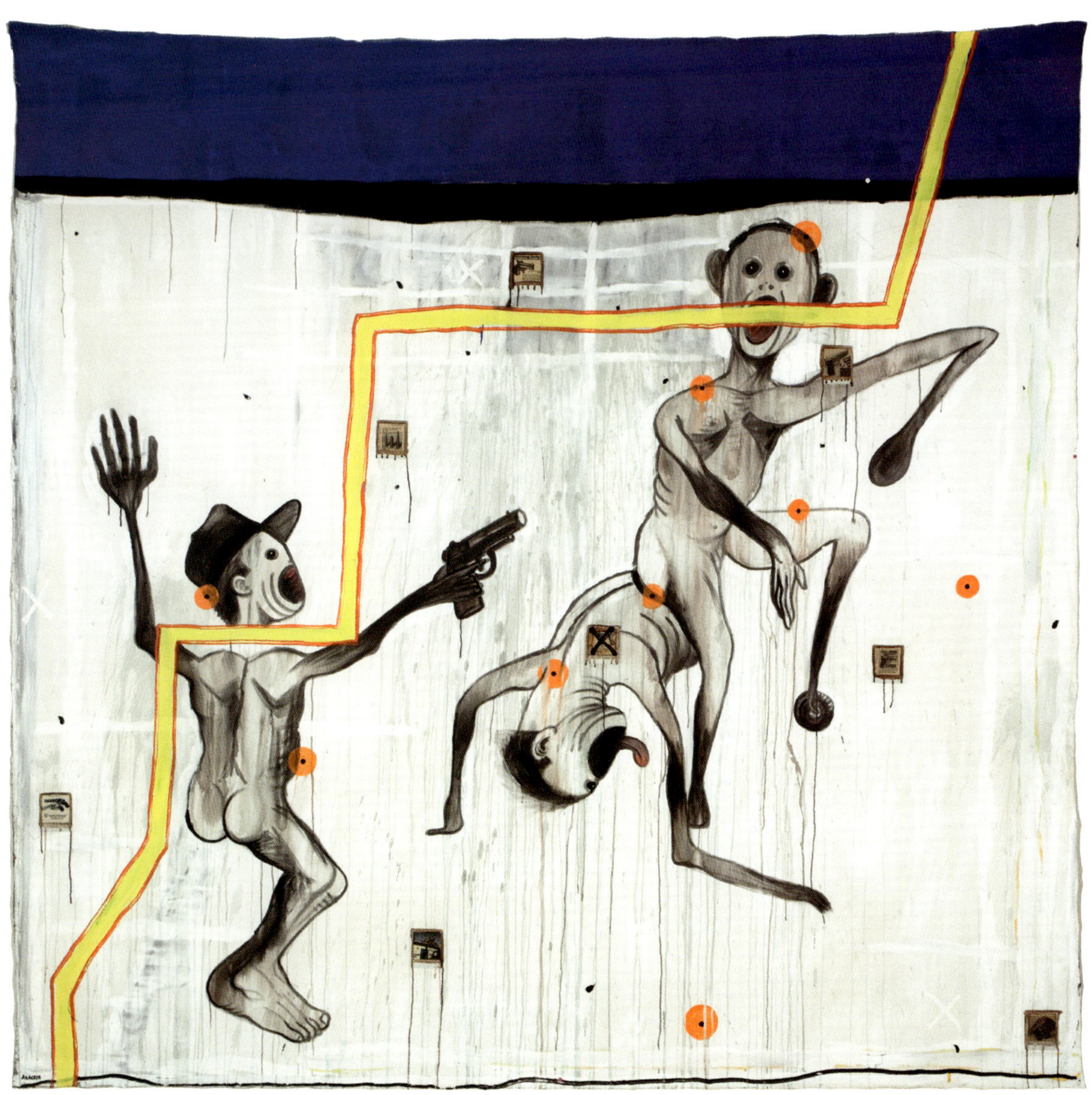

Tchoupitoulas Shoot Out, 1992
Acrylic and photos on canvas
Acrílico y fotografías sobre lienzo
120 x 120"
305 x 305 cm
Courtesy of Arthur Roger Gallery,
New Orleans, LA

ning of the Neo-expressionism budding in the New York of the eighties, and there I was already going around doing it in the seventies.

CAA So, what was the subject matter of this early Neo-expressionism?
LCA Urban violence, the Vietnam War, car crashes, identity, self-portraits, the subway, caricaturesque personages, tragic comedies, bold and warm colors, dictators, *balseros* (Cuban boat people), AIDS, the human condition, the American Dream…

CAA Did writers, painters or artists have some sort of meeting point in New York?
LCA Once I met up with a group of several friends in 1970 or 1971 to create the Cuban Cultural Center (CCC) of New York: Iván Acosta, Omar Torres, Rafael Llerena and myself. We founded it and achieved representation for all of the arts. Then we put on a Cuban art festival at Saint John the Divine Cathedral in New York, which was a huge success. Iván Acosta was elected to be the director of the CCC.

CAA Can you tell us anything more about that festival? Who attended? What did it consist of?
LCA Prior to the CCC festival in New York, another smaller festival had been organized in 1965 by Emilio Estévez, a Cuban Impressionist style painter, and the event was quite effective. He gave art classes on Saturday evenings to a group of some students who were fairly old. I went to those Saturday classes for five or six months, but I realized they were not my cup of tea. It was all too traditional. Of course, I was

como muchos de ellos la llamaban, era el comienzo del neo-expresionismo que surgió en los ochenta en Nueva York y yo ya andaba haciendo en los setenta.

CAA ¿Y cuáles eran los temas de este primer neo-expresionismo?
LCA La violencia urbana, la guerra de Vietnam, los choques de autos (*crash*), la identidad, los autorretratos, el *subway*, los personajes caricaturescos, las tragedias/comedias, el color subido o caliente, los dictadores, los balseros, el sida, el exilio, la condición humana, el *American Dream*…

CAA ¿Se reunían escritores, pintores o artistas en algún lugar de Nueva York?
LCA La vez que me reuní con varios amigos fue en 1970 o en 1971 para fundar el Centro Cultural Cubano (CCC) de Nueva York: Iván Acosta, Omar Torres, Rafael Llerena y yo.
   Se fundó y logramos representar todas las artes. Hicimos un festival de arte cubano en la Cathedral of Saint John the Divine en Nueva York que fue todo un éxito. Iván Acosta fue elegido director del CCC.

CAA ¿Puedes hablarme más de este festival? ¿Quiénes vinieron? ¿En qué consistió?
LCA Antes del festival del CCC de Nueva York, se organizó otro festival más pequeño, pero también muy efectivo, en 1965, organizado por Emilio Estévez, pintor cubano

just starting out, but four months into the course, I was already painting as well as Emilio could, so I dropped out. Emilio was a good person and his intentions were honorable, but he did not believe in modern art. He was stuck back in the nineteenth century.

Thus we organized an exhibition that included painting, classical Cuban music, dancing and poetry recitals. I remember watching Celia Cosme on stage reciting a poem about the Cuban pygmy owl. There she stood in the middle of the stage, saying, "…let the Cuban pygmy owl take flight, let the Cuban pygmy owl take flight…," and a Cuban guy sitting in the audience stood up and yelled, "The only one taking flight is me, for God's sake. This is sheer boredom!" The audience burst into scandalous laughter but poor Celia Cosme, such the professional, continued her owl recital to the very end.

The other festival, the one put on by the CCC, was truly extraordinary, a huge success in which our Cuban culture was showcased through every form of art and expression from the island, attempting to show off a little piece of Cuba in its *Nuyorkino* exile.

CAA In addition to its intellectuals, the Cuban exiles as a group were (and are) filled with political figures. Did you meet any people involved in that world, and did they invite you to take part in anything they might be plotting against Castro's regime at that time?

LCA In the late sixties, there were a great many political rallies in New York and New Jersey, organized by Alfa 66 and the 2506 Assault Brigade, to raise funds for buying

de estilo impresionista. Él daba clases de arte los sábados en la tarde a un grupo de personas más bien mayores. Fui a esas clases sabatinas durante cinco o seis meses, pero me di cuenta de que no eran para mí. Todo era demasiado tradicional. Claro, yo estaba empezando, pero ya a los cuatro meses estaba pintando como Emilio, y dejé las clases. Emilio era buena persona y sus intenciones eran honorables, pero él no creía en el arte moderno. Estaba estancado en el siglo XIX.

En fin, organizamos una exposición de pintura, música clásica cubana, bailes y declamaciones poéticas. Me acuerdo que en el teatro estaba recitando Celia Cosme sobre un pájaro sijú. Ella, en medio del escenario, diciendo: «… que se vaya el sijú, que se vaya el sijú…», y un cubano que estaba en el público se levantó y dijo: «El que se va soy yo, coño. ¡Esto ya me aburre!». El público se escandalizó a carcajadas y la pobre Celia Cosme, muy profesional, siguió con el sijú hasta el final.

El otro festival, el del CCC, fue verdaderamente extraordinario. Un gran éxito, donde se mostró nuestra cultura cubana con todas sus artes y manifestaciones, intentando mostrar un pedacito de la isla en el exilio «nuyorkino».

CAA Además de intelectuales, el exilio cubano, estuvo (está) atravesado por personajes políticos. ¿Conociste a personas que estuvieran involucradas en ese mundo y te invitaran a participar en algo de lo que en aquel momento se cocinaba contra el castrismo?

weapons and boots and the like. Several of those groups' leaders would approach us occasionally (we were students) to invite us to go somewhere in New Jersey that had once been used as a Haitian training camp before being shut down by the FBI. They tried to get us involved, and some Cubans were actually trained at that camp. They did target practice and also learned how to use explosives such as nitroglycerine, dynamite and other such things. I only went once. I remember there was a former US Marine there who was an explosives expert. He held a demonstration on a walkway that spanned a lake where the camp was located. He covered the walkway with nitroglycerine and blew the thing to pieces. All the extremely heavy wooden boards that formed part of the bridge flew a hundred yards away. Those of us in the student group and many others standing not too far away watched as an avalanche of boards, chains and nails rained down on us. Everyone started to run, and I remember my own heels hitting me in the rear as I sprinted away in terror to avoid the deadly fallout. The FBI took over the Cuban training camp about a month after this occurred.

I also remember painting the Cuban coat of arms for one of these groups' leaders, who wanted to put it up in his office. I accepted the order, but with no further obligations. Around that time, the Cuban Mission in New York was attacked several times. Some acquaintances of mine were jailed, and one of the spokesmen of those groups was murdered in his own apartment, supposedly by someone he knew, because he had sent his wife out to buy beer for the mysterious visitor, and when she returned, she opened the front door and found him dead. Nobody ever discovered who committed the crime or ordered his murder. His name was Arturo Rodríguez Vives.

LCA A finales de los sesenta había muchos mítines en Nueva York y New Jersey organizados por Alfa 66 y la Brigada de asalto 2506 para recaudar fondos y comprar armas, botes, etcétera. Varios dirigentes de esos grupos se nos acercaban a veces (nosotros éramos estudiantes) para invitarnos a un lugar en New Jersey que había sido campo de entrenamiento haitiano, antes de ser desbandado por el FBI, e intentar involucrarnos. En ese campo se entrenaban los cubanos. Hacían prácticas de tiro y aprendían además a usar explosivos como nitroglicerina, dinamita y otras cosas. Yo fui solamente una vez. Recuerdo que había un ex-marine americano experto en explosivos que hizo una demostración sobre una pasarela que se encontraba encima de un lago donde estaba ubicado el campamento. La llenó de nitroglicerina y la explotó. Todos esos tablones superpesados que eran parte del pequeño puente volaron a como cien metros. Nosotros, el grupito estudiantil, y muchos otros que no estaban tampoco muy lejos, vimos cómo esa avalancha de tablones y cadenas y clavos se nos venía encima, corrimos y me acuerdo que los calcañales me daban en el fondillo de lo rápido que me moví aterrorizado por toda esa cascada mortífera. Como al mes de esto, el FBI confiscó el campamento cubano.

Recuerdo también que hice una pintura del escudo cubano para uno de los dirigentes de estos grupos, que quería ponerla en su oficina, y se la hice sin ningún tipo de compromiso. Por aquel entonces, la Misión Cubana en Nueva York recibió varios atentados. Algunos que yo conocía fueron encarcelados y uno de los voceros de aquellos grupos fue asesinado en su apartamento, al parecer, por alguien que conocía,

CAA Getting back to the art world, do you remember anything else about your professors, Golub, Ashton or any others?

LCA Leon Golub went to see several of my exhibitions in New York, at the Frumkin Gallery. That gallery had represented him in Chicago, where he lived. Every time he stopped in, he would leave me a little note. On one occasion, he left his name on a card, which I still have framed as a reminder of his humanity and great friendship. He is the person who encouraged me to see the work by the artists on display there. He told me he had formed some relationships with a few of them and that most were from California. They were known as *Funk artists* and came from the Bay

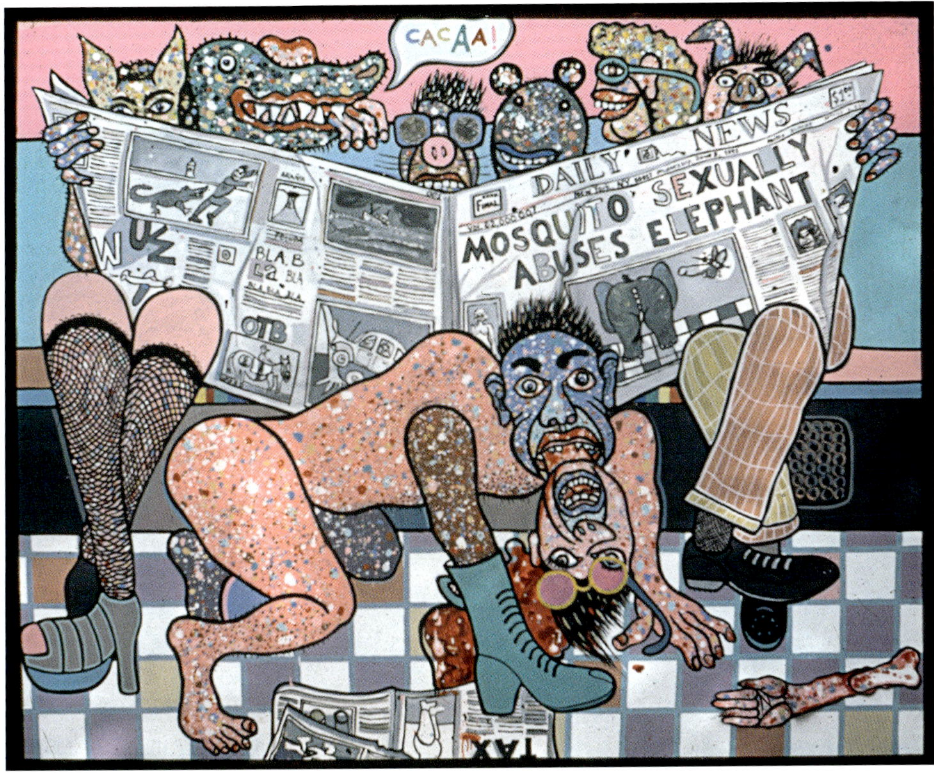

pues mandó a su mujer a comprar cerveza para el misterioso visitante y cuando esta regresó y abrió la puerta lo encontró muerto. Nunca se supo ni quién fue ni quién lo mandó matar; se llamaba Arturo Rodríguez Vives.

CAA Regresando al mondo-arte, ¿recuerdas otra cosa de tus profesores Leon Golub, Dore Ashton, etcétera?

LCA Leon Golub fue a ver varias de mis exposiciones en Nueva York, a la galería de Frumkin. Esta galería le había representado en Chicago, donde él vivía. Cada vez que pasaba, me dejaba alguna nota. En una ocasión, dejó su nombre en una tarjeta, que tengo enmarcada todavía como recuerdo de su gran humanidad y amistad. Él fue quien me impulsó a que viera la obra de los artistas ahí representados. Me dijo que tenía cierta relación con algunos y que la mayoría eran de California. Eran conocidos como los «*Funk artists from the bay area*» en San Francisco: Robert Arneson, Robert Hudson, Roy de Forest, Peter Saul, Joan Brown, William T. Wiley…

Caca Express, 1975
Oil on canvas
Óleo sobre lienzo
78 x 96"
198 x 244 cm
Courtesy of George Adams Gallery, New York, NY

Area around San Francisco: Robert Arneson, Robert Hudson, Roy de Forest, Peter Saul, Joan Brown, William T. Wiley…

I saw Dore Ashton a few years ago at a gallery in Chelsea, where a magnificent Picasso exhibition was being held. I said hello to her and told her she had been a professor of mine for one semester at the School of Visual Arts (SVA). I mentioned I was the Cuban student who had read a poem by Lydia Cabrera to her in class. She looked into my eyes and said, "I remember." She bid me farewell, and Alejandro Anreus, a good friend of mine who was with me, burst into laughter. And so we laughed as Picasso stared on from the wall and winked his eye at us.

CAA From what I have read, it was around that time that you completed your first series. Was it exhibited anywhere?

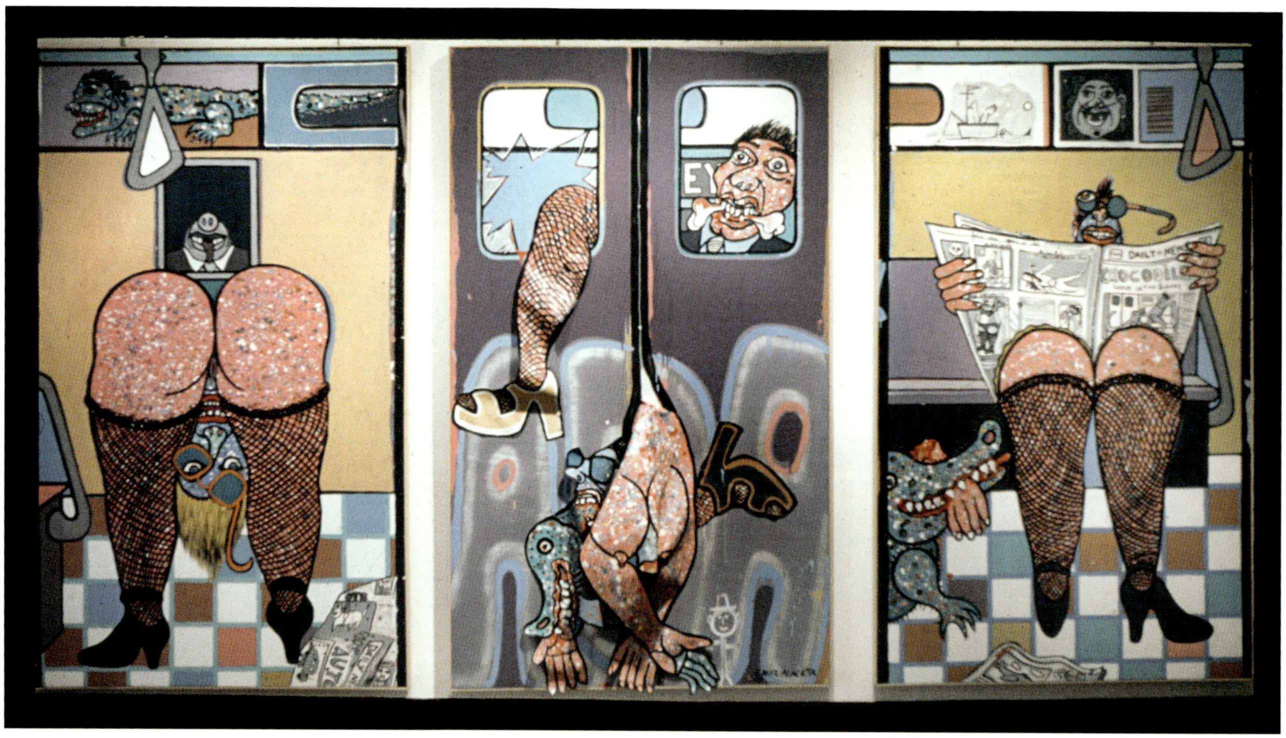

Coney Island Express, 1975
Oil, cut out canvas on canvas
Óleo, lienzo cortado sobre lienzo
84 x 150 x 12"
213 x 381 x 30 cm
Courtesy of George Adams Gallery,
New York, NY

A Dore Ashton la vi hace un par de años en una galería en Chelsea, donde estaban exponiendo una magnífica exposición de Picasso. La saludé y le dije que ella había sido mi maestra por un semestre en la School of Visual Arts (SVA) y que yo era el cubano estudiante que le leyó en clase un poema de Lydia Cabrera. Me miró a los ojos y me dijo: «Me acuerdo». Se despidió y Alejandro Anreus, mi buen amigo, que estaba conmigo, se echó a reír y nos reímos mientras Picasso desde la pared nos guiñaba un ojo.

CAA Hasta dónde he leído, por esta época surge tu primera serie. ¿Se expuso en alguna parte?
LCA Las seis pinturas narrativas que hice en 1967 para la clase de Peter Heinaman nunca han sido exhibidas. Las repinté en 1970, dándoles un estilo más expresionista. Un

LCA The six narrative paintings I made for Peter Heinaman's class in 1967 never got exhibited. I repainted them in 1970, instilling them with a style closer to Expressionism. Early that decade, a Venezuelan collector bought two of them from me. One showed a firing squad, and the other a cell holding political prisoners. I still keep *La despedida (The Farewell)*, which was my first true portrayal of a *balsero*.

CAA What do you mean by "narrative painting"?
LCA The visual narration of a situation in a non-abstract, figurative-realist style... I was given a grade of A for my effort. Of course, this series did not yet draw me towards my own style, because from 1968 to 1970 I was still working on abstract geometrics, influenced by events taking place during that time period, while also attempting to explore (being the model student I was) different methods and ideas for making art.

CAA Could you say that this series is the first in which Cruz Azaceta begins to envision the path he would take, though?
LCA Unquestionably. These six works influenced my later career in terms of subject matter, which deals with the human condition, and even more so with the condition of living in exile and with Cuba.

I believe that, after completing a series of a paintings and drawings and not feeling completely satisfied with my voice, vision and idiosyncrasies, I began the *Subways*

coleccionista venezolano, a principios de aquella década, me compró dos. Una era un paredón. La otra, una celda con prisioneros políticos. Aún conservo *La despedida*, que fue, en verdad, mi primer balsero.

CAA ¿Qué quieres decir con pintura narrativa?
LCA Una narrativa visual de una situación en un estilo figurativo-realista, no abstracto... Recibí una A por mi esfuerzo. Claro, esta serie no me llevó aun a mi estilo, pues entre 1968 y 1970 yo estaba trabajando con lo abstracto-geométrico, influido por lo que estaba ocurriendo en ese periodo e intentando explorar —como buen estudiante que era— diferentes métodos e ideas de hacer arte.

CAA Pero, ¿podría decirse que esta serie es la primera donde Cruz Azaceta empieza a «ver» un camino?
LCA Indiscutiblemente. Estas seis obras influenciaron mi trayectoria posterior de temas, los cuales tienen que ver con la condición humana y mucho más con la condición del exilio y Cuba.

Creo que después de hacer muchísimas series de pinturas y dibujos y no estar satisfecho completamente con mi voz, mi visión y mi idiosincrasia, empecé la serie de los *Subways*, en 1973-1974: el zoológico en ruedas, el teatro en rieles, el laboratorio social de experimentos absurdos, animales (cocodrilos, cerdos, elefantes) comiéndose

series in 1973–1974: the zoo on wheels, the theater on rails, a social laboratory of absurd experiments (crocodiles, pigs, elephants) eating passengers while the others on board just keep reading their newspapers, displaying an unbelievably passive nature…

CAA For many people in that era, your painting was described as "aberrant" and "violent," as you have just mentioned. But what was your way of describing your work? Was Cruz Azaceta already somehow aware of the change in paradigm that could be foreseen?

LCA To me art has to jump off the wall. Art does is not supposed to be pleasant or harmonious. I am delighted by a certain visual cacophony of shocking shapes and colors. I find anything too harmonious to be as dull as elevator music, a yawn. It is from the violent reality in the streets that Neo-expressionism was born, a combination of graffiti, a raw viewpoint in which nothing is finished; everything is shocking, daring, rule-free… Many of my fellow countrymen, who had already completed their education and had a fixed way of thinking in line with the Parisian school, found my art ugly, violent and aberrant, as if their own lives had not been put through a revolution, through changes, executions, police states, oppression and dictatorship. They were exiles from the Communist system, but they were using a mistaken aesthetics, creating objects which had nothing to do with their new reality as foreigners; they were sentimental.

CAA Now that you mention a "mistaken aesthetics," I remember you saying in a conversation with Alejandro Anreus that, "As an artist, exile […] allows me to deal

a los pasajeros mientras el resto de los viajantes leen el periódico con una pasividad increíble…

CAA Para muchos en aquella época tu pintura era «aberrante» y «violenta», como hace poco dijiste. Pero, ¿cómo era para ti? ¿Cruz Azaceta tenía ya consciencia del cambio de paradigma que se venía anunciando?

LCA El arte para mí tiene que saltar de la pared. El arte no tiene que ser placentero y armónico. Me encanta cierta cacofonía visual, formas y colores chocantes. Lo demasiado armónico es aburrido como música de elevadores. Un bostezo. De esta realidad callejera, violenta, nace el neo-expresionismo, una combinación de grafitis, visión cruda, nada bien terminado, chocante y atrevido, sin reglas. Muchos de mis compatriotas ya bien formados y con la forma de pensar establecida de la escuela parisina encontraban mi arte feo, violento y aberrante, como si sus vidas no hubieran pasado por una revolución, por cambios, ejecuciones, estados policiales, opresión y dictadura. Estaban exilados del sistema comunista pero con una estética falsa, creando objetos que no tenían nada que ver con su nueva realidad de extranjeros; sentimentales.

CAA Ahora que hablas de «una estética falsa», recuerdo que en una conversación con Alejandro Anreus dices: «El exilio […] me permitió como artista abordar la soledad,

with solitude, separation and oppressive thought in my work." Aren't "solitude" and "separation" essential parts of the sentimentalism you are denouncing, as well? Where is the line (or difference) separating "bad" sentimentalism from "good" sentimentalism?

LCA When I speak of sentimentalism, I am not referring to mistaken aesthetics. What I mean is that for many of my fellow Cubans—who were visual artists—exile and the diaspora in no way changed the viewpoint they brought with them from abroad. Maybe this is because some of them were already older, over forty, and well-known in Cuba. I imagine change would not come easy! However, what astonished me is how they could keep creating art which expressed nothing about their new experiences, without reflecting their new environment, or such an interesting space as the state of Exile, a "limbo-like" state of being neither here nor there.

Solitude and separation indisputably form an essential part of exile. We were torn away from our homes, neighborhoods, city, country, family, friends... Integrating and encountering a new language is almost like forging a new identity, a new mask. Such sentimentalism is existential. In my art, the existential is an affirmation of my reality.

CAA The *Subways* series was an important step taken in your work. Would this series have been possible if you had not made a life for yourself in New York?

LCA The *Subways* series would never have come into existence without New York. New York's subway is extremely peculiar, a fundamental feature of the Big Apple,

la separación y el pensamiento opresivo en mi obra». ¿No es la «soledad» y la «separación» partes esenciales también de ese sentimentalismo que denuncias? ¿Dónde se separan (o diferencian) el sentimentalismo «malo» y el sentimentalismo «bueno»?

LCA Cuando hablo de sentimentalismo no me refiero a una estética falsa. Lo que quiero decir es que a muchos de mis compatriotas —artistas visuales—, el exilio, la diáspora, no les cambió en nada la visión que ya traían. Quizá porque algunos eran ya mayores de cuarenta años y conocidos en Cuba. ¡Imagino que no era fácil cambiar! Pero lo que me asombraba es cómo podían seguir en un arte que no expresaba sus nuevas experiencias, sin reflejar su medio ambiente, o ese espacio tan interesante que se llama Exilio, el cual es un estado «limbático», ni aquí ni allá.

La soledad y separación indiscutiblemente son partes esenciales del exilio. Fuimos arrancados de nuestros hogares, vecindarios, ciudad, país, familia, amigos... Integrarse, encontrar un nuevo lenguaje, es casi como buscar una nueva identidad, una nueva máscara. Ese sentimentalismo es existencial. En mi arte lo existencial es una afirmación de mi realidad.

CAA La serie de los *Subways* es un paso importante en tu obra. ¿Hubiera sido posible esta serie sin tu vida en Nueva York?

LCA Esta serie nunca hubiera sido realizada sin Nueva York. El metro «nuyorkino» es muy idiosincrático, parte fundamental del Big Apple, la manzana grande, como le

as they call the city. This series is what gave me the momentum and resolve to look for a gallery that would represent me there.

In late 1974, after working on different series, I began to feel more self-assured about the direction I should be taking. I made a list of ten galleries, with the Allan Frumkin Gallery right at the top, the gallery to which Golub had recommended me back in my student days. I showed up on 57th Street with two long tubes full of rolled up paintings, at the most prestigious building to house galleries on that street: the Fuller Building. I did not make an appointment. I had not called them on the phone or anything. Standing there in the middle of the Frumkin Gallery holding those two long tubes, I looked like a moving sculpture. Allan sat in his office, but when he saw me come in he rushed out at the speed of a rocket. He asked me what I wanted exactly, and I responded that I was an artist hoping to show him my work, because I wanted him to represent me. Allan was appalled and gave me a sermon in the usual style of gallery owners, telling me I needed to make an appointment and bring in slides, which he examined twice a month. If my work interested him, he would come visit me at my studio to look at the originals in the flesh. I played dumb and told him I was not familiar with the official procedure or protocols. Allan examined me from head to toe, and then I said, "Well, we are both here, so why don't you let me show you what I've brought in?" He stared me down again, led me into a room adjacent to his office and said, "Okay, unroll the paintings and call me in when you have them all ready on the floor." To my surprise, he returned when I beckoned and smiled as he inspected my work. He then asked me what my name

llaman. Esta serie fue la que me dio impulso y tenacidad para buscar una galería que me representara en la ciudad.

A fines de 1974, después de trabajar en diferentes series, me empecé a sentir más seguro respecto a la dirección que debía seguir. Hice una lista de diez galerías, encabezada por la de Allan Frumkin, la galería que Golub en mis tiempos de estudiante me recomendó. Me presenté en la calle 57, en el más prestigioso edificio de galerías de esa calle, en el Fuller Building, con dos tubos largos de pinturas enrolladas. No hice cita, ni llamé por teléfono ni nada. En medio de la galería de Frumkin sujetando aquellos dos largos tubos parecía una escultura movible. Allan estaba en su oficina y al verme salió como un cohete. Me preguntó que qué era lo que yo quería y le contesté que era un artista y deseaba mostrarle mis trabajos, ya que me gustaría ser representado por él. Allan no lo podía creer y me dio el sermón galerista de que yo tenía que hacer una cita y traer diapositivas que él miraba dos veces al mes y si le interesaba la obra me visitaría en mi taller para ver los originales en carne y hueso. Yo me hice el tonto y le dije que no conocía el procedimiento ni los protocolos. Allan me miró de arriba abajo y yo le dije: «Bueno, aquí estamos. ¿Por qué no me deja mostrarle lo que traje?». Me miró de nuevo y me condujo a un cuarto adyacente a su oficina y me dijo: «Okey, desenrolla las pinturas y me llamas cuando las tengas listas en el piso». Para mi sorpresa vino cuando le llamé y sonrió al ver las obras y me preguntó cómo me llamaba. Dos semanas después vino a visitarme a mi casa en Staten Island, donde estaba viviendo en aquel entonces, y en la

was. Two weeks later, he came over to my house to pay me a visit on Staten Island, where I was living at that time, and in the spring of 1975 I held my first important exhibition in New York: the *Subways* series, an underground world or laboratory of absurd and cruel experiments.

CAA How did people react to the exhibition? What did they say about it?
LCA It was a huge success, though I believe quite shocking to the public. Commercially speaking, however, not a single work was sold. Mr. Frumkin bought one painting from me, probably to provide me with some stimulus, and the work now forms part of the University of Iowa Museum Art collection in Iowa City.

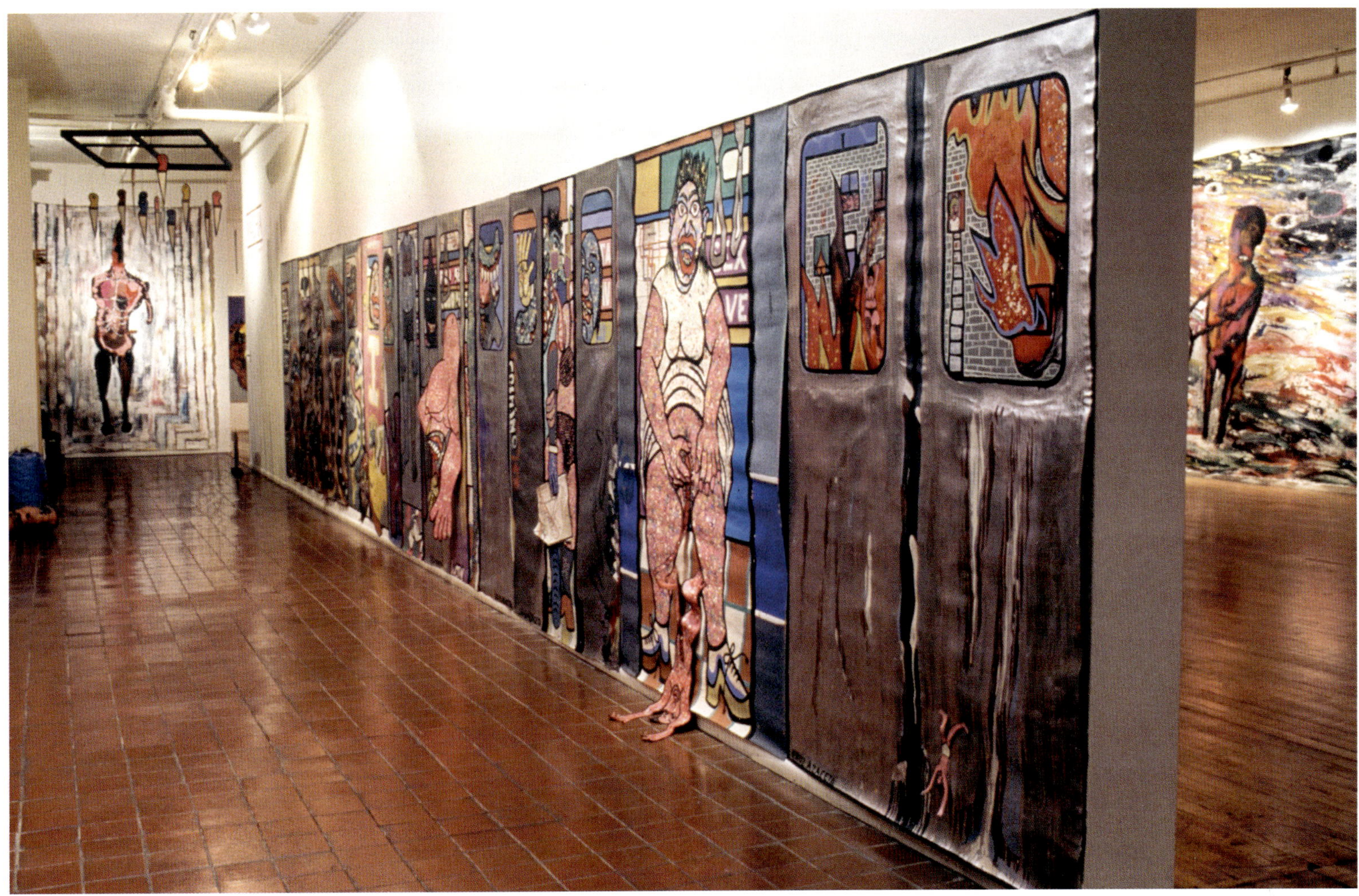

primavera de 1975 tuve mi primera exposición importante en Nueva York: la serie de los *Subways*, el mundo subterráneo o el laboratorio de experimentos absurdos y crueles.

CAA ¿Cómo fue recibida la exposición? ¿Qué se dijo de ella?
LCA Fue muy exitosa, y creo que bien chocante para el público. Comercialmente, no se vendió nada. El señor Frumkin me compró una pintura, probablemente para estimularme, que hoy está en la colección del University of Iowa Museum of Art, en Iowa City.

CAA The *Subways* series is not only important for being the one that "opened up" Azaceta's world, but also because it is the first time an appearance was made by something which has later constituted a major figure throughout your work: the man-dog, the man-fly, the man-animal. Looking at this gallery of beasts, what do you think of it? Was that New York a New York of man-dogs?

LCA The Subways series is not important in terms of my style alone; in it, I began to discover and develop certain subjects involving the human condition throughout an entire decade, the 1960's, characterized by pop art and minimalism. It was also important because it opened up doors for me, as I already mentioned, allowing me to get represented by a gallery alongside acknowledged artists. My career truly began with that series: the existential man, the aggressor man, the victim man, the cruel man, the assassin man, the man beast, the gun-holding man, the knife-wielding man, the cannibal man, the self man, the man-dog, the man-fly, the mechanical dog man, the man bird, the father man, the passionate man, the man in love, the dictator man, the man in flames, the Superman man, the fisherman man, the comedian man, the clown man, the balsero man, the drowned man, the buried alive man, the dead man, the fallen man, the hopeful man, the waiting man, the cockroach man, the mechanized man, the mirror man, the terrorist man, the rudder man, the masked man, the headlight man, the house man, the horrified man, the big nosed man, the man in profile, the broken man, the beheaded man, the castaway man, the crazy man, the prisoner man, the arsonist man.

CAA La serie de los *Subways* no solo es importante por ser la que nos «abre» al mundo Azaceta, sino por ser la primera en la que aparece algo que después ha tenido mucho recorrido en tu obra: el hombre-perro, el hombre-*fly*, el hombre-animal. Mirando este bestiario, ¿qué piensas de él? ¿Era aquella Nueva York una Nueva York de hombres-perros?

LCA La serie de los *Subways* no solo es importante para mi estilo; en ella empiezo a descubrir y desarrollar algunos temas de la condición humana, en una década, la de los setenta, de arte pop y minimalista. También es importante porque me abre las puertas, como ya dije, para ser representado por una galería y con artistas reconocidos. Con esta serie empieza de verdad mi trayectoria: el hombre-existencial, el hombre-agresor, el hombre-víctima, el hombre-cruel, el hombre-asesino, el hombre-bestia, el hombre-con pistola, el hombre-con cuchillo, el hombre-caníbal, el hombre-yo, el hombre-perro, el hombre-mosca, el hombre-perro mecánico, el hombre-pájaro, el hombre-padre, el hombre-con pasión, el hombre-enamorado, el hombre-dictador, el hombre-en llamas, el hombre-superman, el hombre-pescador, el hombre-comediante, el hombre-payaso, el hombre-balsero, el hombre-ahogado, el hombre-enterrado vivo, el hombre-muerte, el hombre-caído, el hombre-con esperanza, el hombre-en espera, el hombre-cucaracha, el hombre-mecanizado, el hombre-espejo, el hombre-terrorista, el hombre-timón, el hombre-enmascarado, el hombre-cabeza de luces, el hombre-casa, el hombre-horrorizado, el hombre-narizón,

CAA Expressionism and Goya were two major points of reference for you during this early era. Do you recall any other influences?, any from American culture, for instance?

LCA During that era, I would spend a great deal of time looking at works by the German Expressionists, the true romantics in my view: Max Beckman, Otto Dix, George Grosz... And at the work of other Europeans, as well: James Ensor, Edvard Munch, Francis Bacon and the great wizard of the arts Pablo Picasso. And among the Americans: Peter Saul, Leon Golub and Frank Stella. As for literature, my main reading included Jean-Paul Sartre, Antonin Artaud, Samuel Beckett, Günter Grass, Thomas Bernhard, Ivan Klima, Bohumil Hrabal, Don DeLillo, Louis-Ferdinand Céline, Georges Bataille...

CAA In one interview, you said, "Fear motivates my work." However, if we look at the images in the *Subways* series, the presence we see rather than fear is violence, aggressiveness, caricature, sarcasm... What does fear mean to Cruz Azaceta?

LCA Fear has been and remains creativity's main pathway. We invent destructive weapons to destroy the enemy and keep others from destroying us. Such is the instinct of survival. The fear in my work is existential and psychological more than physical. I remember back in the sixties and seventies, when I would walk through the park or neighborhoods filled with gangs, and I would feel threatened by my surroundings, as if I were in a state of alarm, but with no specific reason to fear for my life. In the Subways series, there is no sense of fear. It is sheer violence and

el hombre-en perfil, el hombre-roto, el hombre-decapitado, el hombre-náufrago, el hombre-loco, el hombre-prisionero, el hombre-arzonista.

CAA El expresionismo y Goya son dos referentes fuertes en esta primera época. ¿Recuerdas otras influencias?, ¿alguna de la cultura norteamericana?

LCA En esta etapa miraba mucho las obras de los expresionistas alemanes; para mí, los verdaderos románticos: Max Beckman, Otto Dix, George Grosz. También, la de otros europeos: James Ensor, Edvard Munch, Francis Bacon y el gran mago de las artes Pablo Picasso. De los americanos: Peter Saul, Leon Golub y Frank Stella. En literatura leí sobre todo a Jean-Paul Sartre, Antonin Artaud, Samuel Beckett, Günter Grass, Thomas Bernhard, Ivan Klima, Bohumil Hrabal, Don DeLillo, Louis-Ferdinand Céline, Georges Bataille...

CAA En una entrevista dices: «El miedo motiva mi obra». Sin embargo, si miramos las imágenes de los *Subways*, más que el miedo está presente la violencia, lo agresivo, la caricatura, el sarcasmo... ¿Qué sería el miedo para Cruz Azaceta?

LCA El miedo ha sido y es el principal conducto de la creatividad. Inventamos armas destructoras para destruir al enemigo y que el otro no nos destruya. Es un instinto de sobrevivencia. El miedo en mi obra es existencial y psicológico más que físico. Me acuerdo cuando, en la década de los sesenta y setenta, caminaba por el parque o los

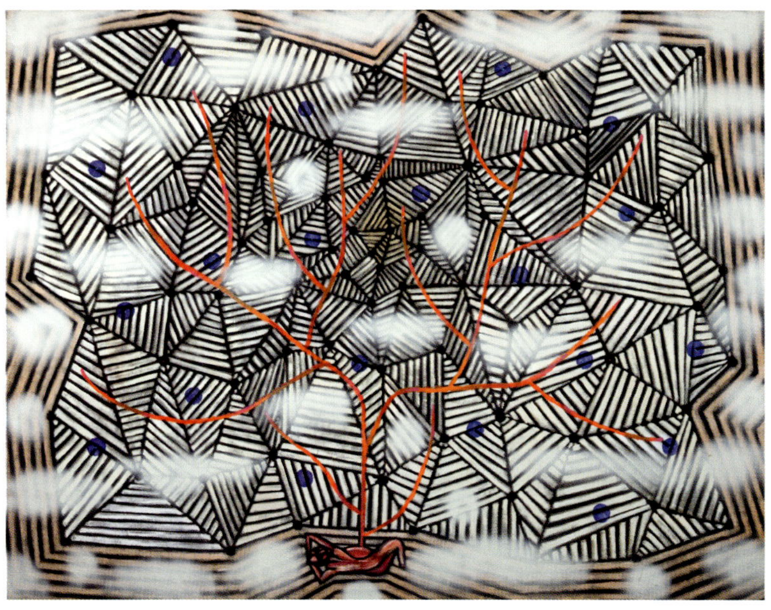

Life force, 1999
Acrylic, charcoal, and enamel
on canvas
Acrílico, carboncillo y esmalte
sobre lienzo
56 x 72"
142 x 183 cm
Colección Emile y Mariana Cruz, NY

passiveness all at the same time: a man killing others as the surrounding commuters read their newspapers. Perhaps there is a fear of taking action and getting hurt if you step in to do something. It's hard to say! We all react in different ways when danger arises. Therein lies the origin of heroes, or cowardice or indifference. I remember a painting I made in 1983 titled *Homo Fear*, consisting of an animal figure in a state of terror. I also made an abstract piece in 2000, *Structuring Fear*. Fear creates disorder, but by structuring fear, I create an order/control over chaos.

CAA Is fear (your fear) related with your exile status?

LCA Fear is a legacy that has built up since times remote. It is a status of survival inside our DNA. Mistrust towards others originates in fear and holds a place in every culture throughout mankind. Being different makes you suspect from the outset. You do not fit into the mould pre-determined by the setting you happen to find yourself living in. Fear is a topic of great interest to explore in the arts.

vecindarios de los gangas-pandillas y me sentía amenazado por el medio ambiente, como en un estado de alarma, pero sin una razón concreta para temer por mi vida. En la serie del *Subway* no hay un sentido de miedo, es pura violencia y pasividad al mismo tiempo: un hombre asesinando a otros mientras los viajantes alrededor leen el periódico. El miedo quizá a actuar y ser herido si intervienes. ¡No sé! Todos funcionamos de diferentes formas ante el peligro. De ahí surgen los héroes o los cobardes o los indiferentes. Me acuerdo de una pintura que hice en 1983 titulada *Homo Fear*, una figura animal en estado de terror. También hice una pieza abstracta en el 2000, *Structuring Fear*. El miedo crea desorden, pero estructurando el miedo creo un orden-control del caos.

CAA ¿Está ligado el miedo (tu miedo) a la condición-exilio?

LCA El miedo es una herencia acumulada de tiempos remotos. Un estado de sobrevivencia en nuestro ADN. La desconfianza hacia el otro proviene del miedo y está presente en todas las culturas de la humanidad. Si eres diferente ya eres sospechoso, no caes en el molde establecido por la localidad donde te encuentres. El miedo es un tema muy interesante para explorar en las artes.

CAA ¿Podríamos decir entonces que el artista resulta siempre «sospechoso» en todas las comunidades —sociales, estéticas, económicas— donde se desenvuelve?

CAA So, you could say that artists always seem "suspect" in all communities (whether social, aesthetic or economic) wherever they happen to go?

LCA As artists and writers, we are mankind's conscience, like the great religious mystics throughout the ages, seeking our truth both within and as part of the system in which we are living.

CAA The *Subways* series made you visible on the American pictorial arts map. How did Azaceta begin to channel these man-dogs and this fear that we have been discussing in the works that came thereafter?

LCA In 1980 I began to use the self-portrait as a vehicle for expression: My self as the Other. My self as an actor playing different roles: aggressor and victim. The self-portrait/head as a laboratory for violence, as a piece of human meat.

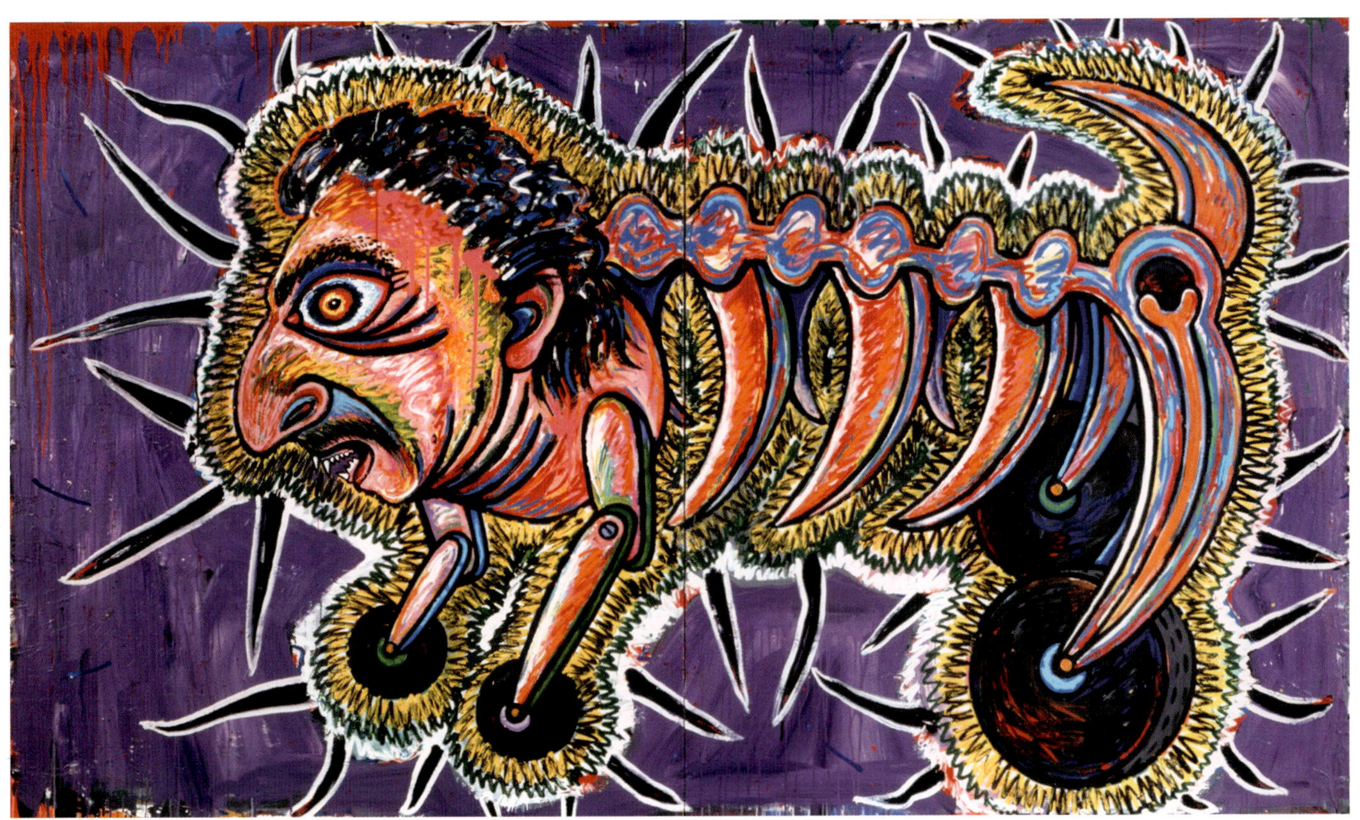

LCA Los artistas y escritores somos la conciencia de la humanidad, como los grandes místicos religiosos a través de los tiempos, buscando nuestra verdad adentro y de acuerdo al sistema en que vivimos.

CAA La serie *Subways* te hace visible en el mapa pictórico norteamericano. ¿Cómo empieza Azaceta a canalizar estos hombres-perros y este miedo del que hablábamos en las obras que vienen a continuación?

LCA En 1980 empecé a usar el autorretrato como vehículo de expresión: Yo como Otro. Yo como un actor que representa diferentes papeles: agresor y víctima. La cabeza-autorretrato como laboratorio de violencia, pedazo de carne humana.

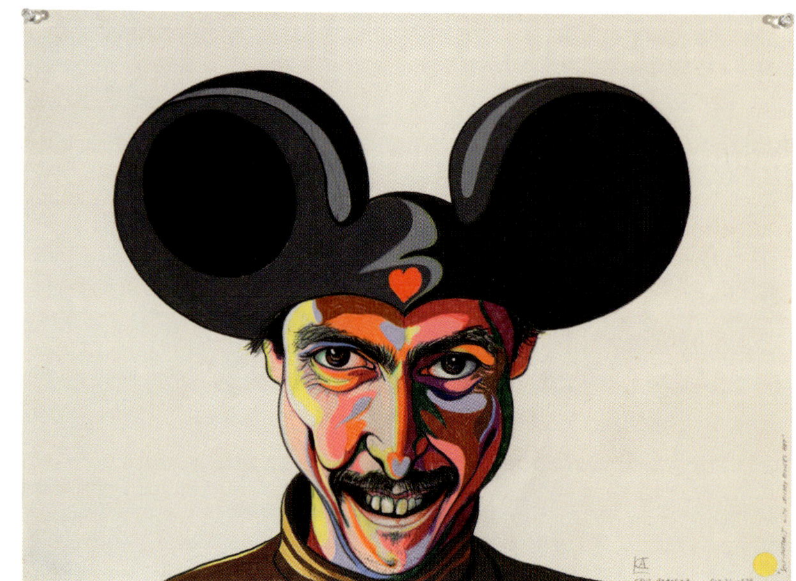

Self Portrait With Mickey Mouse Hat,
1978
Prismacolor pencil on paper
Lápices de colores sobre papel
18 x 24"
46 x 61 cm
Collection of Dylan Cruz Azaceta,
New Orleans, LA

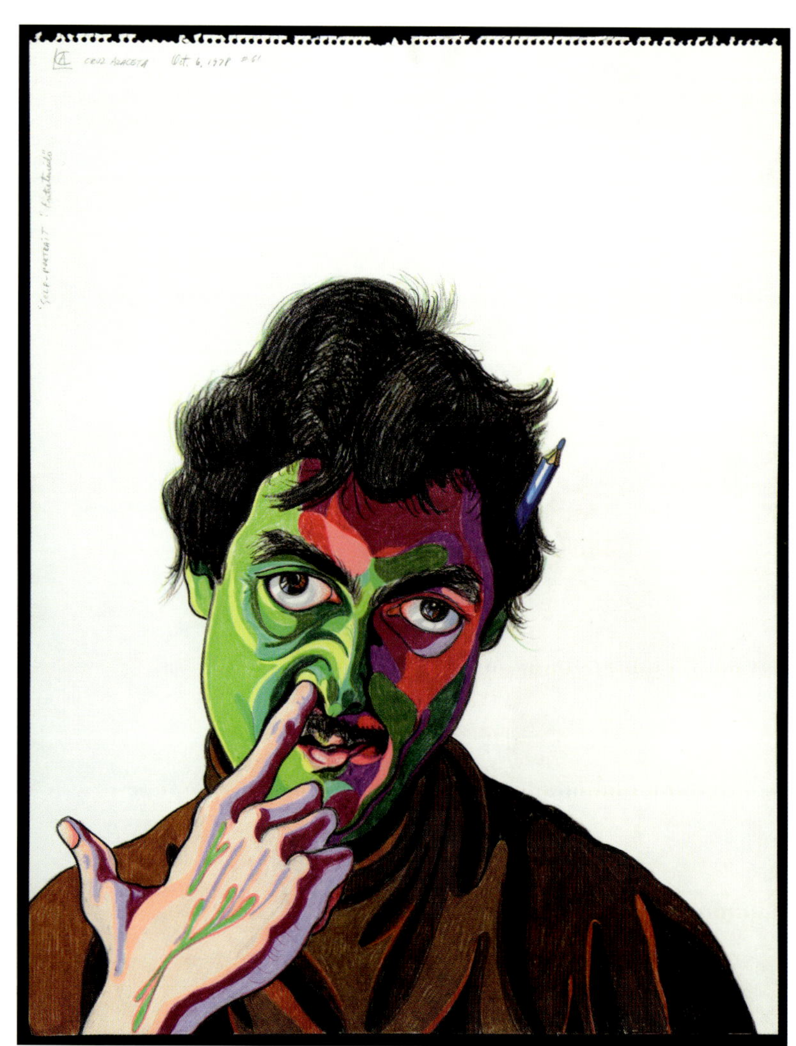

Self Portrait Picking My Nose, 1978
Prismacolor pencil on paper
Lápices de colores sobre papel
24 x 18"
61 x 46 cm
Collection of Sharon Jacques,
New Orleans, LA

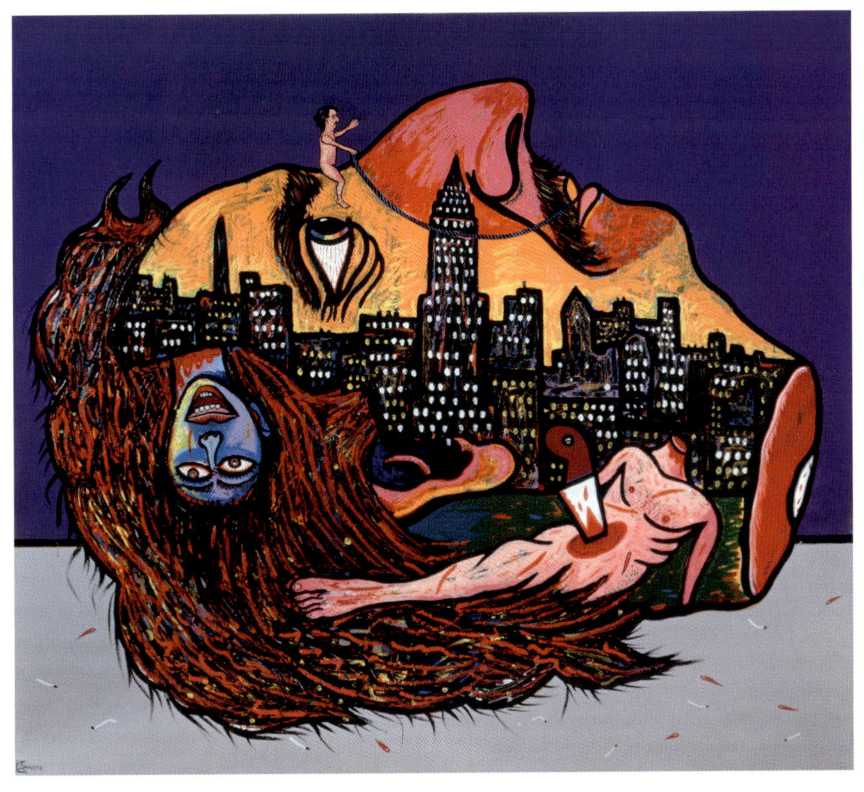

Tough Ride around the City, 1981
Acrylic on canvas
Acrilico sobre lienzo
66 x 72"
168 x 183 cm
PAMM / Perez Art Museum Miami,
Miami, FL

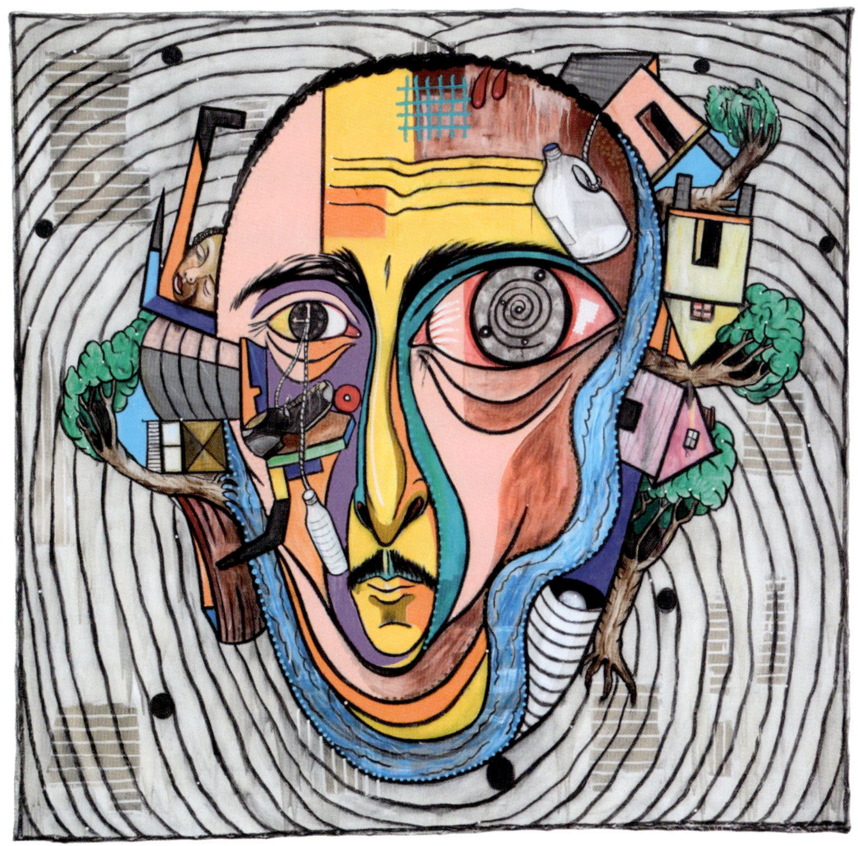

Floating Head, 2008
Acrylic, charcoal, and shellac on
canvas
Acrilico, carboncillo y laca sobre
lienzo
94 x 95"
239 x 243 cm

At that time, I was producing art that did not fit in with the current aesthetics in New York. Of course, I was very much aware of this and was actually attempting to go against the flow on purpose. I consider myself a pioneer of Neo-expressionist art, and I wish to say this without arrogance, but I am one of the people who started that movement here in the United States. The European invasion of New York by Italian, German, English and Australian artists, with tremendous exhibitions and absolutely amazing art, took New York's "cool-minimalism" and agonizing pop art by surprise. My work then started to receive recognition, though I was never on the radar of the critics who are big movers and shakers in the cultural scene here. I was always on the periphery, watching the American Dream from the sidelines.

CAA Does "watching the American Dream from the sidelines" make you a "Latino" painter to American critics? Do you identify with everything that tends to be classified with that label in the United States?

LCA To be marginalized from the American Dream, you do not necessarily have to be Latino, African-American, Asian or Native American. White Americans get marginalized, too. We cannot all stand front and center. And the center is New York. I am at the center of the periphery, though.

In the arts, you automatically get labeled within the *Latino-Hispanic* category if you have a Spanish or Latin American surname. For example, though I am an artist from New York, whenever one of my works goes to auction, it is sent to the Latin

En este tiempo estaba haciendo un arte que no encajaba con la estética presente en Nueva York. Por supuesto, yo era muy consciente y trataba de ir contra la corriente. Me considero un pionero del arte neo-expresionista, y no digo esto con arrogancia, pero soy uno de los que inician ese movimiento aquí, en Estados Unidos. La invasión europea de Nueva York por artistas italianos, alemanes, ingleses, australianos, con tremendas exposiciones y un arte brutal, tomó por sorpresa al *cool*-minimalismo y al agonizante pop de Nueva York. Entonces mi obra empezó a ser reconocida, aunque nunca estuve en los radares de los críticos que mueven la cultura acá. Estuve siempre en la periferia, en la orilla del *American Dream*.

CAA ¿Estar en «la orilla del *American Dream*», te convierte para la crítica norteamericana en pintor «latino»? ¿Te identificas con lo que usualmente se clasifica bajo este rótulo en Estados Unidos?

LCA Para estar en la periferia del *American Dream* no tienes que ser necesariamente latino o afroamericano u oriental o nativo-americano, los blancos americanos también lo están. No todos podemos estar en el centro. El centro es Nueva York. Yo estoy en el centro de la periferia.

En las artes te ubican automáticamente, si tienes apellido español o latinoamericano, dentro del *Latino-Hispanic*. Por ejemplo, yo, siendo un artista «nuyorkino», cada vez que una obra mía va a las subastas, va a la sección de arte latinoamericano. Lo

American art section. What is interesting is that, while lying at the periphery of the American Dream, I have been able to make a living with my art for many years now, and I appear in the collections at important museums, having won some of the top awards bestowed upon artists. Recently, the Smithsonian Institute in Washington acquired one of my works. I was already represented in its collection with several small-format pieces, but this one is large. It comes from the series *Shifting States: Iraq*. So, I am living the American Dream, sitting on its outer shores drinking a *Cuba Libre* (though the *libre* part has yet to occur).

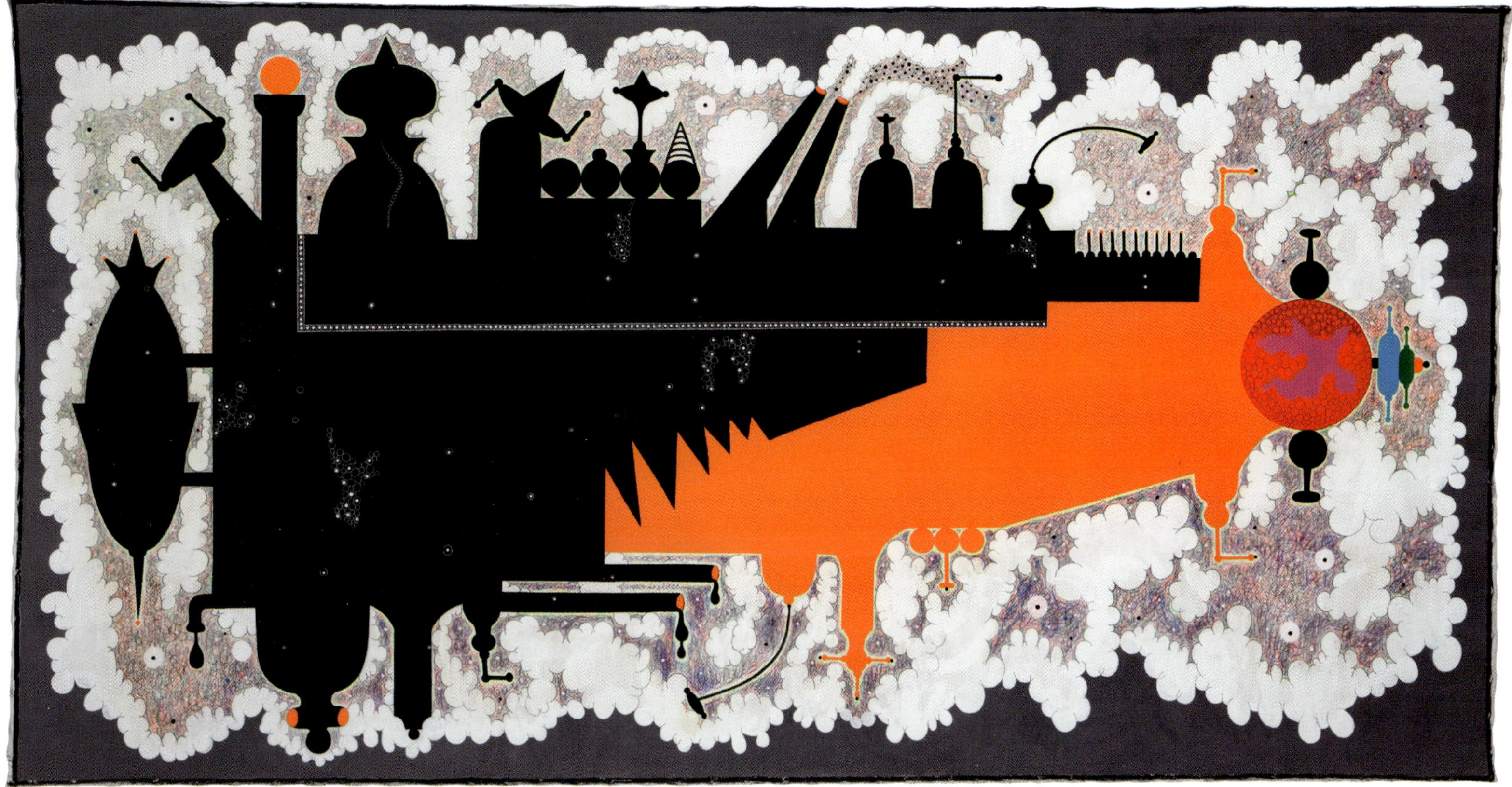

Shifting States – Iraq, 2011
Acrylic, prismacolor pencil, and
shellac on canvas
Acrílico, lápices de colores y
laca sobre lienzo
84 x 158"
213 x 401 cm
Smithsonian American Art Museum,
Washington DC

interesante es que, estando en la periferia del *American Dream*, he podido vivir de mi arte por muchos años y estoy en colecciones de museos importantes, ganando algunos de los mejores premios que se les ofrecen a los artistas. Hace poco el Smithsonian de Washington adquirió una obra mía. Estaba ya representado en esa colección con varias piezas de formato pequeño, pero esta es grande. Es de la serie *Shifting States: Iraq*. Así que estoy viviendo el sueño americano sentado en su orilla y bebiéndome un cubalibre (no libre).

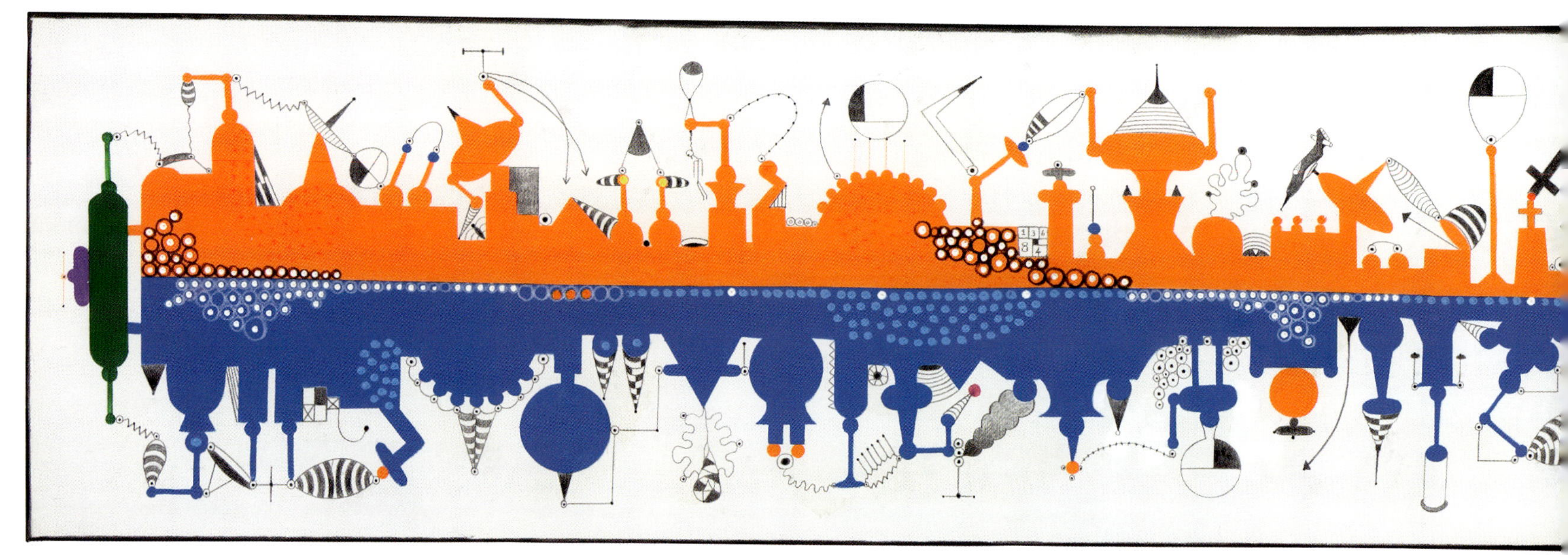

Shifting States – Iran, 2011
Acrylic, pencil, oil stick, and shellac on canvas
Acrílico, lápiz, óleo en barra y laca sobre lienzo
24 x 144"
61 x 366 cm

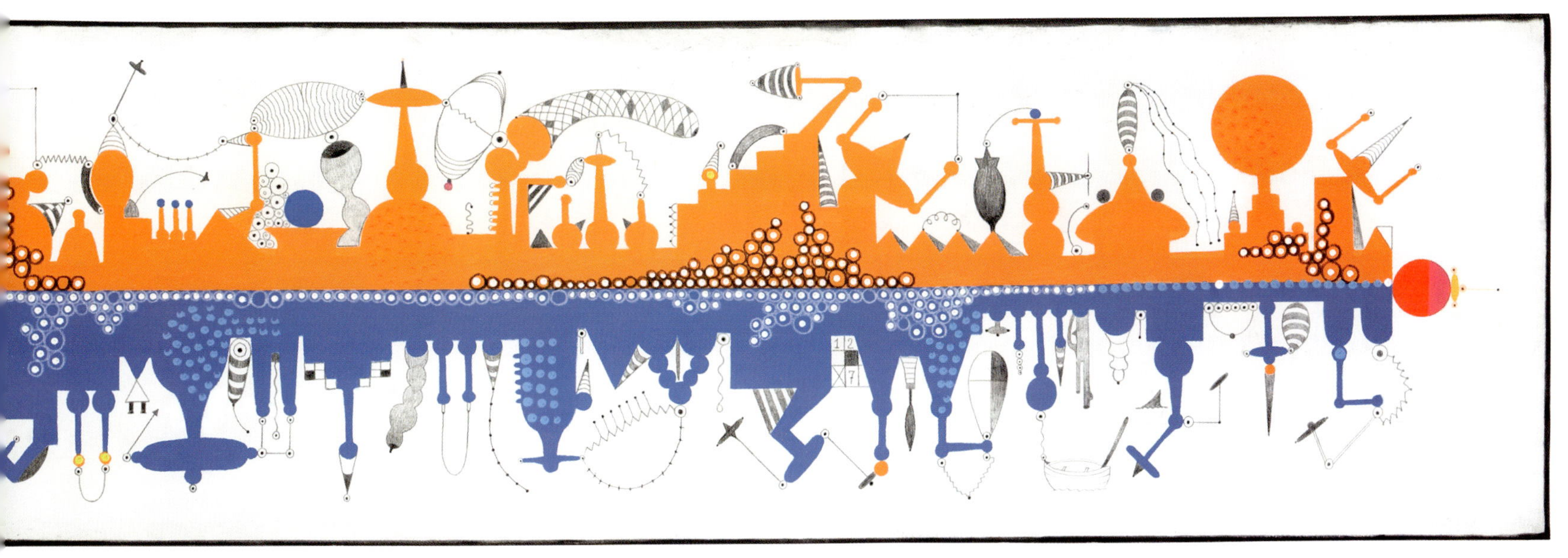

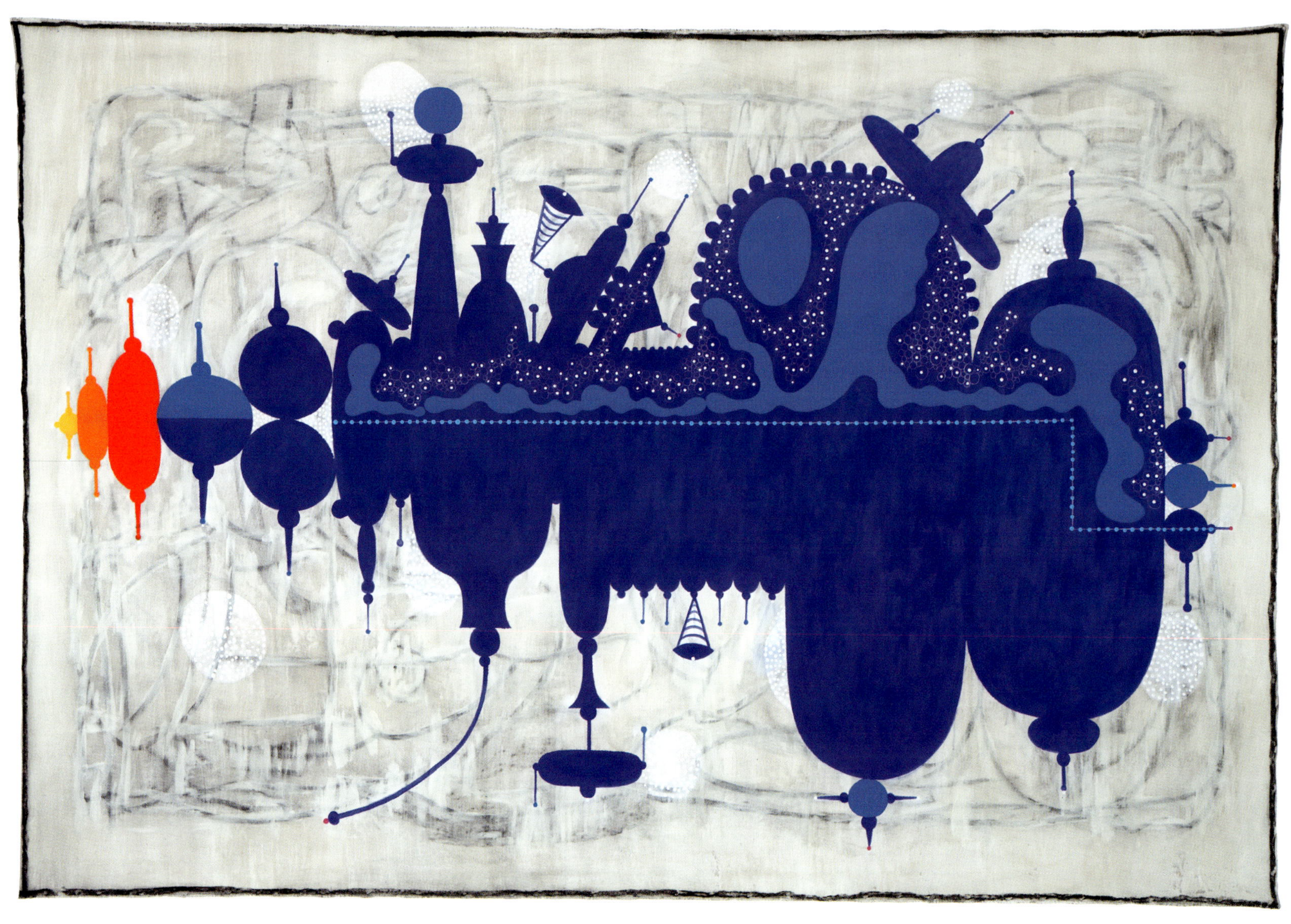

Shifting States – Blue Zone, 2011
Acrylic, charcoal, and white pencil on canvas
Acrilico, carboncillo y lápiz blanco sobre lienzo
84 x 120"
213 x 305 cm
Courtesy of Allegro Galeria, Panama

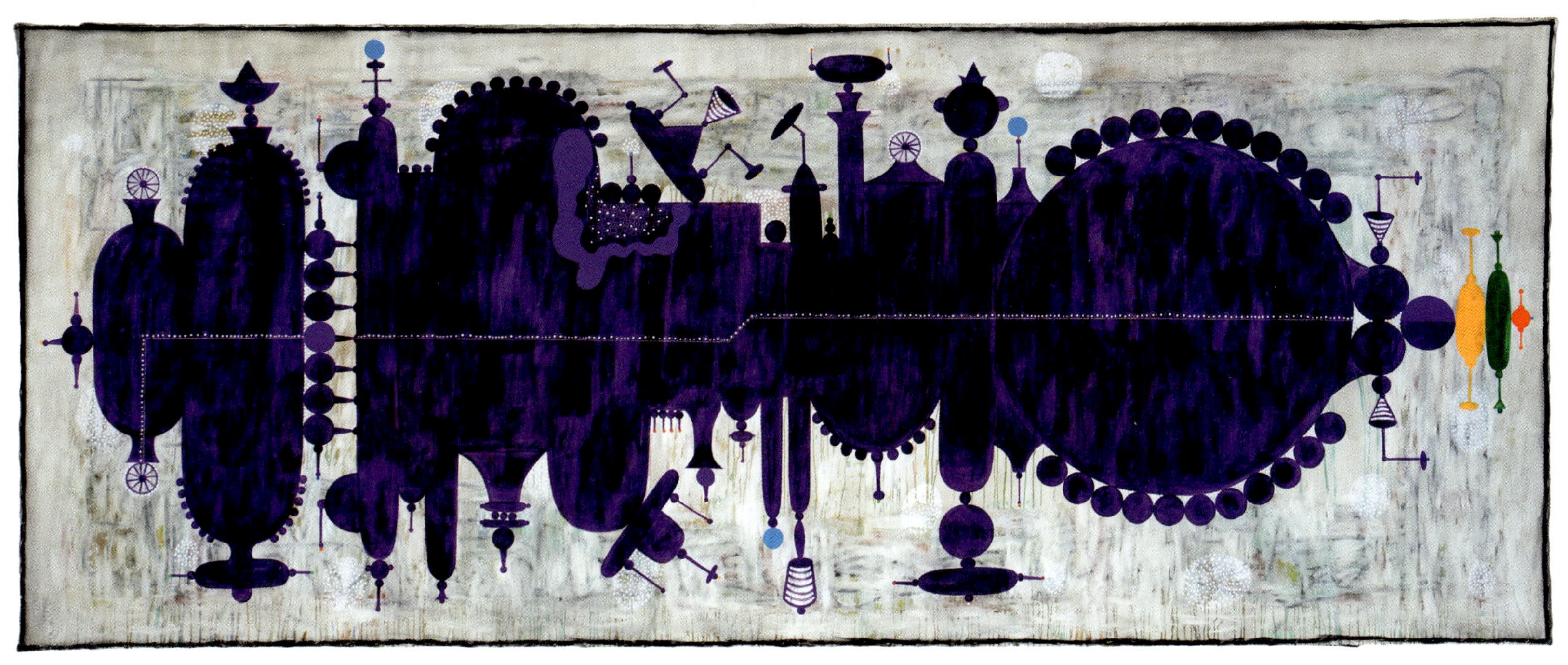

Shifting States – Egypt, 2011
Acrylic, white pencil, charcoal, and shellac on canvas
Acrílico, lápiz blanco, carboncillo y laca sobre lienzo
84 x 294"
213 x 747 cm

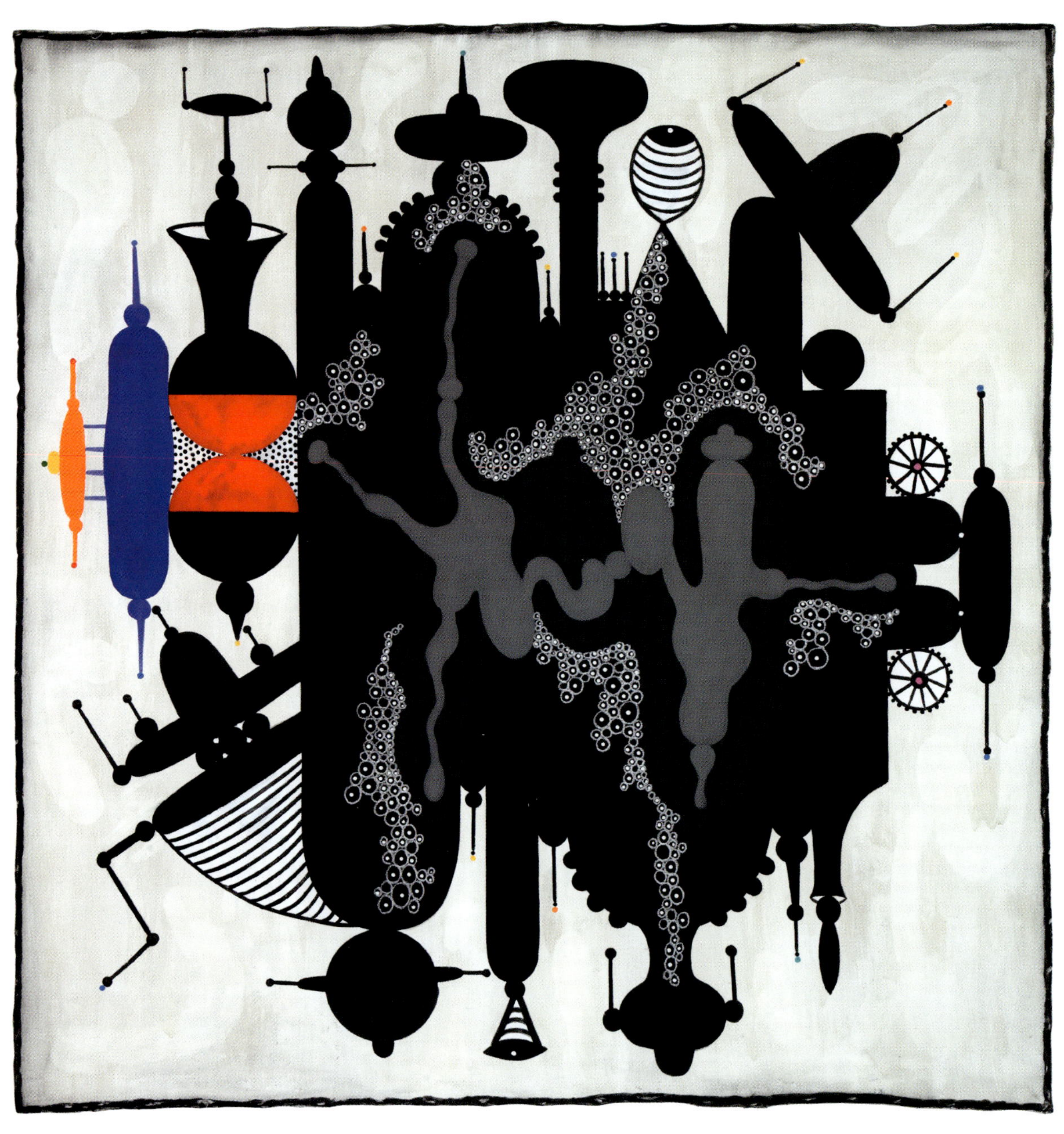

CAA After living in the United States for several decades, what does it mean to be *labeled* in American culture? Do you consider such labeling to be something positive or an aberration?

LCA In the arts, there should be no room for racial, religious or political labeling. Art is good, mediocre, bad, horrible… That is how it should be classified. In order for art to be good or excellent, I believe it must transcend its own particular surroundings and achieve a universal quality.

CAA How do you view the fact that Robert Hughes, the most important art critic, has named you one of the most important "Latino" artists in the United States?

LCA It is a great honor and acknowledgment. For a critic like Robert Hughes to name me one of the most important Latino artists in the United States is comforting. By labeling me as Latino, he is placing me at the periphery, at the margins of American arts. However, receiving such a mention holds great value, especially when it comes from such a highly respected and valued art critic. The important thing is not to become invisible.

CAA One of the characteristics of your work, one might say, is that of representing the city as a violated, digested being in flames, and, in a certain sense, as a cardboard silhouette. When did this relationship with the city begin? To you, is the city more like a character in and of itself, or just something you can use as a setting for some of the themes you work with most often?

CAA Después de haber vivido varias décadas en Estados Unidos, ¿qué significa ser *clasificado* en la cultura norteamericana? ¿Consideras esta clasificación como algo positivo o una aberración?

LCA En las artes no debería haber clasificación racial, religiosa o política. El arte es bueno, mediocre, malo, horrible… Esa debiera ser la clasificación. Creo que el arte para que sea bueno-excelente debe trascender su particularidad y ser universal.

CAA Entonces, ¿cómo ves que Robert Hughes, el importante crítico de arte, te haya nombrado como uno de los dos artistas «latinos» más importantes de Estados Unidos?

LCA Un gran honor y reconocimiento. Que un crítico como Robert Hughes me nombre como uno de los dos artistas latinos más importantes en Estados Unidos es reconfortante. Al ubicarme como latino ya me pone en la periferia, en la orilla de las artes americanas; no obstante, una mención tiene mucho valor, sobre todo cuando viene de un crítico de arte tan respetado y valorado. La cuestión es no ser invisible.

CAA Una de las características de tu obra, digamos, es la de representar la ciudad como un ente violado, digerido, en llamas y, de alguna manera, como una silueta de cartón. ¿Cuándo comienza esta relación con la ciudad? ¿Para ti, la ciudad es más como un personaje en sí mismo o algo que solo te sirve para situar algunos de los temas que con más frecuencia trabajas?

Shifting States – Syria, 2011
Acrylic and oil stick on canvas
Acrílico y óleo de barra sobre lienzo
79 x 76"
201 x 193 cm
Courtesy of Pan American Art
Projects, Miami, FL

LCA In my work, the city is a stage, where all sorts of drama occurs (as on the subway): crimes, shootings, apocalypses, cruelty, discrimination, suicide, madness…

CAA Speaking of this, before we move on to another period, somewhere you wrote that your painting from the late seventies is "mythological." What did you mean by that?
LCA If I referred to my work as mythological at any time, I was referring to some of the *Subways* paintings in which I use crocodiles, pigs, elephants and other animals to exaggerate that absurd and shocking world, creating the sensation of a comedy, though always grounded in tragic-realism. The subway runs right through all this disorder, moving its own characters in a cannibalistic dance of violence and humanity.

CAA Has this "bestiary" continued in other series?
LCA I only used my "bestiary" in the *Subways* series. I wanted to make violent, grotesque, ugly paintings to go against the art that was basically being made in New York in the seventies.

CAA When the monsters in *Subways* ended, what came after?
LCA In the mid-eighties, I changed up my work routine. Using quite liquid acrylic and a fat, gushing paintbrush I dripped paint onto the canvas and began to prepare the fabric on the ground, attempting to create utter chaos, as if making a bad Jackson Pollock painting with thousands of paint drops falling down like rain onto other raindrops until a cacophonous texture was achieved.

Homo Beef, 1983
Acrylic on canvas
Acrílico sobre lienzo
96 x 65"
244 x 165 cm
Collection of Rene & Veronica
di Rosa, Napa, CA

LCA La ciudad en mi obra es un *stage*, donde todo tipo de drama sucede (como en el *subway*): crímenes, tiroteos, apocalipsis, crueldad, discriminación, suicidio, locuras…

CAA A propósito, y antes de salir de este periodo, en algún lugar escribes que tu pintura de finales de los sesenta es «mitológica». ¿Qué quisiste decir con eso?
LCA Si en algún instante me referí a mi obra como mitología me refería a algunas pinturas del *subway* donde uso cocodrilos, cerdos, elefantes y otros animales para enfatizar ese mundo absurdo-chocante, creando una sensación de comedia aunque siempre basado en un realismo-trágico. Y el *subway* en medio de todo este desorden, moviendo a sus propios personajes en una danza caníbal de violencia y humanidad.

CAA ¿Ha continuado este «bestiario» en otras series?
LCA Solamente usé mi bestiario en la serie de los *Subways*. Quería hacer pinturas violentas, grotescas, feas, para ir en contra del arte que básicamente se estaba haciendo en Nueva York en los años setenta.

CAA Terminados los monstruos de los *Subways*, ¿qué viene?
LCA A mediados de los ochenta cambié mi rutina de trabajo. Usando el acrílico bien líquido y con una brocha grande chorreando y salpicando (*dripping*) el lienzo, empecé

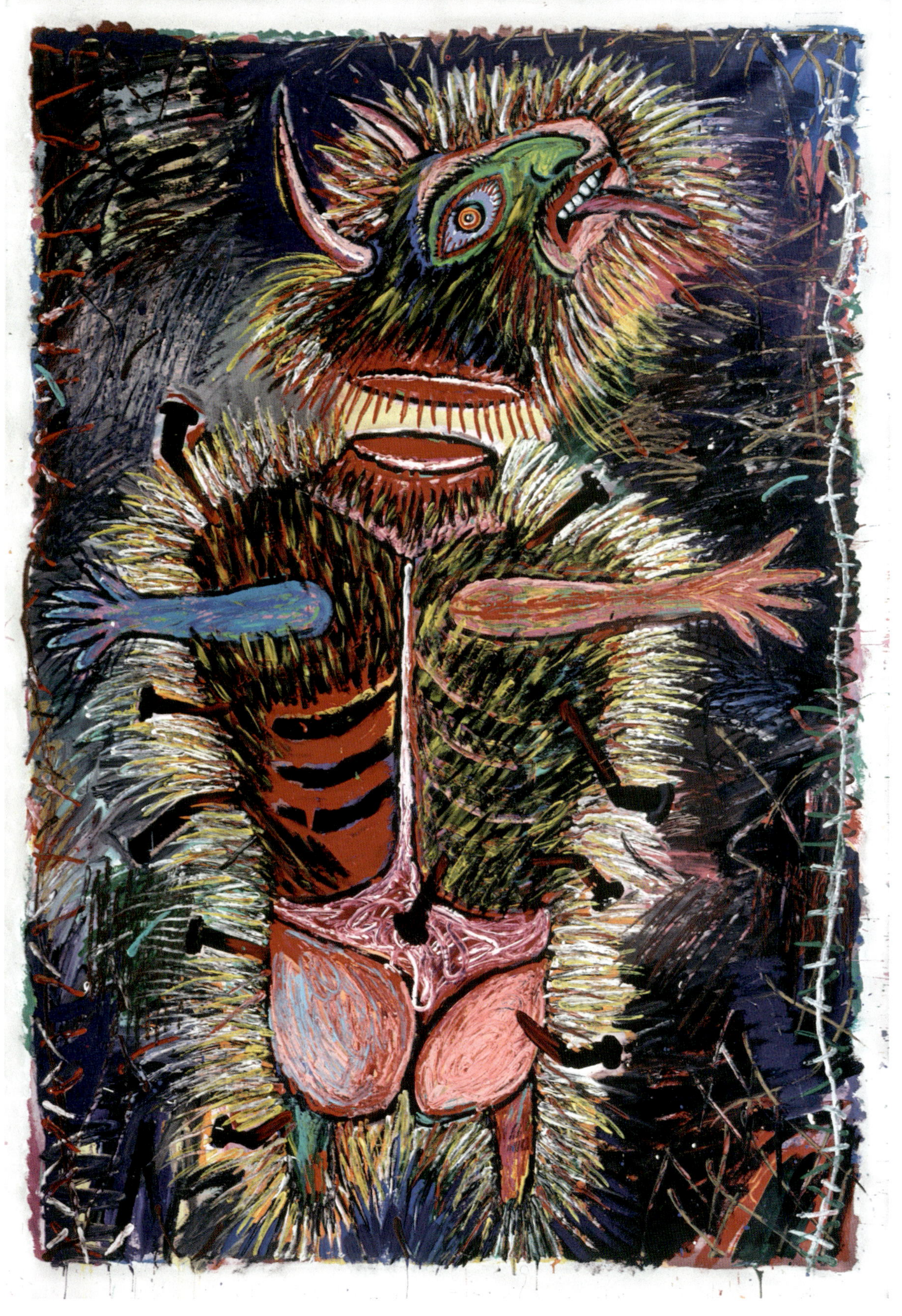

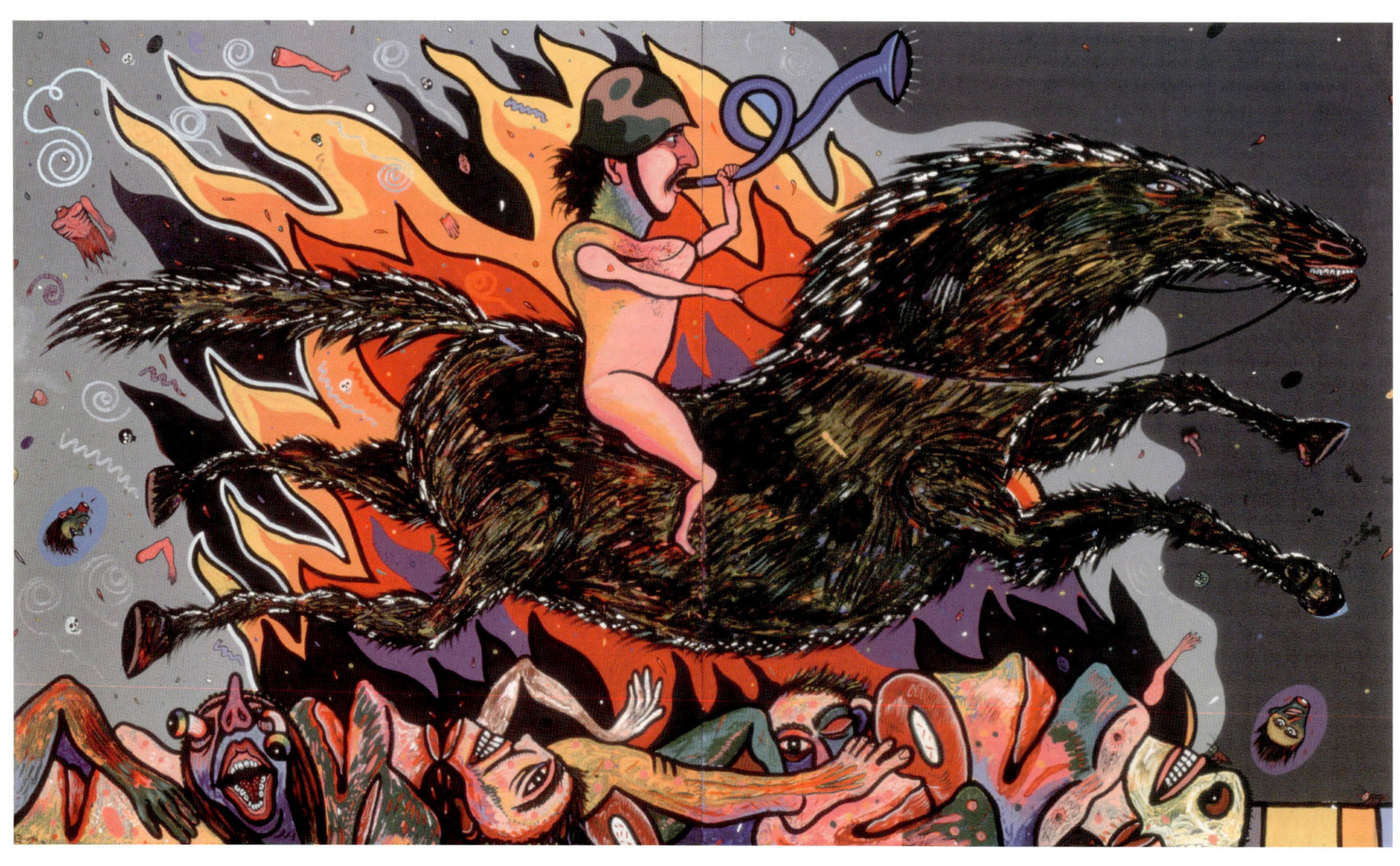

Apocalypse Now or Later, 1981
Acrylic on canvas
Acrílico sobre lienzo
72 x 120"
183 x 305 cm
Pennsylvania Academy of Fine Arts Museum,
Philadelphia, PA

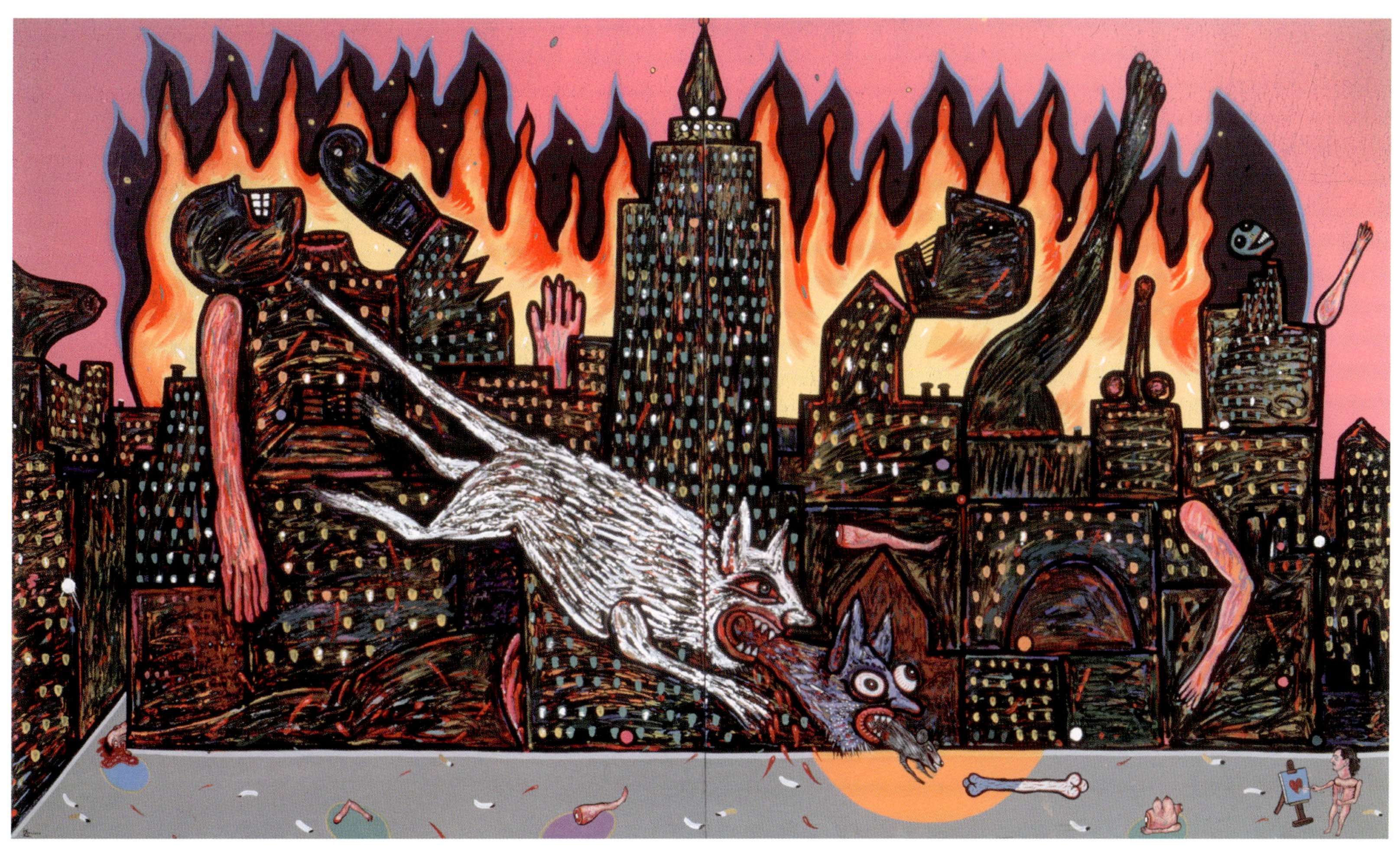

City Painter of Hearts, 1981
Acrylic on canvas
Acrílico sobre lienzo
72 x 120"
183 x 305 cm
Phoenix Art Museum, Phoenix, AZ

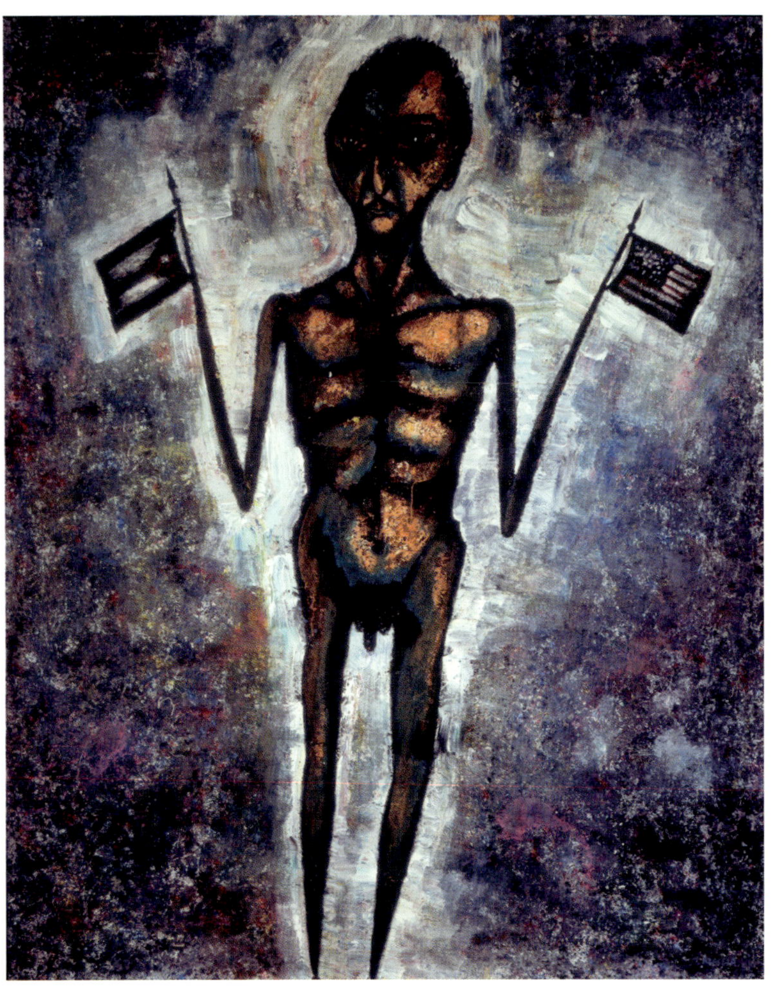

The Exile, 1986
Acrylic on canvas
Acrílico sobre lienzo
108 x 84¾"
274 x 215 cm
Collection of Diana & Moises
Berezdivin, San Juan, Puerto Rico

The self-portrait, or in other words, a central figure along with a certain object (gun, knife, coffin, skeleton, flag, etc.) was to become my obsession. The nude body figure would confront the viewer in a format measuring ten feet high by six or seven feet wide, leaving many of the stains and drips all over the figure like wounds. Two examples of this style of "dripping" are *The Exile* and *Stool Man*.

CAA You had never used this technique before?
LCA No. As I was telling you, to me it is very important to change my technique and style, to try to surprise myself in the process with new ways to create art. When the work turns into something mechanical or mannerist, I immediately make changes. The dullest thing that can happen is repetition. To me, creation is a mystery that we must allow to flow forth free of troubles, a little voice that whispers to us and surprises. That little voice has always been my guide. There have been times when I failed to listen to it, and I was mistaken.

a preparar las telas en el suelo, intentando crear un caos total, algo así como un Jackson Pollock malo con miles de gotas de pintura que cayeran como lluvia unas encima de otras hasta lograr una textura cacofónica.

El autorretrato, es decir, una figura central con algún objeto (pistola, cuchillo, ataúd, esqueleto, bandera, etcétera) se convertiría en mi obsesión. La figura-cuerpo desnudo confrontaría al espectador desde un formato de diez pies de altura por seis o siete pies de ancho, dejando muchas de las manchas-gotas en la figura, como si fueran llagas. Un par de ejemplos de este *dripping* serían *The Exile* y *Stool Man*.

CAA ¿No habías usado esta técnica antes?
LCA No. Como te decía, para mí es muy importante cambiar de técnica, de estilo, y tratar de sorprenderme en el proceso con nuevas formas de crear arte. Cuando la obra se convierte en algo mecánico o manierista hago cambios inmediatamente. Lo más aburrido

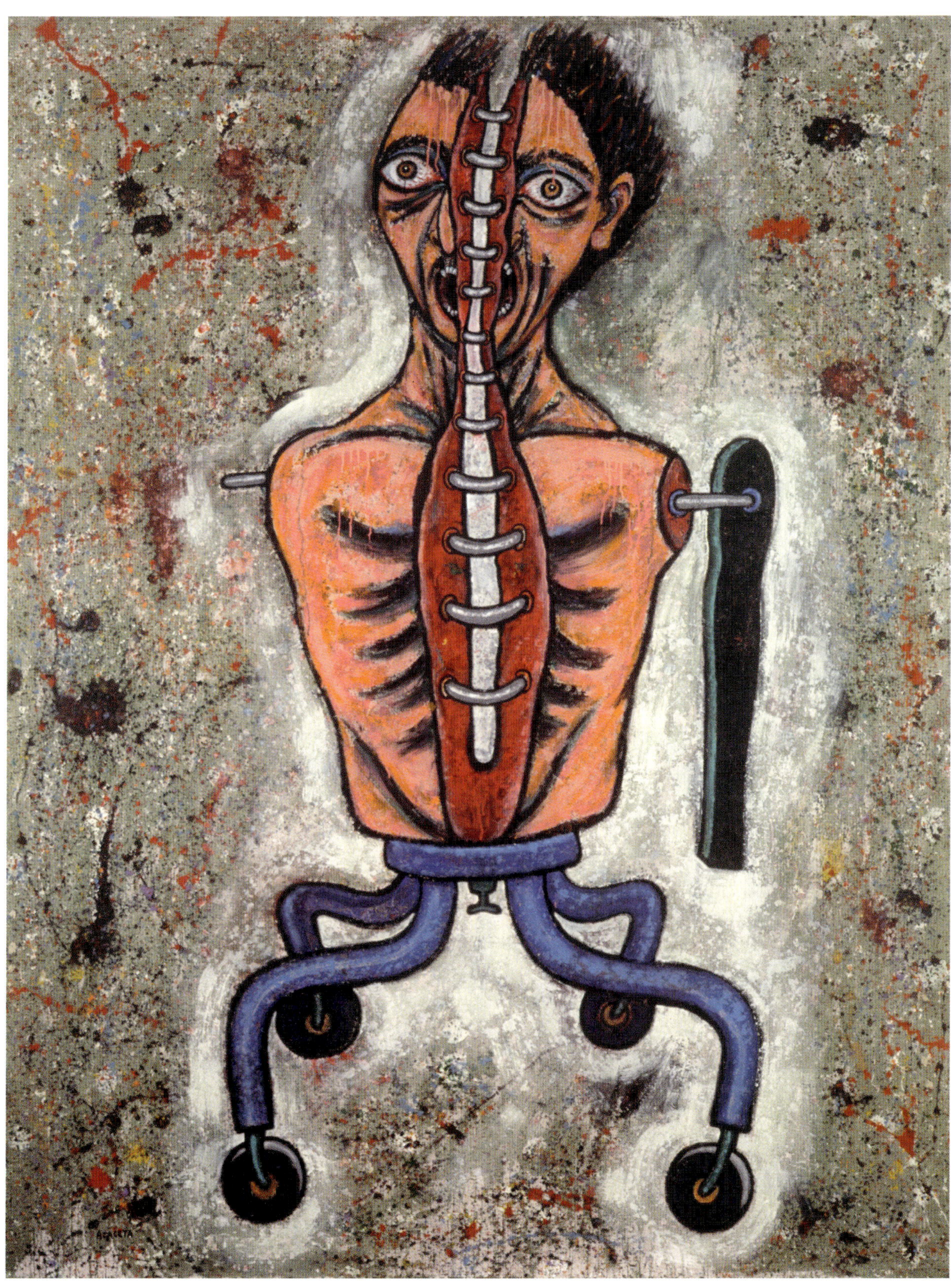

Stool Man, 1985
Acrylic on canvas
Acrílico sobre lienzo
111 x 84"
282 x 213 cm

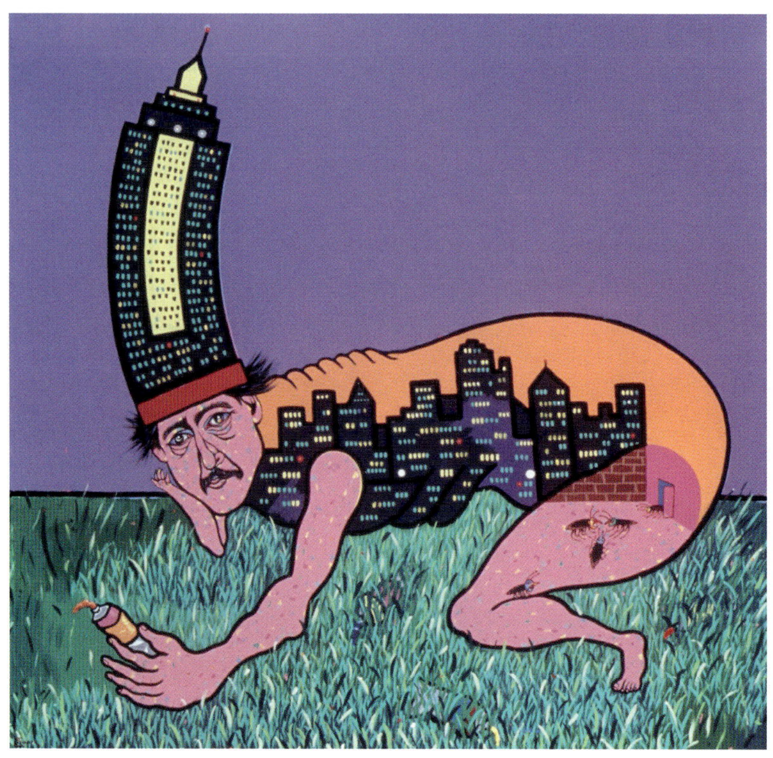

Artist Cockroach, 1981
Acrylic on canvas
Acrílico sobre lienzo
66 x 66"
168 x 168 cm
Collection of George Adams,
New York, NY

CAA Could one say that you began to use the self-portrait in a more constant manner as of this era?

LCA The self-portrait is something I have always used. I believe this arises from having felt so insignificant in a metropolis like New York, which robs you of yourself, of your identity. You feel as if you meant nothing.

The first oil painting I made in 1963-1964 was a self-portrait looking at myself in the mirror to capture my likeness. In the seventies, I created many works on paper using ink (always standing in front of a mirror). In 1980 I began to create self-portraits by memory that captured my essence. There was no reason to make them realistic. The first I made this way was in Davis, where I went to teach at the University of California, and it is titled *King for 5 minutes…* This piece was a response to Andy Warhol's statement that everybody would become famous for fifteen minutes. *King for 5 minutes* is an example of what we are often capable of doing in order to become famous. The work is a self-portrait painted

que hay es la repetición. Para mí, la creación es un misterio que tenemos que dejar que surja sin problemas, una vocecita que nos dicta y sorprende. Esa vocecita ha sido siempre mi guía. En algunos casos no la he seguido y he estado erróneo.

CAA ¿Se puede decir que a partir de esta época comienzas a usar de forma sostenida el autorretrato?

LCA El autorretrato lo he usado siempre. Creo que eso surge de haberme sentido tan insignificante en una metrópoli como Nueva York, que te roba tu yo, tu identidad, y te sientes como un cero.

La primera pintura al óleo que hice en 1963-1964 fue un autorretrato mirándome al espejo para poder captar mi parecido. En los setenta hice muchos trabajos en papel usando tintas (y siempre ante el espejo). En 1980 empecé a hacer autorretratos de memoria que captaban mi esencia, no tenían por qué ser realistas. Lo primero que hice así fue en Davis, donde fui a enseñar a la Universidad de California, y se titula *King for 5 minutes…* Esta pieza es una respuesta a Andy Warhol y a su frase de que todo el mundo iba a ser famoso por quince minutos. *King for 5 minutes* es un ejemplo de lo que somos capaces muchas veces de hacer para ser famosos. Esta obra es un autorretrato pintado en una puerta rodeada de luces y en escena, como en el teatro. Este hombre usa un gorro-cuchilla-*mat-knife* como si fuera un rey, un papa, un payaso, un esquizofrénico, un dictador, un inseguro, ante una puerta de

on a door surrounded by lights on a stage, as if inside a theater. The man uses a mat-knife-blade-cap as if he were a king, a pope, a clown, a schizophrenic, a dictator, someone insecure standing before a door filled with violently sprayed graffiti so as to take on different personalities.

We see the response to Warhol on a daily basis in today's reigning violence, but also in the innocence of youths who, for instance, take a *selfie* and upload it to Facebook for everybody to see, all of them famous for their fifteen minutes: *King for 5 minutes*.

CAA However, in *King for 5 minutes* I continue to see the monster man, the beast man, the shaman man (all different monsters, but monsters of the same sort), as also demonstrated by *Artist Cockroach*, from the same era, when that animal from the subway is turned into a sort of "urbanophage," a self-that-eats-a-city.

LCA *Artist Cockroach* is a work which expresses just how much I was missing New York and its cockroaches, because it is another I made in Davis,

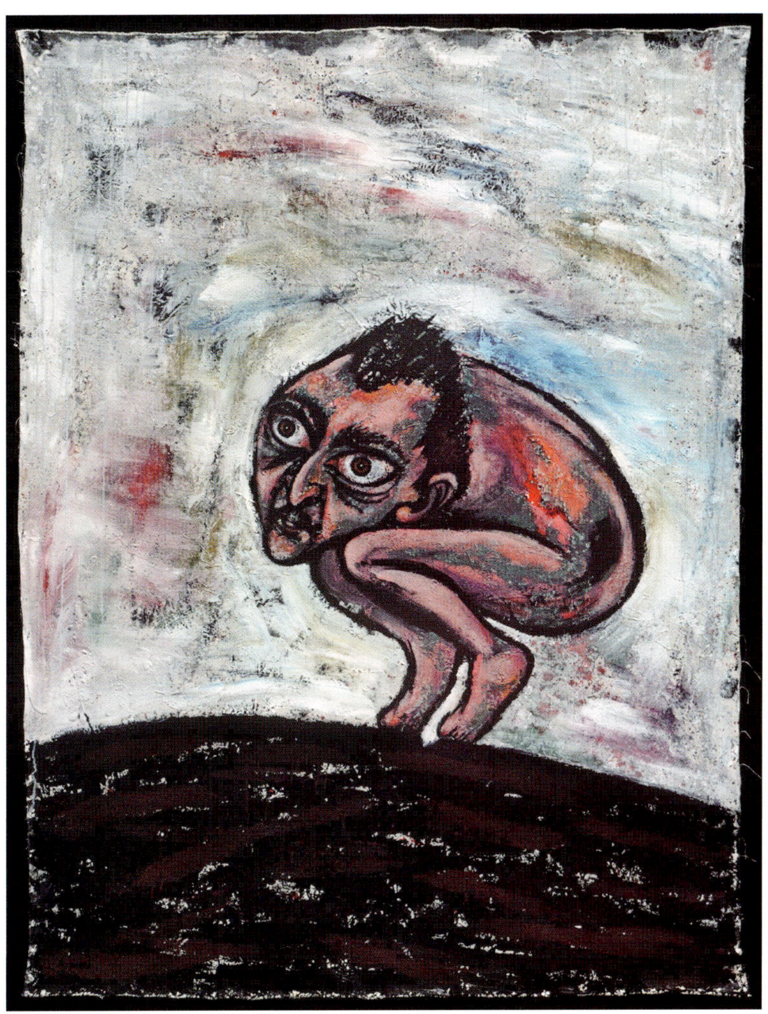

Abandoned, 1986
Acrylic on canvas
Acrílico sobre lienzo
84 x 60"
213 x 152 cm
The Crocker Art Museum,
Sacramento, CA

grafitis hechos con violencia para adoptar distintas personalidades.

La respuesta a Warhol la vemos diariamente en la violencia reinante, pero también en la inocencia de los jóvenes que, por ejemplo, se toman un *selfie* y lo ponen en el Facebook para que todo el mundo lo vea. Todos famosos por quince minutos: *King for 5 minutes*.

CAA Sin embargo, yo sigo viendo en *King for 5 minutes* al hombre-monstruo, al hombre-bestia, al hombre-chamán (monstruos diferentes todos pero monstruos de lo mismo), como también demuestra *Artist Cockroach*, de la misma época, al convertir a ese animal del *subway* en una especie de «urbanófago», de yo-que-se-come-una-ciudad.

LCA *Artist Cockroach* es una obra que expresa cuánto ya estaba extrañando Nueva York y sus cucarachas, pues es otra obra que hice en Davis, California. Esta ciudad es tan bella y pictórica que no encontraba

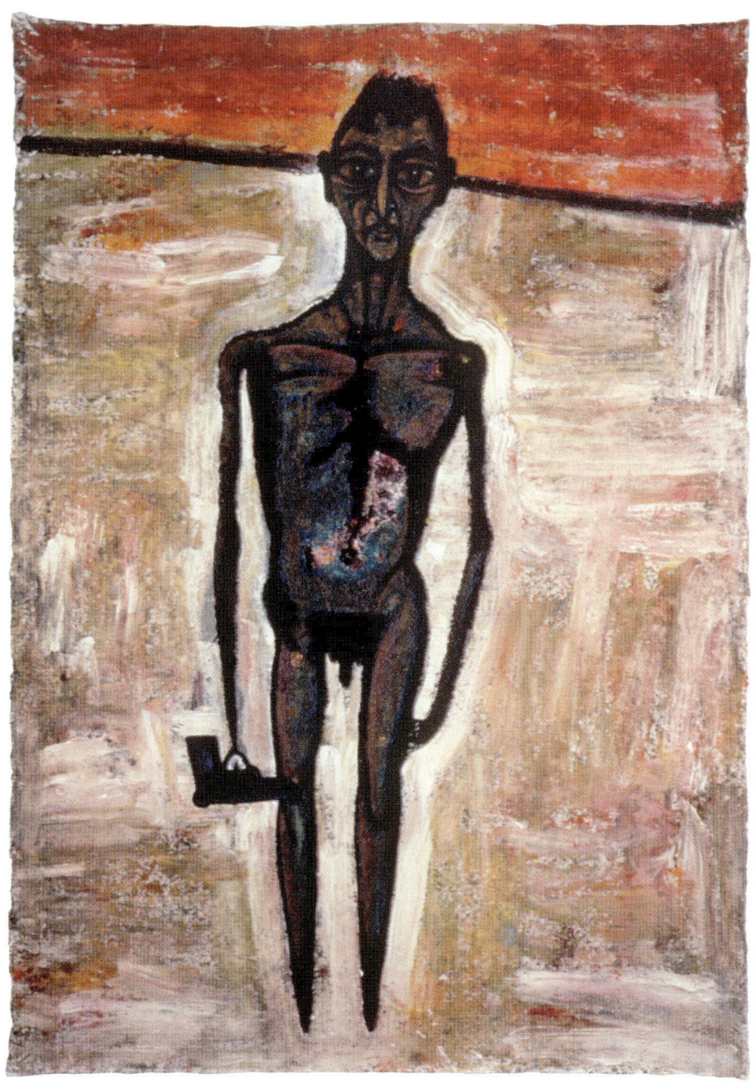

Gun Man, 1986
Acrylic on canvas
Acrílico sobre lienzo
120 x 84"
305 x 213 cm
Courtesy of George Adams
Gallery, New York, NY

California. That city is so beautiful and pictorial that I could not find the inspiration to create anything significant, which is why I made the self-portrait with the *Empire State Building on my Head*, showing a hat and cockroaches on my rear. The body is in an "animalistic" state, practically on all-fours, a homeless person without shelter, roaming about in the streets like a ghost, sub-human. It is a work that foreshadows others such as *Urban Beast* and *Purgatorium* in 1984.

CAA Can one miss a city that "steals your self and your identity, that makes you feel as if you meant nothing"?
LCA As you can see in *Artist Cockroach*, I do miss New York. New York is a metropolis that can take away from you, but on the other hand, because it is *the* mecca of the arts, it offers you endless possibilities. In my case, it gave me enormous freedom. It was a huge theater in which I could explore, create and develop a new viewpoint within the context of art. I had a studio in Soho, where I could simply go

inspiración para crear algo significativo. Por eso es que hago el autorretrato con el *Empire State Building on my Head*, con sombrero y cucarachas en el trasero. El cuerpo en estado «animalista», casi en cuatro patas, un *homeless* sin vivienda, en la calle, deambulando como un fantasma, subhumano. Una obra que anticipa obras como *Urban Beast* y *Purgatorium* de 1984.

CAA ¿Se puede extrañar una ciudad que «te roba tu yo, tu identidad y te hace sentir como un cero»?
LCA Como puedes ver en *Artist Cockroach* extraño Nueva York. Nueva York es una metrópolis que te puede quitar, pero, por otro lado, al ser la meca de las artes, te ofrece un sinfín de posibilidades. En mi caso, me dio una libertad tremenda, un gran teatro para explorar, crear, desarrollar una nueva visión en el contexto arte. Tenía mi taller en Soho. Saliendo a la calle podía visitar trescientas galerías, todas ubicadas en un circuito al alcance de la mano, ofreciendo una tremenda educación visual a los artistas y a los espectadores

out into the street and visit 300 galleries, all located along a route just steps away, providing an amazing visual education to artists and art viewers in general. In my case, I need a diverse city with conflict to give form and even a certain order to the physical, psychological, incongruent, cruel, confusing, schizophrenic mayhem established between the blank space on the canvas and my determination to fill it with life.

CAA As you have already highlighted, in the eighties you left for the west coast of the United States to teach classes at the university. What was the world that you found there like?

LCA From late 1980 to the spring of 1981 I was teaching at Davis, a town fifteen minutes from Sacramento, which is the capital of California. Robert Arneson, the

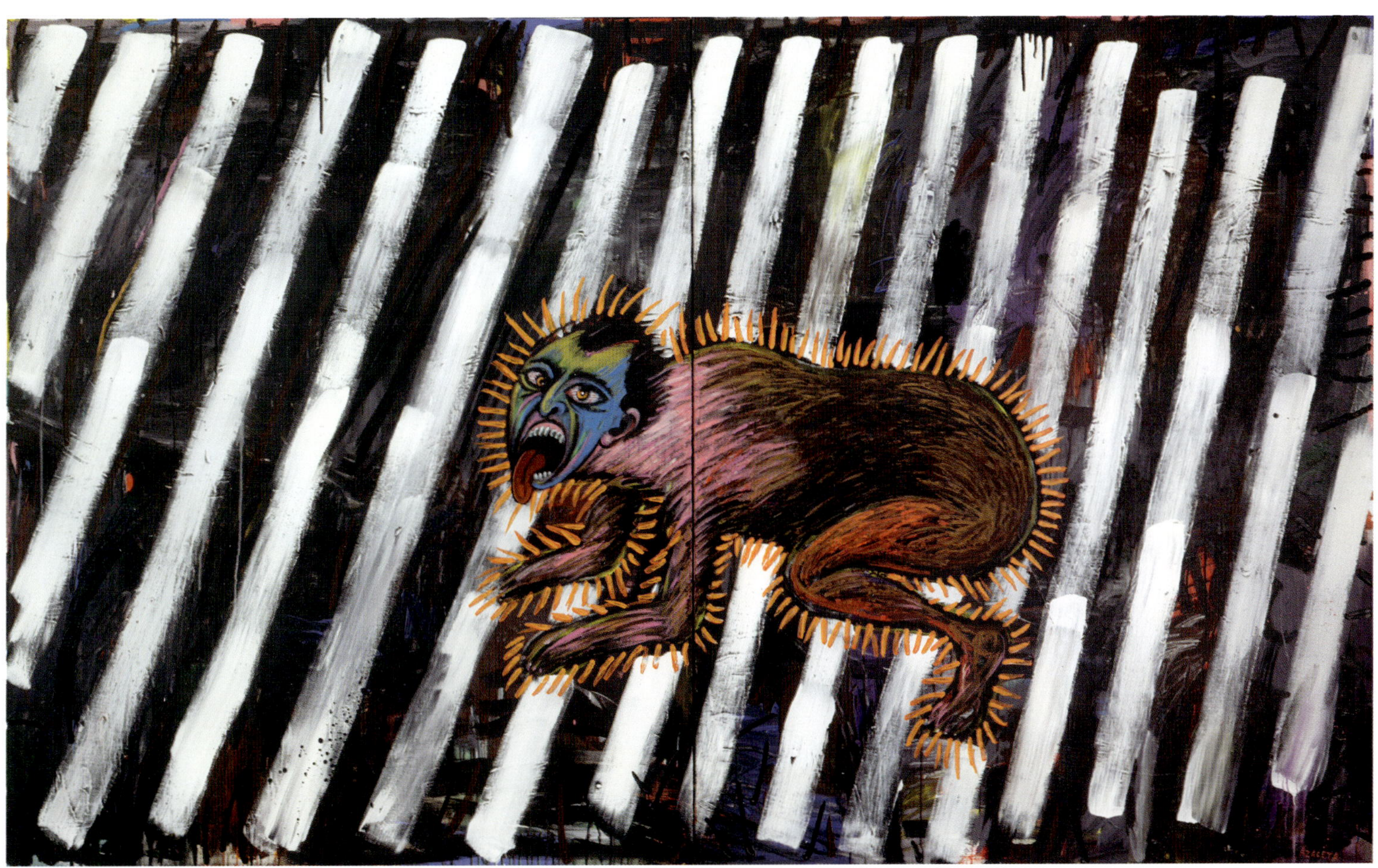

en general. En mi caso, necesito una ciudad conflictiva, diversa, para darle forma y hasta cierto orden al caos físico, psicológico, incongruente, cruel, confuso, esquizofrénico que se establece entre el blanco del lienzo y mi determinación de darle vida.

CAA Como ya has subrayado, en los ochenta te vas a la costa oeste de Estados Unidos a dar clases en la universidad. ¿Cómo fue el mundo que encontraste allí?

LCA Entre finales de 1980 y la primavera de 1981 estuve enseñando en Davis, a quince minutos de Sacramento, que es la capital de California. Robert Arneson, el

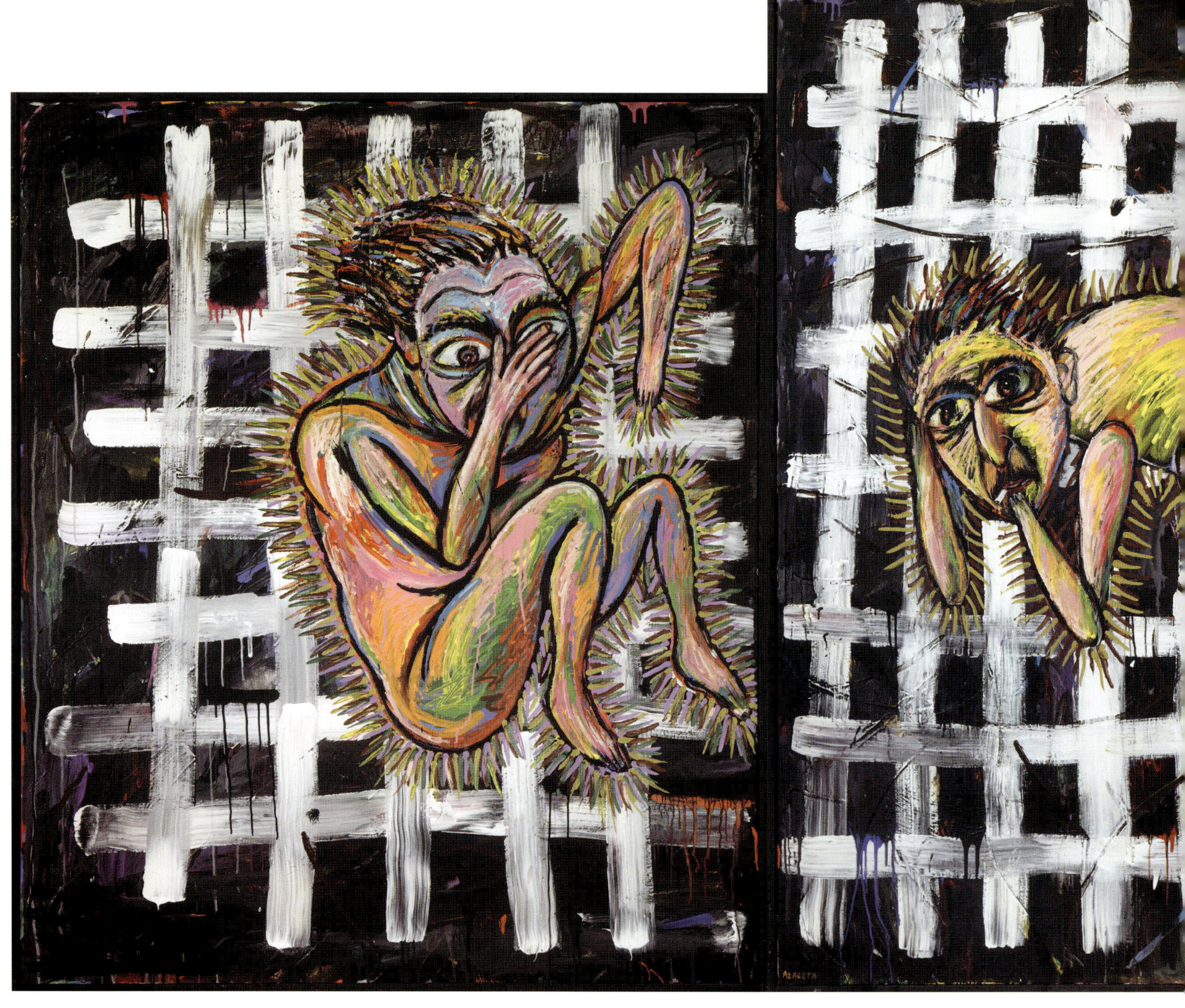

Purgatorium, 1984
Acrylic and nails on canvas
Acrílico y clavos sobre lienzo
86 x 192" (triptych)
218 x 488 cm (tríptico)
MARCO. Museo de Arte Contemporáneo,
Monterrey, México

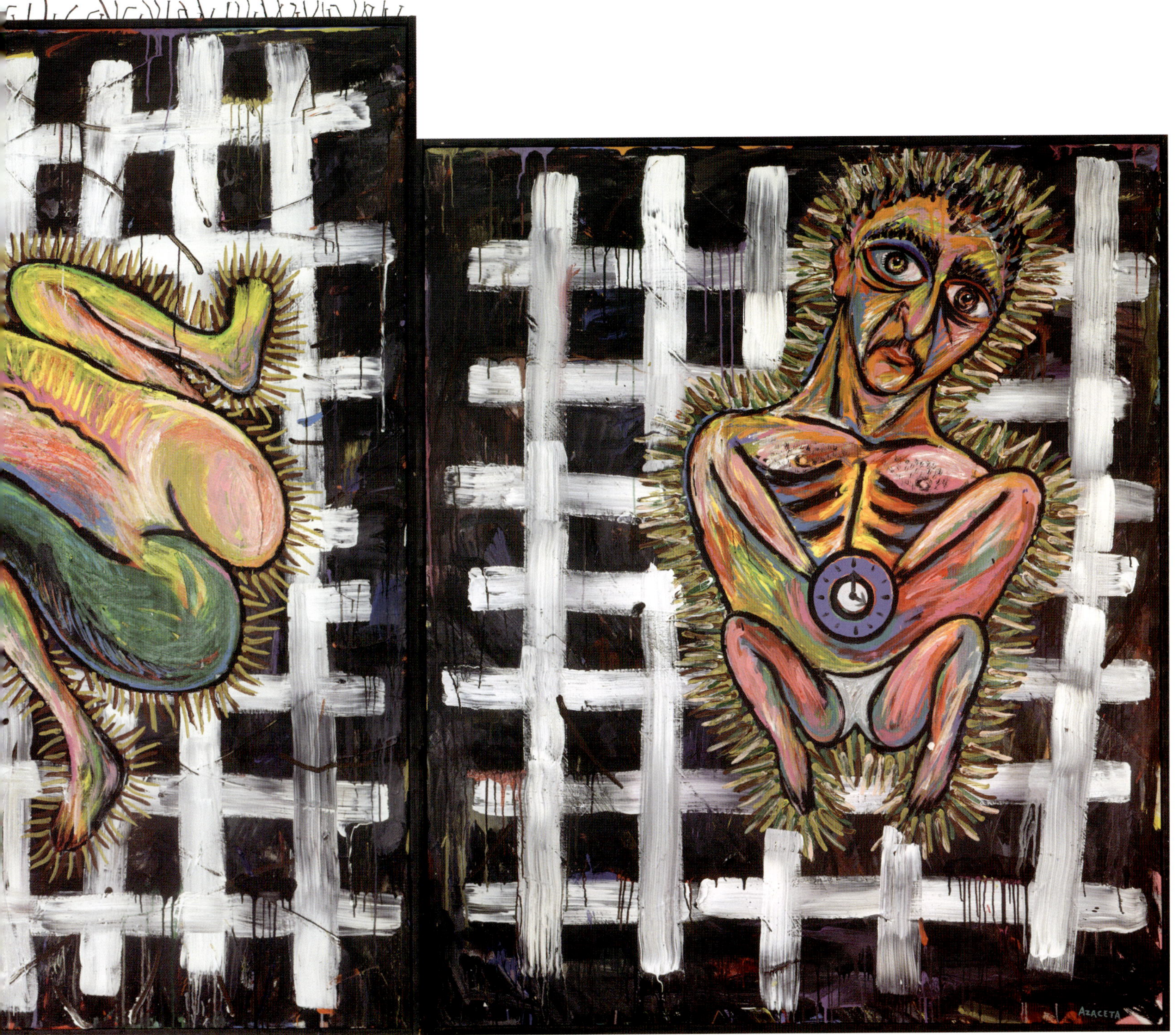

AZACETA

famous sculptor and ceramics artist is the person who gave me the opportunity to teach there. The university campus is huge, with 30,000 students who all travel around by bicycle. Thousands and thousands of them are parked in front of the mathematics, architecture, literature, sociology, music and art buildings. Arneson also exhibited his work with Allan Frumkin, the gallery that represented me in New York. On one of the visits he paid to the gallery, he saw works of mine, the self-portraits, and they fascinated him. That led him to ask Allan whether I would be willing to move to California for six months to give drawing classes. Nearly all of the professors there at the university were famous artists: Roy de Forest, Wayne Thiebaud, Manuel Neri and more. They all gave me a warm welcome and made me feel like part of the group.

Around then I met Adeliza McHugh, an older lady with a gallery in Folsom, about five minutes from Davis, known as The Candy Store Gallery. The town of Folsom is known for its prison. The professor-artists would exhibit their work at the Candy Store, and Adeliza was like a cult figure, a beloved little old lady who, though she did not know much about art, had a good eye for selecting the best of each artist's work and selling it. Many people passing through would stop at the Candy Store to buy sweets and chocolates, but what they ended up leaving with were paintings. She held several exhibitions with me and sold a lot of drawings, as well as a few paintings. I have always upheld that Adeliza deserves a huge monument for managing to create collectors and art lovers in that neighborhood, in the middle of passive "suburbia."

famoso escultor y ceramista, fue el que me dio la oportunidad de enseñar. El campus universitario es grandísimo, 30.000 estudiantes, y todos viajando en bicicletas. Miles y miles estacionadas frente a los edificios de matemáticas, arquitectura, literatura, sociología, música, arte. Arneson también mostraba su obra con Allan Frumkin, la galería que me representaba en Nueva York. En una de sus visitas a la galería vio obras mías, los autorretratos, y le fascinaron, y eso hizo que le preguntara a Allan si yo estaría dispuesto a mudarme seis meses a California a dar clases de dibujo. Casi todos los maestros allí, en la universidad, eran artistas famosos: Roy de Forest, Wayne Thiebaud, Manuel Neri y otros más. Todos me acogieron muy bien y me hicieron parte del grupo.

Por ese entonces conocí a Adeliza McHugh, una señora mayor con una galería en Folsom, a cinco minutos de Davis, llamada The Candy Store Gallery. Folsom es conocido por su prisión. El grupo de los profesores-artistas exponían sus obras en el Candy Store y Adeliza era como una figura de culto, una viejita muy querida que, aunque no sabía mucho de arte, tenía buen ojo para seleccionar lo mejor de cada uno y vender sus obras. Mucha gente de pasada iba a Candy a comprar dulces, chocolates, y lo que terminaban llevándose eran cuadros. Conmigo hizo varias exposiciones y vendió muchísimos dibujos y algunas pinturas. Siempre he dicho y sostenido que Adeliza se merece un gran monumento por lograr en ese vecindario, de «suburbia» pasiva, crear coleccionistas y amantes de las artes.

CAA That period was one of the most productive of all, the era in which the figure of the *balsero* first appeared, for instance, a figure which has modeled a large part of what came afterwards. How did it come to you?

LCA The *balsero* is a subject that touches me deeply, when witnessing how so many Cubans throw themselves into the sea inside makeshift vessels, risking their lives to escape the totalitarian hell of the island's military regime. In the beginning they were small boats, but by the late eighties and nineties they had become floating vehicles which seemed more like works of art than ships for crossing the sea. In 1980, the arrival of 125,000 Cubans refugees in the Mariel boatlift inspired me to make several triptychs. In the middle of the decade, I made what seems to me to be the finest work, or one of the most important works, in that series: *The Journey*, a figure standing with an oar in a state of resignation aboard an orange-colored boat, representing the infernal, horrible, agonizing state, though hopeful of leaving in search of freedom across a sea infested with sharks, but no water, food or compass. This work has represented me very well at many important exhibitions. I covered the surface of the canvas with many paint drops, splashes and drips of different colors, and I stuck that image right down in the middle of this chaos of colors, allowing the background to filter in between the figure, the boat, the oar and the waves, almost resembling a painting in black with whitened greys. However, it is in fact a very lively, very colorful work that leaps off the wall, in a format measuring three or four square meters.

   All of the *balseros* I have done are self-portraits. This is why so many people think I left Cuba on a boat. The *balsero* has been a topic in different series and styles which

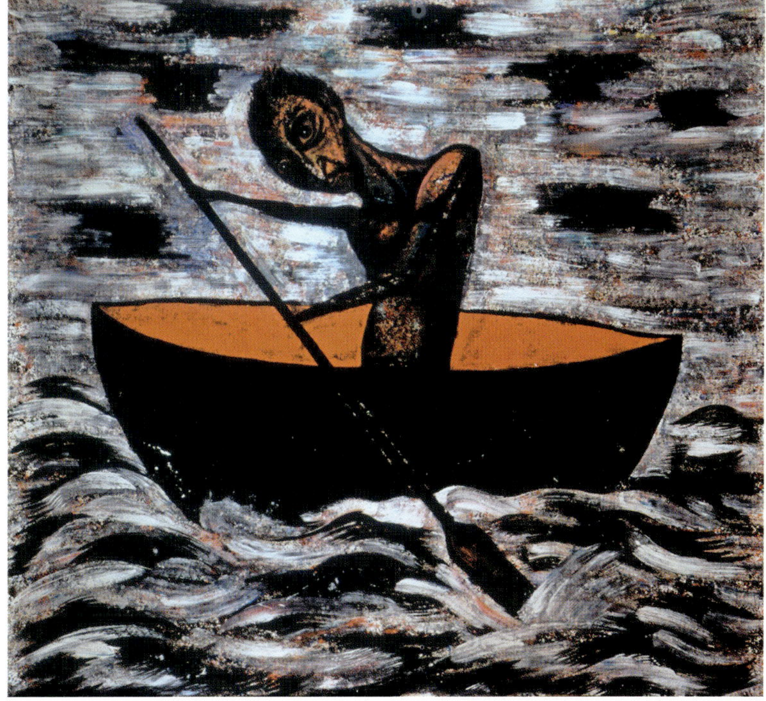

The Journey, 1986
Acrylic on canvas
Acrílico sobre lienzo
129 x 132"
328 x 335 cm
Private Collection
Colección particular

I have continued to use. What would be interesting is to hold an exhibition with all of these paintings and drawings of *balseros* in which viewers could see and appreciate the great diversity existing in this experience of fleeing, escaping, longing and hope.

CAA An exhibition of your work or everyone who has dealt with the topic?
LCA Mine. An exhibition of all of my works with *balseros* would be of great interest, because to a certain extent it would seem like a group exhibition.

CAA Before continuing with another of the themes in your painting, I would like you to speak briefly about two of your paintings from the mid-eighties that seem very significant to me: *Memorial Days* and *Latin Americans Victims of Dictators, Oppression, Torture & Death*, two of the, perhaps, most synthetic works existing on the topic of death, the political and the horrors which have occurred in recent

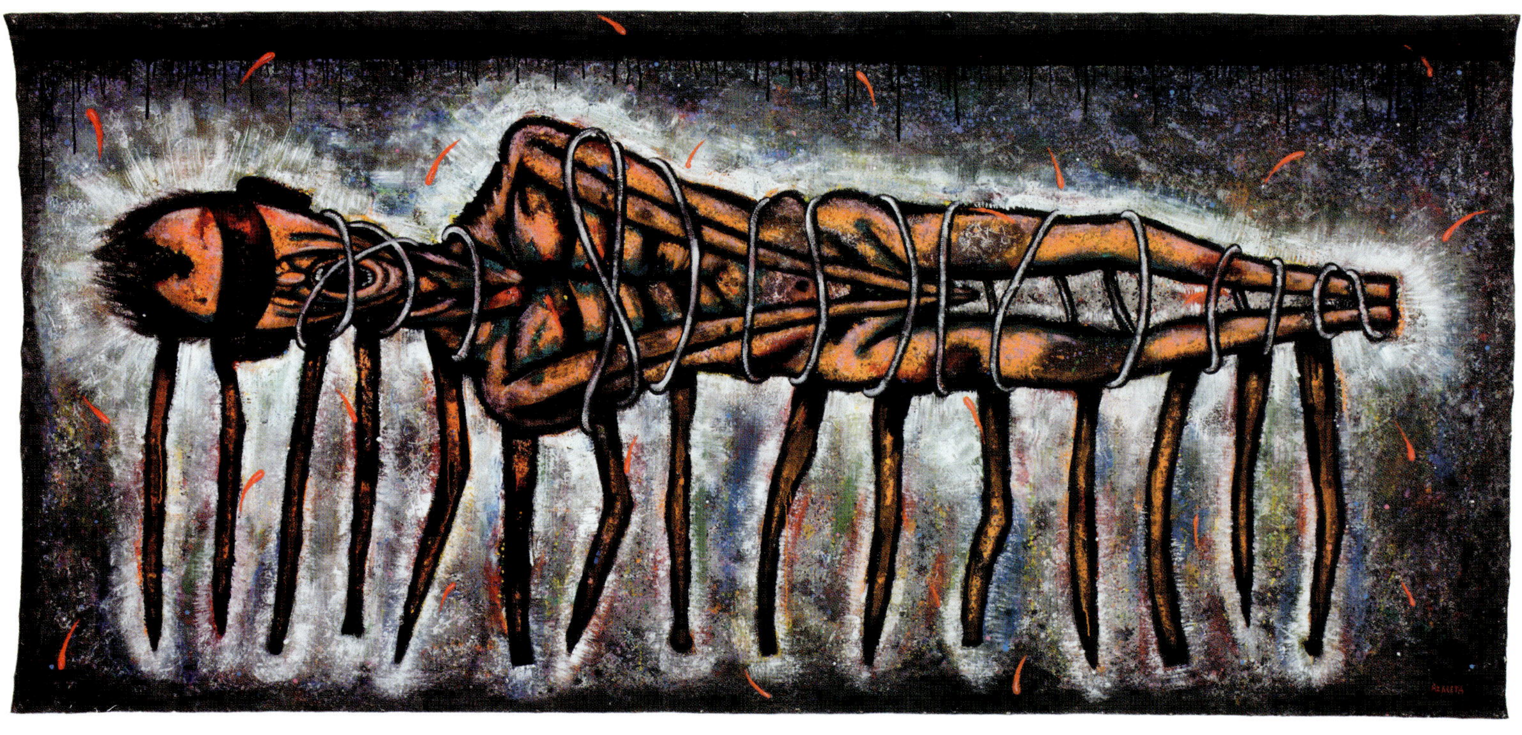

Latin American Victims of Dictators, Oppression, Torture & Death, 1987
Acrylic on canvas
Acrílico sobre lienzo
76 x 168"
193 x 427 cm

tiburones y sin agua ni comida ni brújula. Esta obra me ha representado muy bien en muchas exposiciones importantes. La superficie del lienzo la cubrí con muchas gotas, chorros, *drips*, de diferentes colores, y la imagen la planté en ese caos de colores, dejando que el fondo se filtrara entre la figura, el bote, el remo y las olas, semejando ser casi una pintura en negro con grises blanqueados, pero en verdad es una obra de mucho color, viva, que salta de la pared, con un formato de tres o cuatro metros cuadrados.

Todos los balseros que he hecho son autorretratos. De ahí que muchas personas piensen que me fui de Cuba en un bote. El balsero ha sido un tema que he continuado en diferentes series y estilos. Lo interesante sería tener una exposición de todas estas pinturas y dibujos de balseros donde se pueda apreciar y ver la diversidad tan grande de esta experiencia de huida, escape, anhelo y esperanza.

decades. What are the stories behind these paintings?

LCA In many of the paintings from the eighties, I attempted to portray certain characters in the same way that an actor plays different roles. I want viewers to feel compassion. I attempted to create a synthesis of the naked, vulnerable, injured, tortured, agonizing body. In the case of *Latin Americans Victims…*, what I portray is the body over wooden stakes, tied down and covered with a black rag, the mouth open in a hideous scream. I believe that this painting is an icon/emblem for the state of terror so present throughout the entire world.

Memorial Days is another work that symbolizes war and death. In it, I portray a fragile, nude figure, a soldier greeting other dead soldiers at the cemetery. He is alone, skin and bones, having survived after some war, standing at attention, paying homage to his fellow soldiers under the ground.

CAA Another of the topics you have most explored is that of AIDS, an epidemic which has

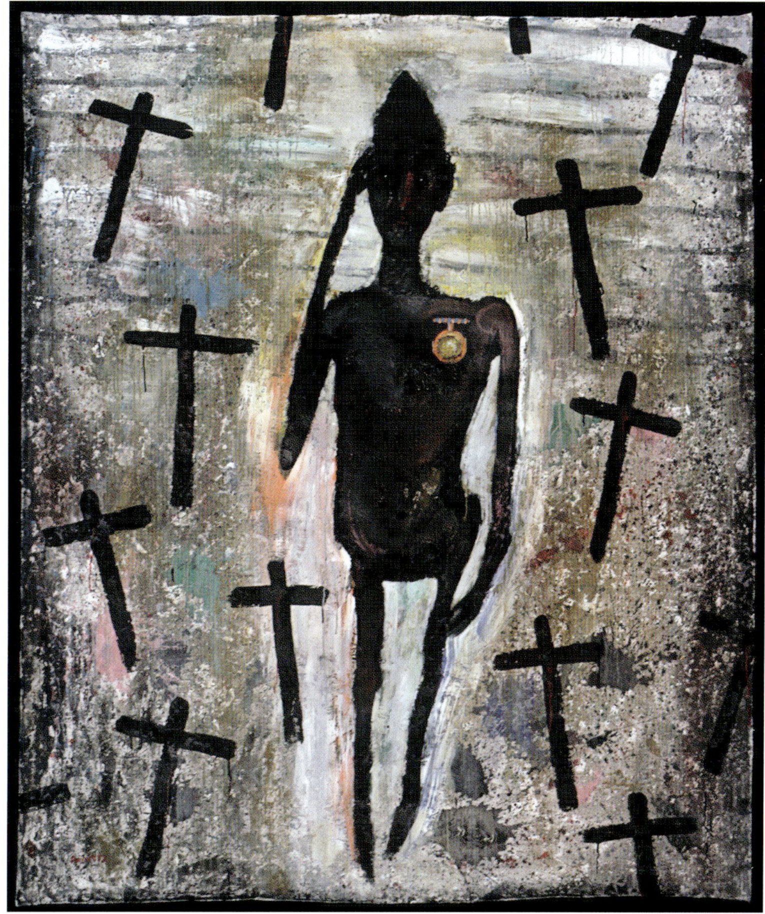

Memorial Days, 1986
Acrylic on canvas
Acrílico sobre lienzo
90 x 74"
229 x 188 cm
The Crocker Art Museum,
Sacramento, CA

CAA ¿Una exposición tuya o de todos los que han tratado el tema?

LCA Mía. Una exposición de todas estas obras mías de balseros sería muy interesante, pues parecería hasta cierto punto una exhibición de grupo.

CAA Antes de continuar con otra de las líneas de tu pintura, me gustaría que me hablaras brevemente de dos cuadros tuyos de mitad de los ochenta que me parecen muy significativos: *Memorial Days* y *Latin Americans Victims of Dictators, Opression, Torture & Death*. Dos de las piezas, quizá, más sintéticas que existen sobre el tema de lo muerto, lo político y el horror en los últimos decenios. ¿Qué o cuáles son las historias que están detrás de estos cuadros?

LCA En muchos de los cuadros de los ochenta he tratado de encarnar algunos personajes de la misma manera que un actor representa diferentes papeles. Quiero que el espectador sienta compasión. He querido sintetizar el cuerpo desnudo, vulnerable, herido, torturado, agonizante. En el caso de *Latin Americans Victims…*, lo que represento es el cuerpo sobre estacas de madera, amarrado, cubierto con un trapo negro, la boca abierta en un grito espantoso. Creo que este cuadro es un icono-emblema de ese estado de terror tan presente en todo el mundo.

Memorial Days es otra obra que simboliza la guerra, la muerte. Aquí represento una figura frágil, desnuda. Un soldado que saluda a otros soldados muertos en el

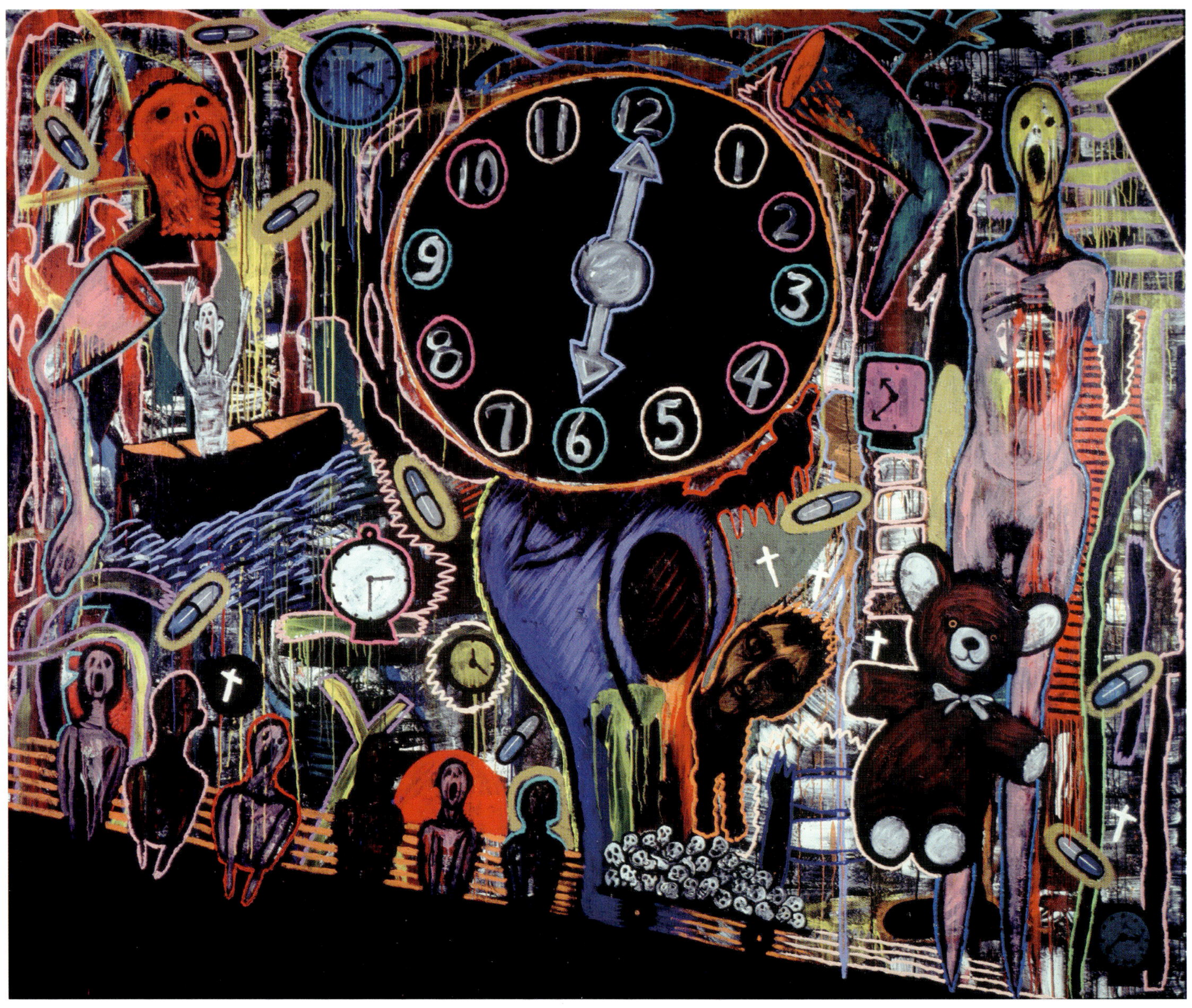

The Plague/AIDS Epidemic, 1987
Acrylic on canvas
Acrílico sobre lienzo
120 x 144"
305 x 366 cm

cementerio. Él solo, huesudo, sobreviviente de alguna guerra, en atención, rindiendo homenaje a sus camaradas bajo tierra.

CAA Otra de tus líneas más exploradas es la del sida, una plaga aún sin cura. ¿Alguien que para ti fuera muy importante y muriera de esta manera?

LCA A mediados de esa misma década leí o vi en el noticiero de televisión —no me acuerdo exactamente, pero sé que me hizo un gran impacto— que dos hispanos homosexuales habían saltado de un quinto piso sujetándose las manos. Eran víctimas del sida y prefirieron matarse que lidiar con la familia, amigos, etcétera. Decidí empezar una serie basada en el VIH, la epidemia que ya estaba matando a cantidad de personas, muchas de ellas artistas.

La primera obra-pintura que hice fue *The Plague: AIDS Epidemic*. Una visión apocalíptica y neo-expresionista donde una cuarta parte de la pintura es un reloj gigan-

yet to be cured. Was there someone very important to you who died from this disease?

LCA In the middle of that very decade, I read somewhere or saw on the news, I cannot remember exactly which, but it had a huge impact on me, that two Hispanic gays had jumped from the fifth floor of a building, holding each other's hands. They were AIDS victims and preferred killing themselves to dealing with their family, friends and others. I decided to begin a series based on HIV, the epidemic that was already killing a huge number of people, many of whom were artists.

The first work/painting I made was *The Plague: AIDS Epidemic*, an apocalyptic, Neo-expressionist vision in which one-quarter of the painting is a giant clock making an alarm ring: we have to do something, *people are dying*! The active way I have to do something is through my art, by raising awareness. In the work's composition, you can see figures screaming, others waiting, pills, clocks flying along the whole surface. Underneath the large clock, a blue head is screaming and a self-portrait stares you straight in the eye. A cart filled with skulls rushes rapidly by as a teddy bear faces the viewers, looking at them as if saying, "we must show compassion." I explored this series for three years more or less. I made a great number of paintings and drawings, and New York's Queen Museum arranged an exhibition with all of the things I had created, sending it on a traveling exhibition at four other museums.

Amongst my friends, many died of AIDS: Juan González, David Wojnarowicz, Carlos Alfonzo and others. It was devastating, and today there is still no cure. The

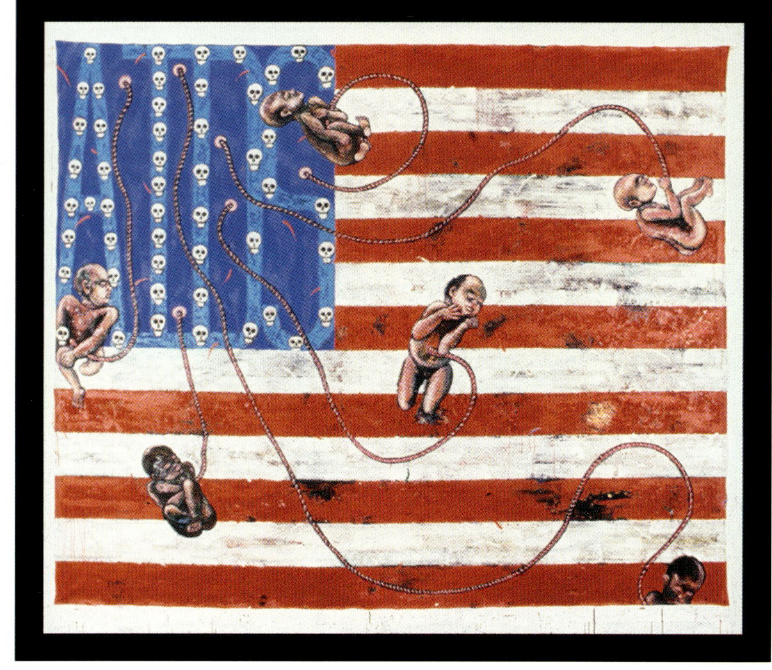

Babies with AIDS, 1989
Acrylic on canvas
Acrílico sobre lienzo
122 x 142"
310 x 361 cm
Courtesy of George Adams Gallery, New York, NY

tesco que hace sonar una alarma: tenemos que hacer algo, ¡*people are dying*! Mi forma activa de hacer algo es a través de mi arte, crear conciencia. En la composición de la obra se ven figuras gritando, otras en espera, píldoras, relojes volando por toda la superficie. Debajo del gran reloj, una cabeza azul que grita y un autorretrato que te clava la mirada. Un carrito con calaveras corriendo rápidamente mientras un *teddy-bear* confronta al espectador mirándolo, como diciendo «tenemos que tener compasión». Exploré esta serie por tres años más o menos. Hice muchísimas pinturas y dibujos y el Queen Museum de Nueva York organizó una exposición con todas las cosas que había hecho y la hizo viajar por cuatro museos más.

De mis amigos, muchos murieron de sida: Juan González, David Wojnarowicz, Carlos Alfonzo y otros. Fue devastador y, todavía hoy, no hay cura. La comunidad artística perdió un gran número de grandes pintores y, sobre todo, buenas y talentosas personas. Una gran tragedia.

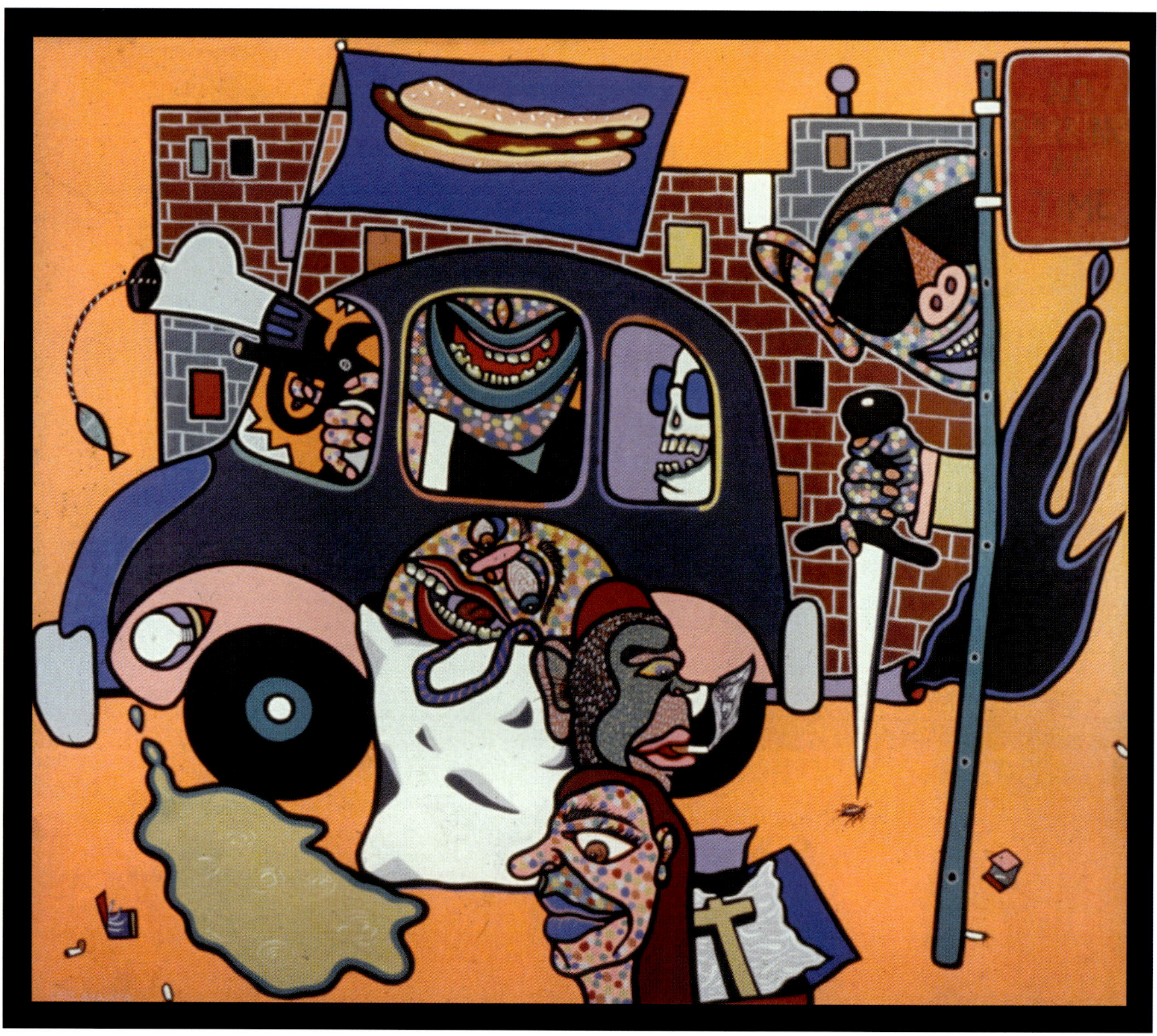

The Frivolous Cockroach, 1976
Oil on canvas
Óleo sobre lienzo
72 x 84"
183 x 213 cm
Courtesy of George Adams Gallery,
New York, NY

CAA ¿Crees en el arte como «algo» que activa o genera conciencia pública?

LCA Quizá soy un soñador romántico que siempre ha pensado que el arte nos hace más humanos y tiene la capacidad de crear conciencia y, en algunos casos, trascender a través del tiempo. La belleza, como la verdad, es transparente. Nos emociona, nos sorprende, refleja la vida y la muerte. Todo está en tránsito. Somos el espejo de nuestro tiempo y la conciencia de la condición humana. La pintura es un acto moral. Todo arte es político.

Con el correr de los años me he dado cuenta de que el tema central de toda mi pintura es la muerte. La tenemos siempre presente, la olvidamos algo en la juventud, cuando nos sentimos inmortales y vanidosos, pero...

CAA ¿Existe alguna conexión —más allá del hecho de muerte y cierta similitud iconográfica— entre la serie del sida y esas otras obras tuyas de la misma década más políticas, más ligadas a la plaga ideológica, a los muertos que causan las dictaduras?

art community lost a large number of great painters and, above all, good and talented people. It is a huge tragedy.

CAA Do you believe in art as "something" that activates or creates public awareness?
LCA Perhaps I am a romantic dreamer who has always thought that art makes us more human and has the ability to raise awareness. In some cases it may even transcend the barriers of time. Beauty, like truth, is transparent. It thrills us and surprises us. It reflects life and death. Everything is in transit. We are the mirror of our time and awareness of the human condition. Painting is a moral act. All art is political.

As the years have gone by, I have realized that the central theme in all my painting is death. It is always present to us. We forget about it somewhat during youth, when we feel immortal and vain, but alas...

CAA Is there any connection—beyond the fact of death and a certain iconographic resemblance—between AIDS series and those other works of yours from the same decade which are more political, more closely linked to an ideological plague, to the deaths caused by dictatorships?
LCA The topic of crucifixion was always of interest to me. The archetype of suffering, torture, pain and death is reflected in my paintings of car crashes, wars, urban

Oppression, 1984
Acrylic on canvas
Acrílico sobre lienzo
60 x 66"
152 x 168 cm
Delaware Art Museum,
Wilmington, DE

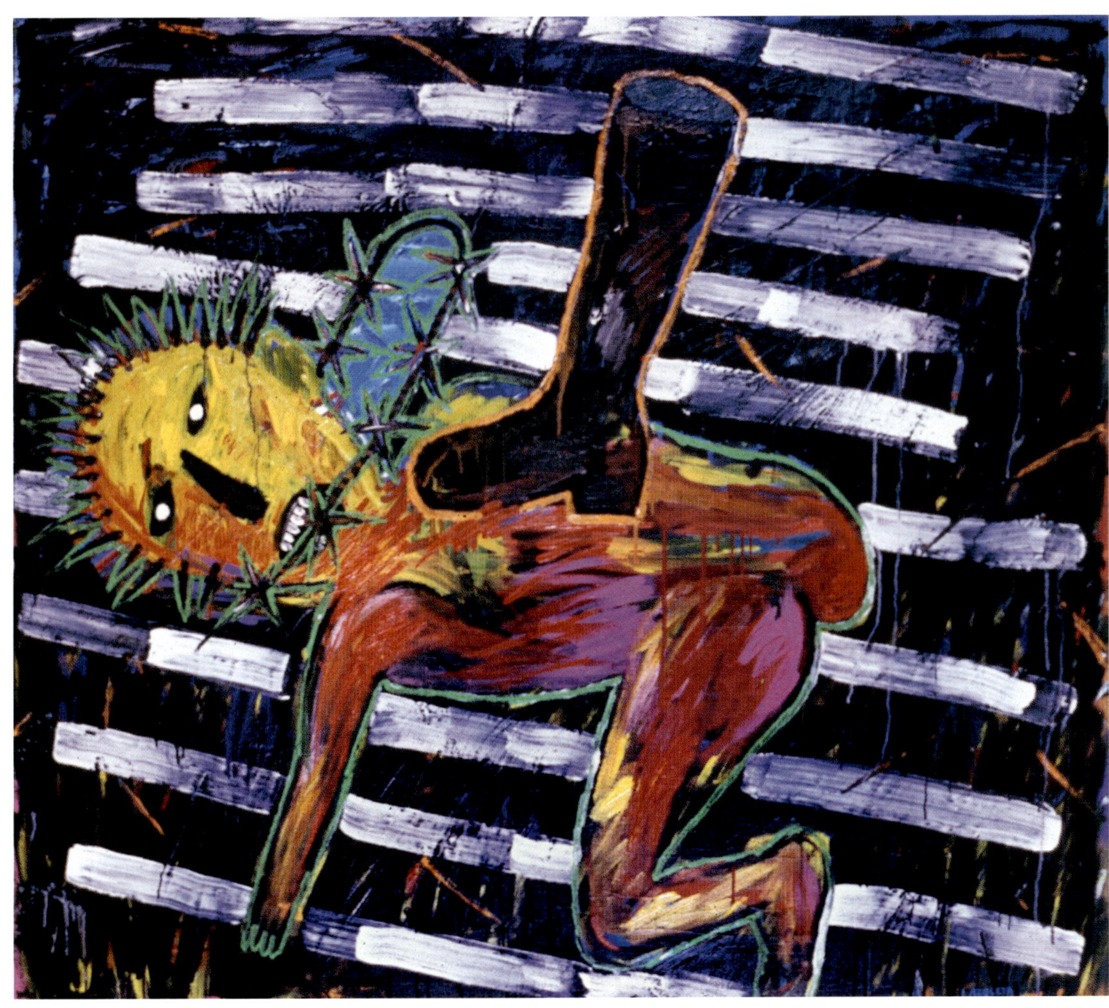

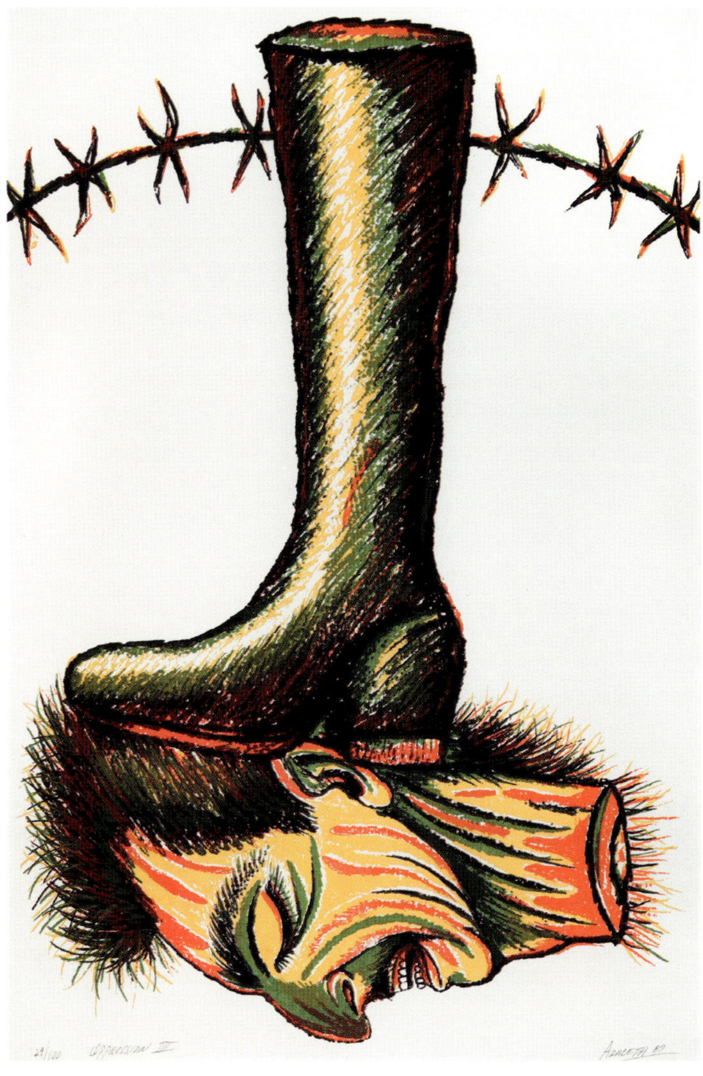

Oppression III, 1987
Silkscreen
Serigrafía
35 x 23"
89 x 58 cm
The Museum of Modern Art,
New York, NY

violence, epidemics, hurricanes, tornadoes, tsunamis, earthquakes, dictators, terrorism, etc.

Death is the unknown doorway, the tunnel with a small light at the end, the labyrinth.

CAA And what is the link between crucifixion and dictatorships?
LCA Crucifixion and dictatorship are both equal to death.

CAA Speaking of crucifixions, in your work there is obviously a *Gestalt* which originates in the classical world, in the *pietá* and Western iconographies in general. But to what degree is Azaceta aware of the theatrical facets of his work? When you look at one of your paintings, do you not feel as though you were contemplating, for instance, a frame out of a silent movie?
LCA My vision and my work arise from intuition. I am not a very analytical artist. I do not like highly thought out or planned works. Mine are immediate. They exist in the moment. When I begin a work, I almost always allow intuition to take the reigns,

LCA El tema de la crucifixión siempre me interesó. El arquetipo del sufrimiento, tortura, dolor y muerte está reflejado en mis pinturas de choques automovilísticos, guerras, violencia urbana, plagas, huracanes, tornados, tsunamis, temblores de tierra, dictadores, terrorismo, etcétera.

La muerte es la puerta desconocida, el túnel con la lucecita al final, el laberinto.

CAA ¿Y cuál es la relación entre crucifixión y dictaduras?
LCA Crucifixión y dictadura es igual a muerte.

CAA A propósito de las crucifixiones, en tu obra es evidente que hay una *Gestalt* que procede del mundo clásico, de la *pietá* y la iconografía occidental en general. Pero, ¿hasta qué punto es Azaceta consciente de lo teatral en su obra? Cuando miras algunos de tus cuadros, ¿no te parece estar contemplando, por ejemplo, un *frame* del cine mudo?

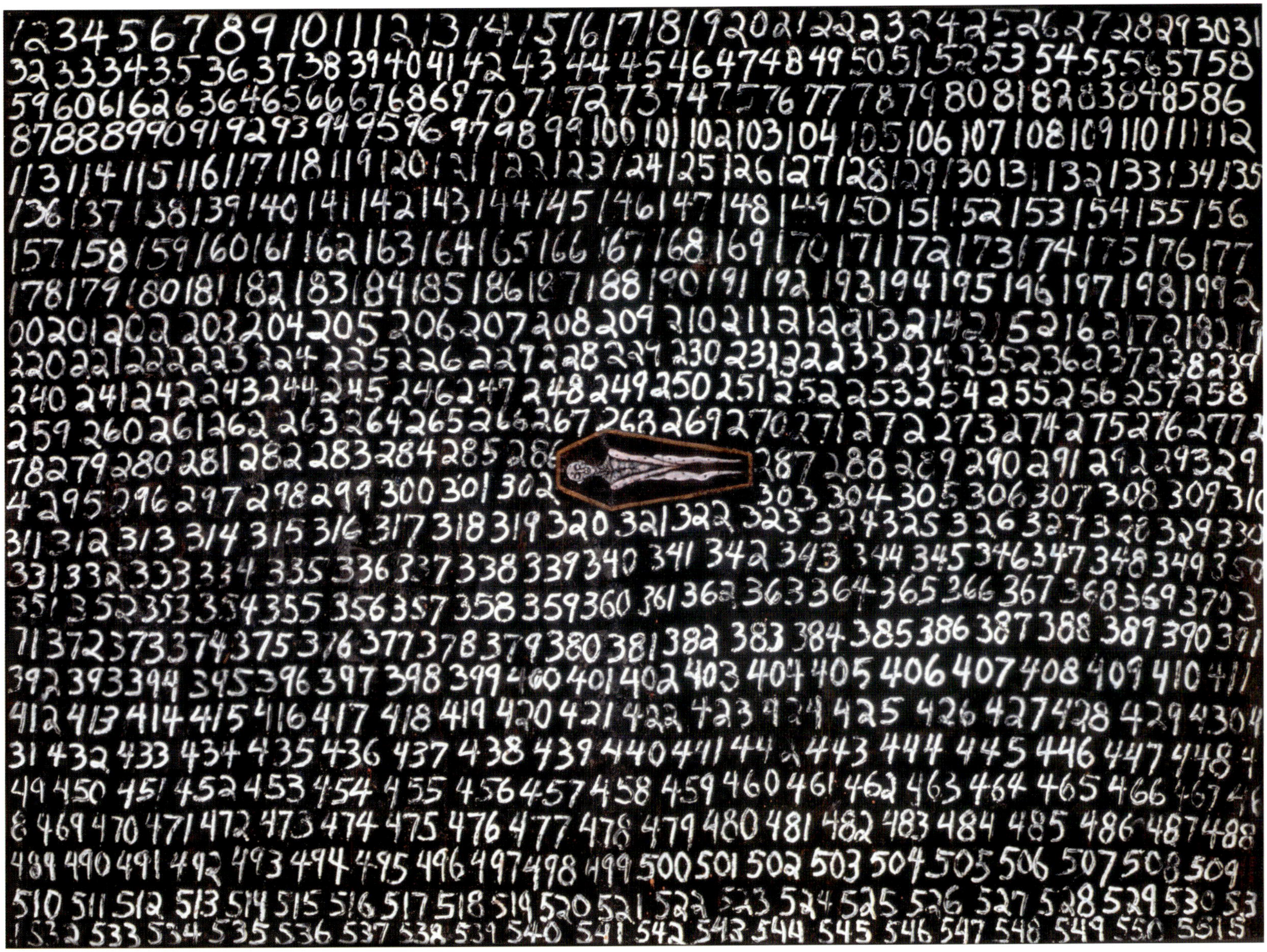

AIDS Count I, 1988
Acrylic on canvas
Acrílico sobre lienzo
121 x 164"
307 x 417 cm
Museum of Fine Arts, Boston, MA

and I just try to follow that little voice wherever it might lead me. I believe the mystery of creation lies therein. Sometimes a painting creates itself. Those are the moments I like best. It is like a drug. There is an addiction to seeking and finding that moment, that spiritual space, that *Gestalt* that arises from classical art.

I have never been aware of anything theatrical in my work, and much less so any mimicking of silent film, with which I am not very familiar.

CAA In 1980, the *Mariel* boatlift exodus took place. However, little was known about everyday life inside Cuba, because the Castro government would not allow any news whatsoever to "escape." What did you do to stay informed about events taking place on the island?

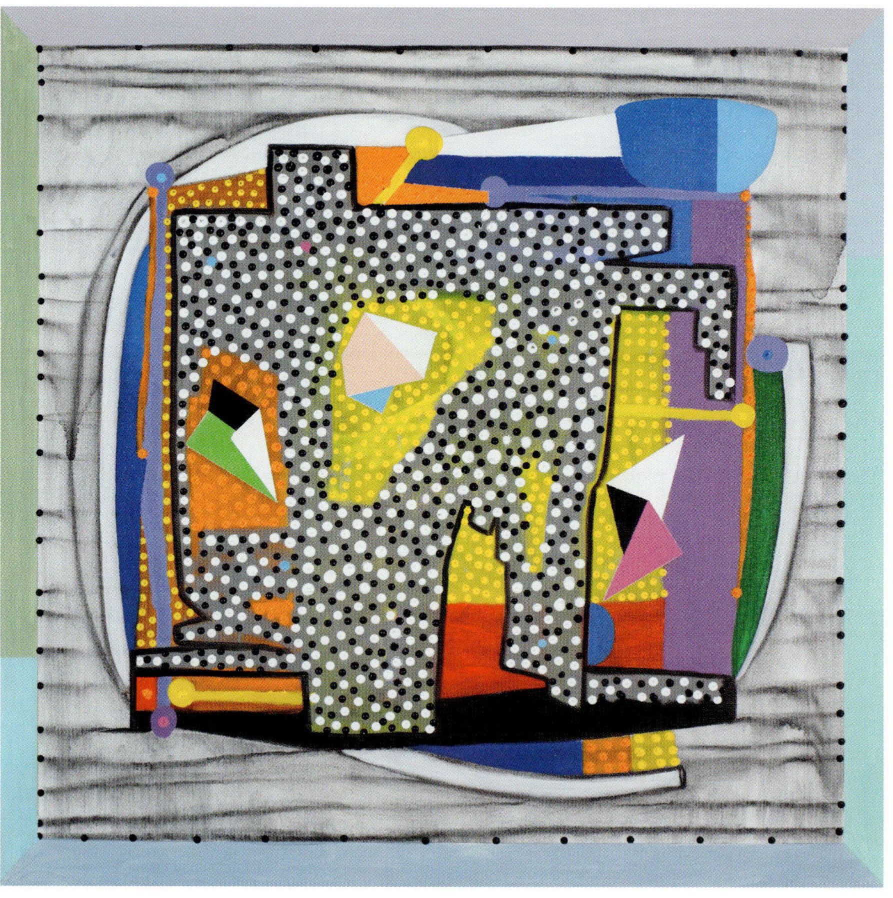

Tsunami VI, 2013
Acrylic and charcoal on canvas
Acrílico y carboncillo sobre lienzo
36 x 36"
91 x 91 cm
Collection of Mr & Mrs Brodsky,
New York, NY

LCA Mi visión y mi obra vienen de lo intuitivo. No soy un artista muy analítico. No me gusta la obra muy pensada o planificada. Lo mío es inmediato, en el momento; cuando empiezo un trabajo dejo casi siempre que la intuición tome las riendas e intento seguir a esa vocecita a donde me lleve. Ahí creo que se encierra el misterio de la creación. A veces el cuadro se hace por sí mismo. Esos son los momentos que más me gustan. Es como una droga y un vicio de buscar y hallar ese momento, ese espacio espiritual, esa *Gestalt* que procede del arte clásico.

Nunca he sido consciente de lo teatral en mi obra y mucho menos de la mímica del cine mudo, pues no la conozco muy bien.

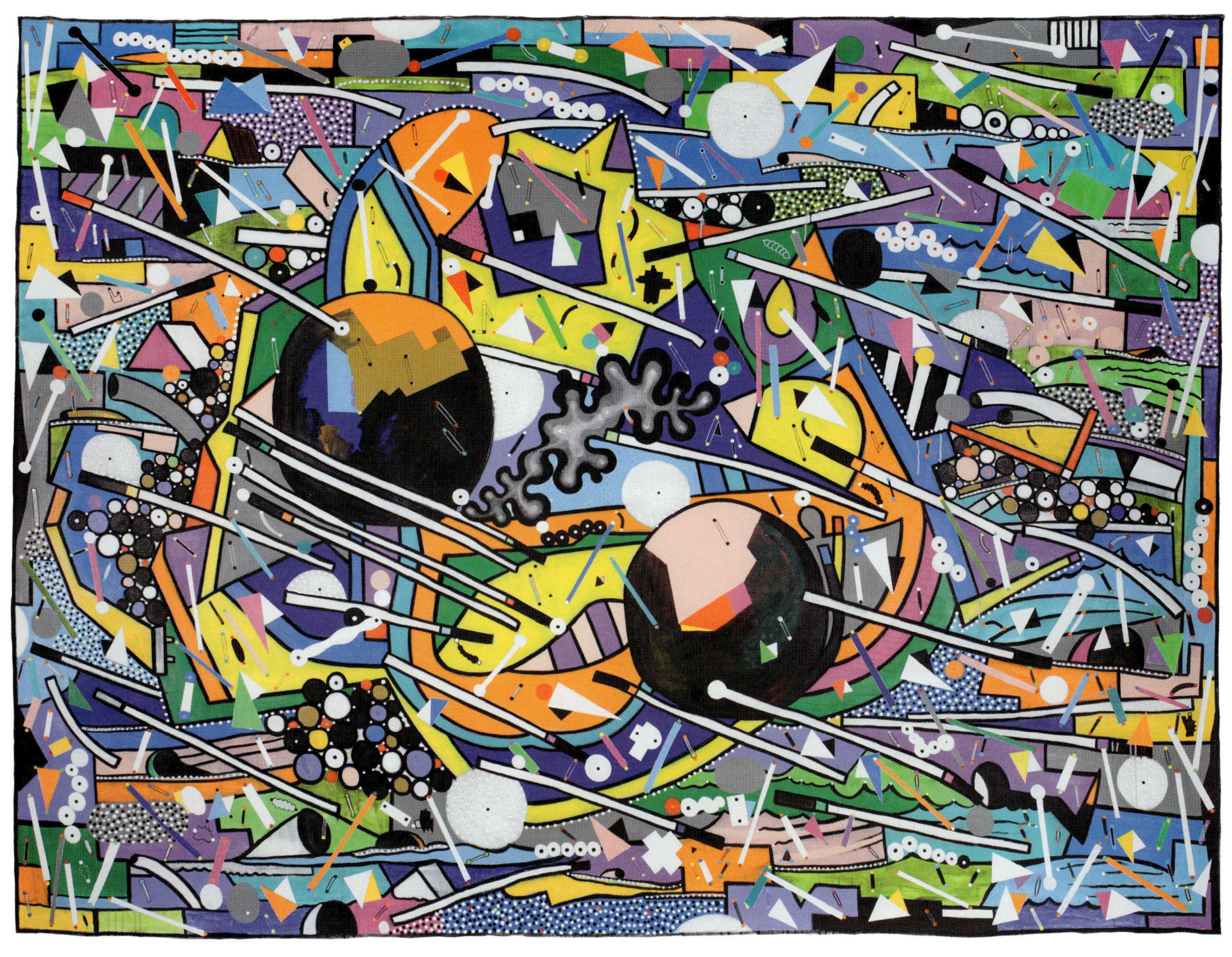

Tsunami V, 2012
Acrylic and charcoal on canvas
Acrílico y carboncillo sobre lienzo
108 x 140"
274 x 356 cm

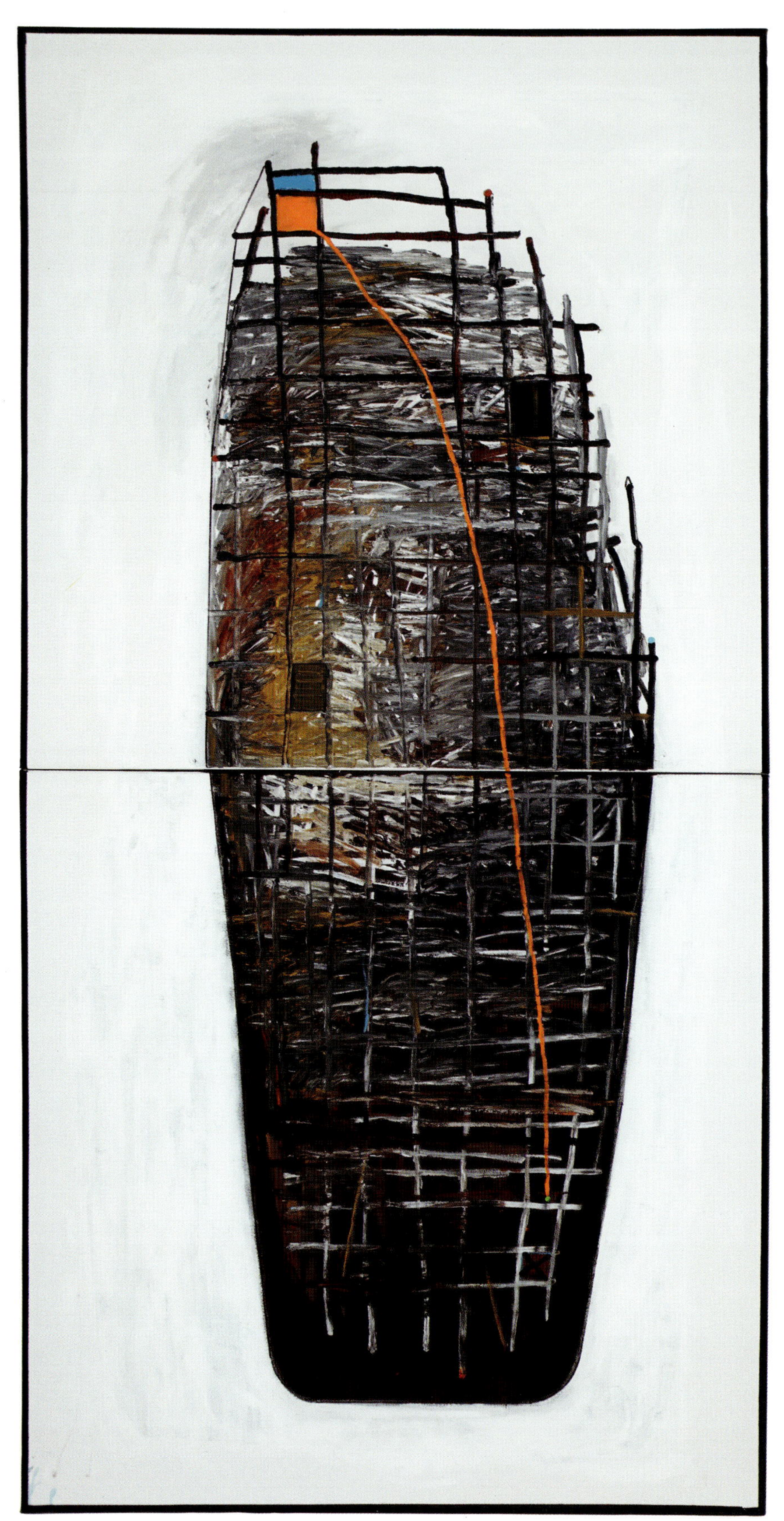

War = Death, 2014
Acrylic on canvas
Acrílico sobre lienzo
96 x 48"
244 x 122 cm
Courtesy of Pan American
Art Projects, Miami, FL

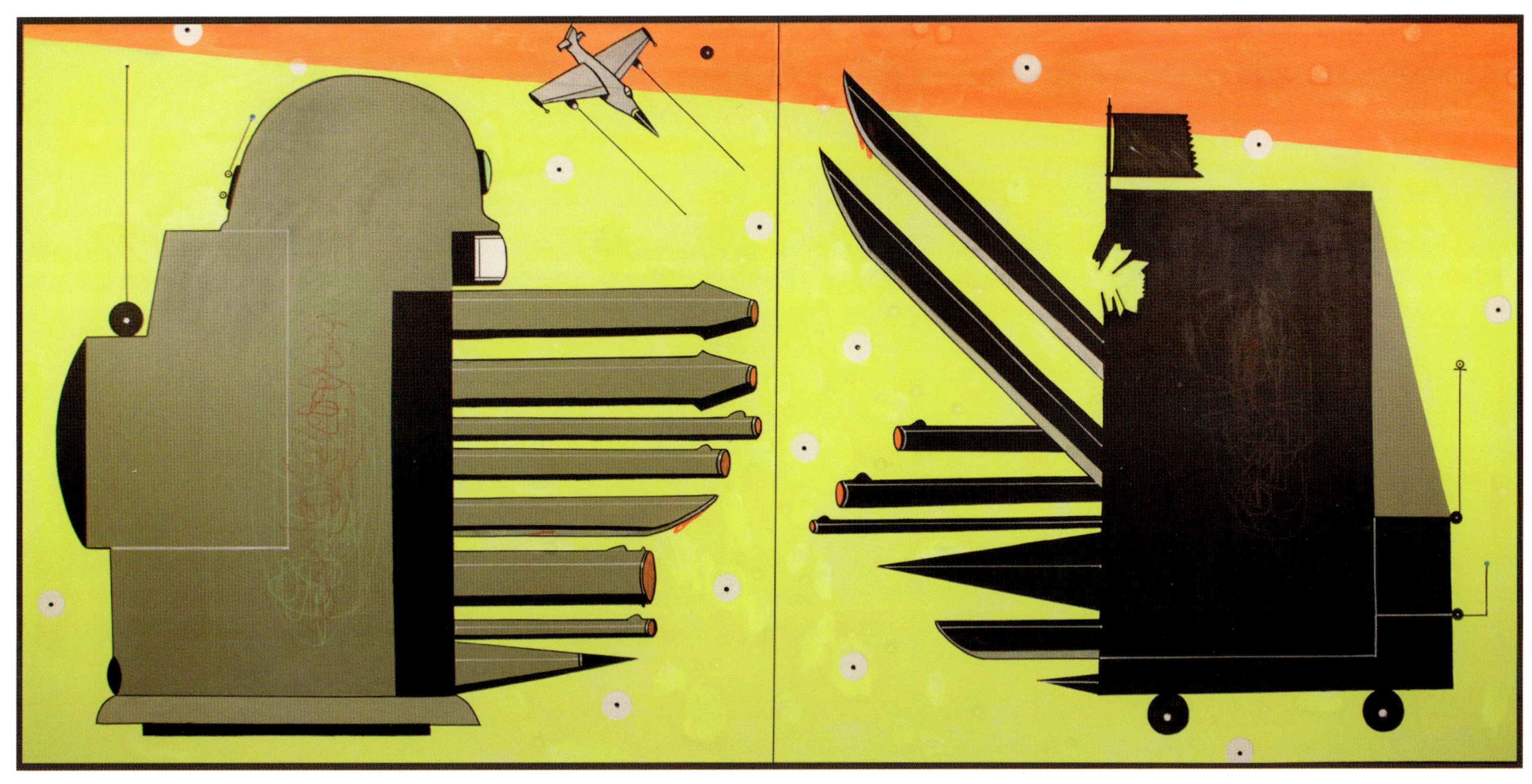

Confrontation, 2015
Acrylic on canvas
Acrílico sobre lienzo
48 x 96"
122 x 244 cm

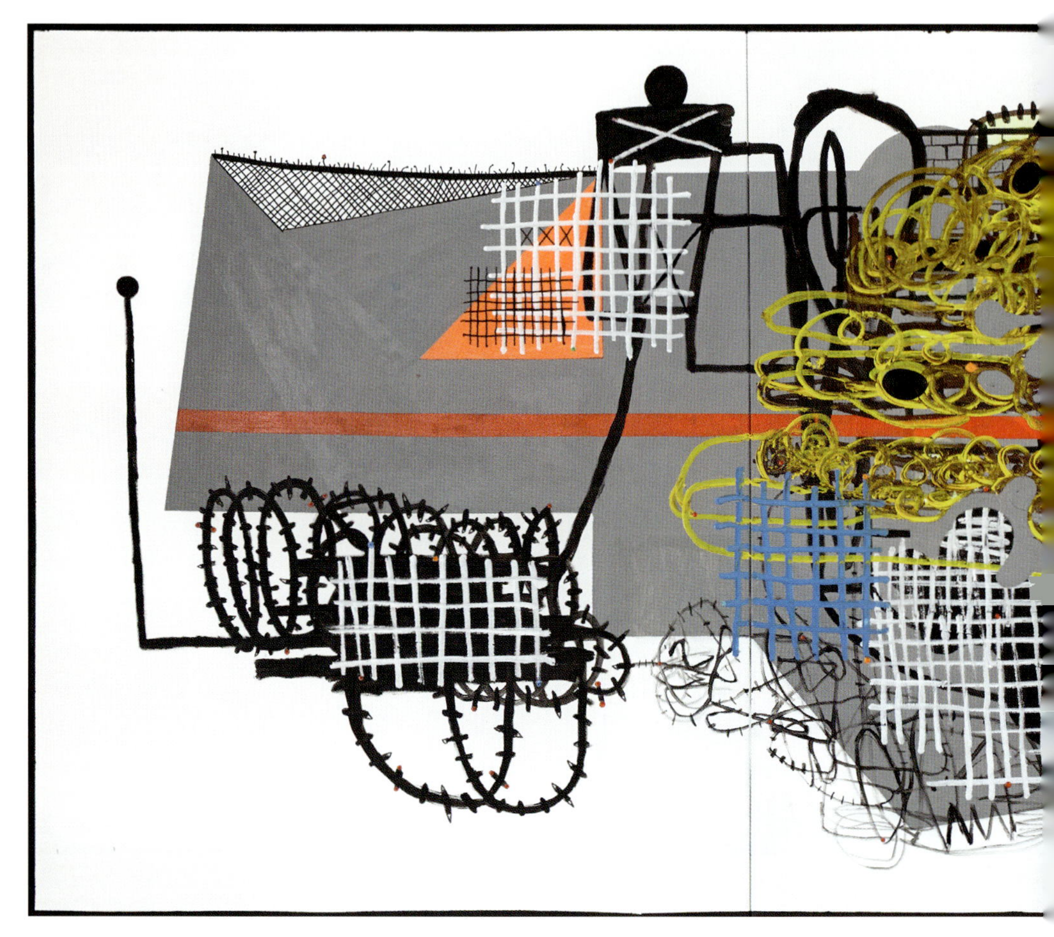

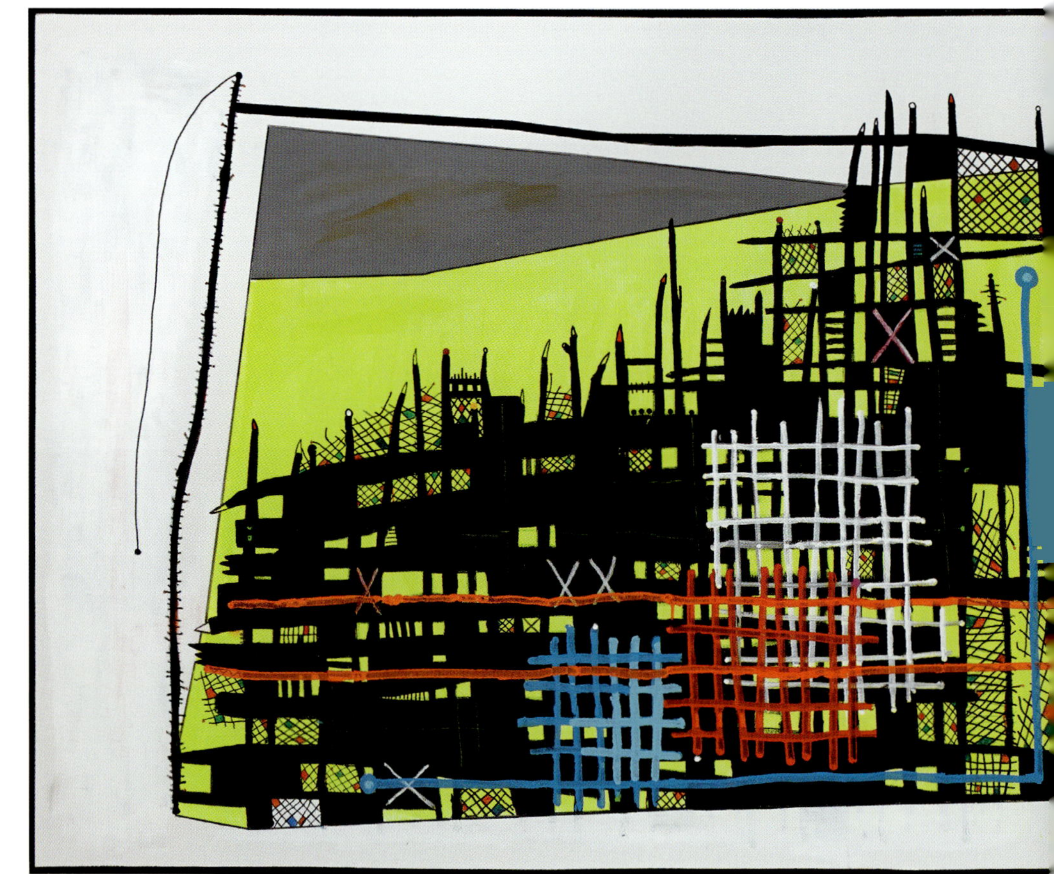

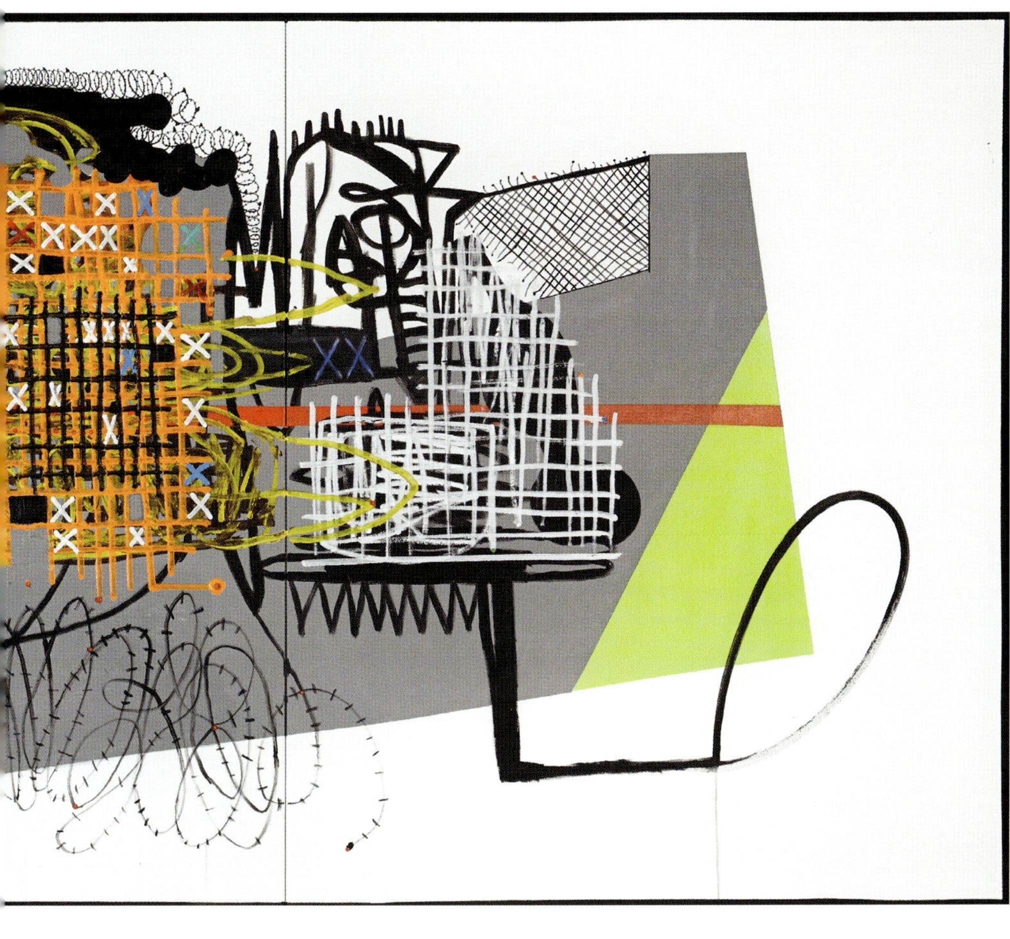

Syria, 2014
Acrylic on canvas
Acrílico sobre lienzo
60 x 144"
152 x 366 cm

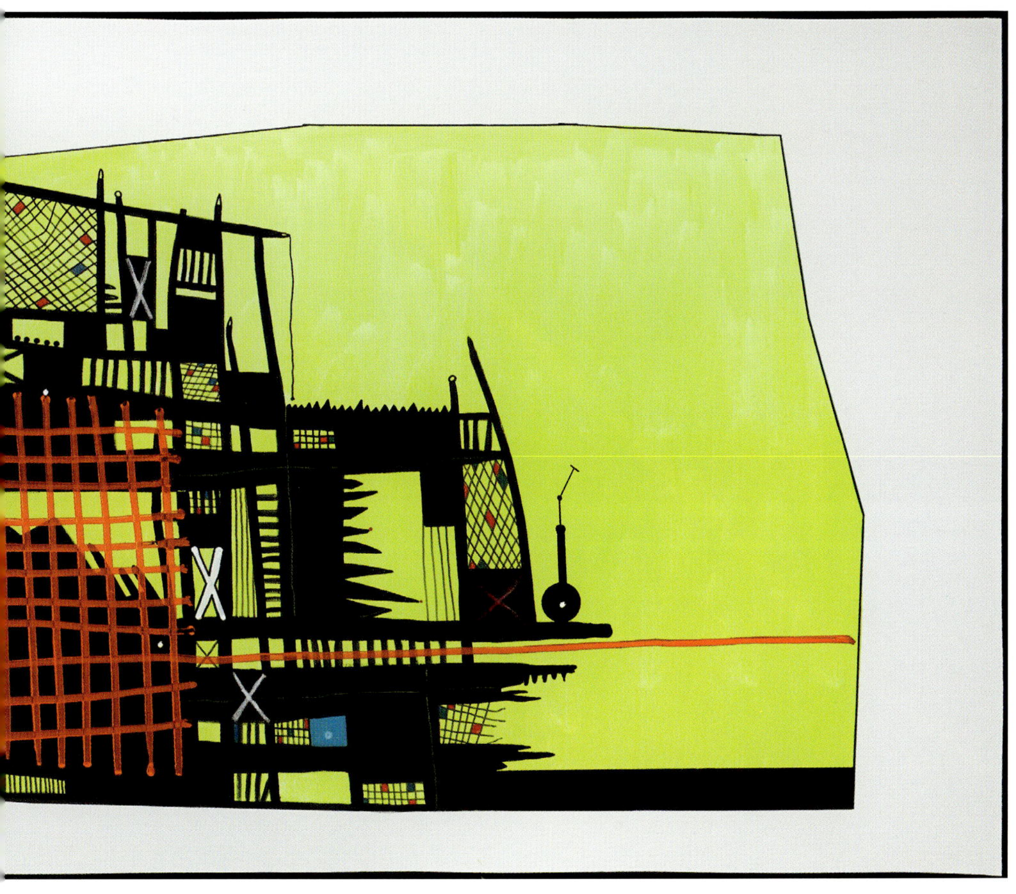

Benghazi, 2014
Acrylic on canvas
Acrílico sobre lienzo
48 x 120"
122 x 305 cm

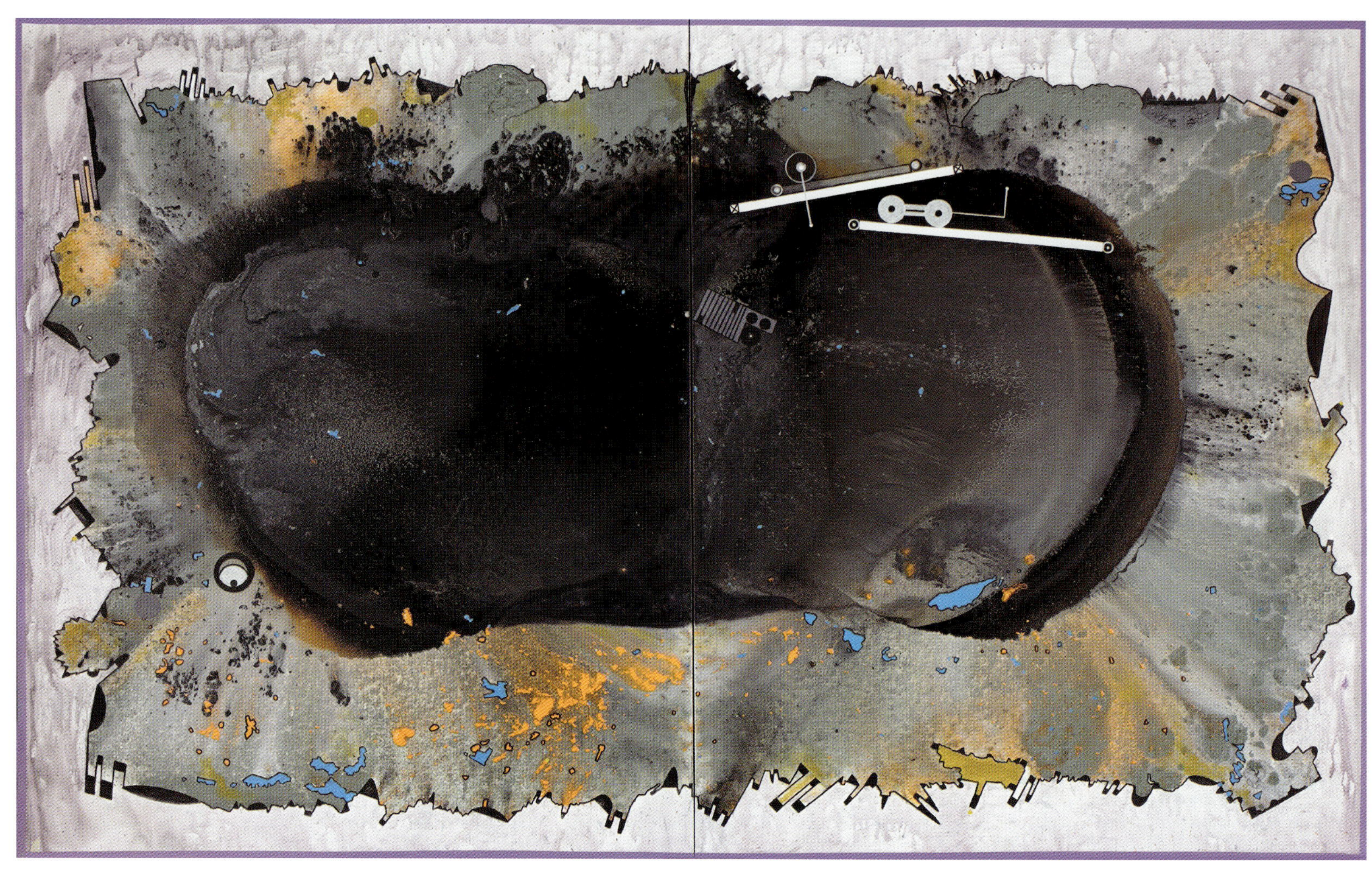

Target-Yemen, 2015
Acrylic on canvas
Acrílico sobre lienzo
60 x 96"
152 x 244 cm

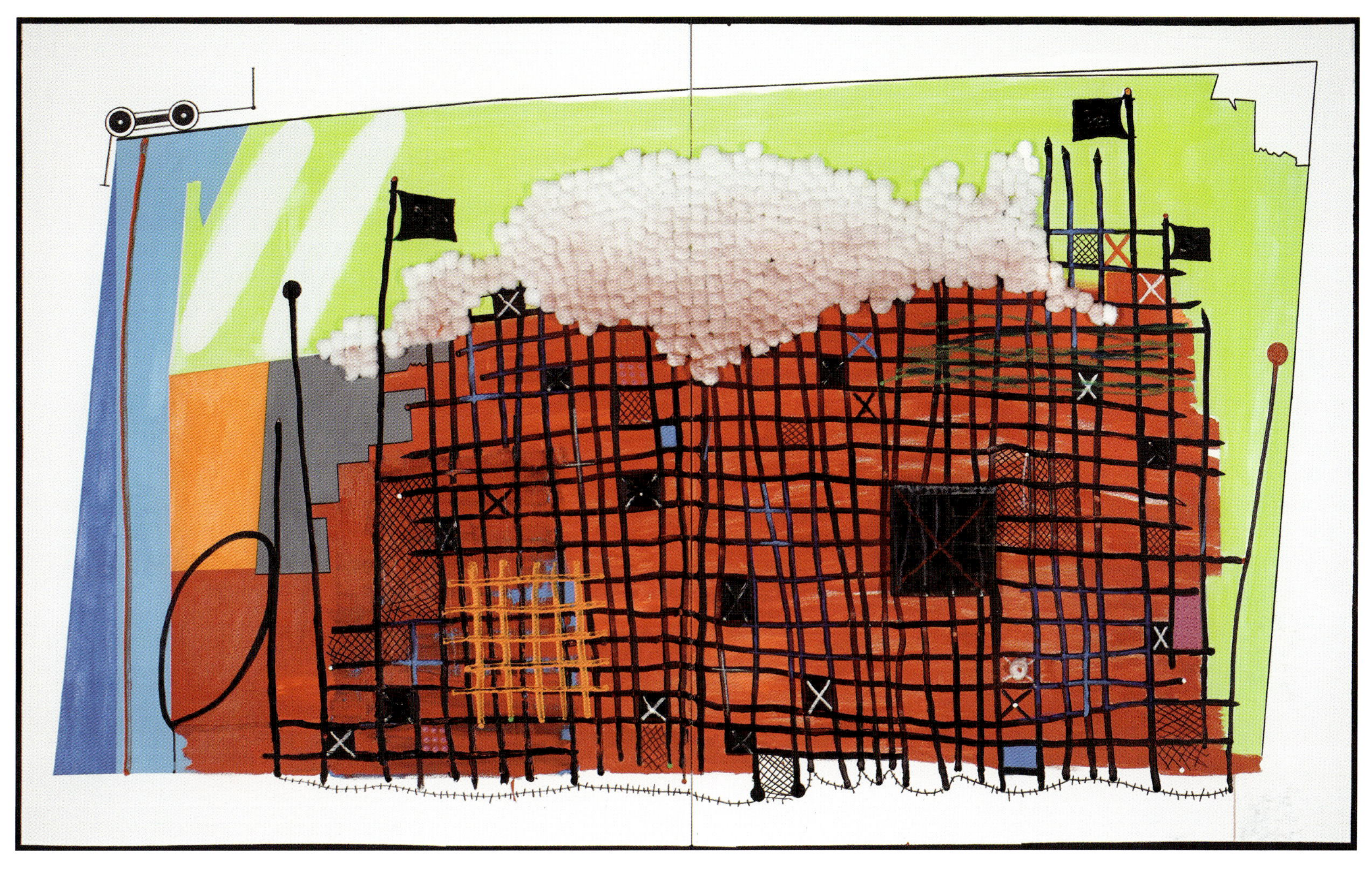

Iraq, 2014
Acrylic, cotton, and cardboard
on canvas
Acrílico, algodón y cartulina
sobre lienzo
60 x 96"
152 x 244 cm

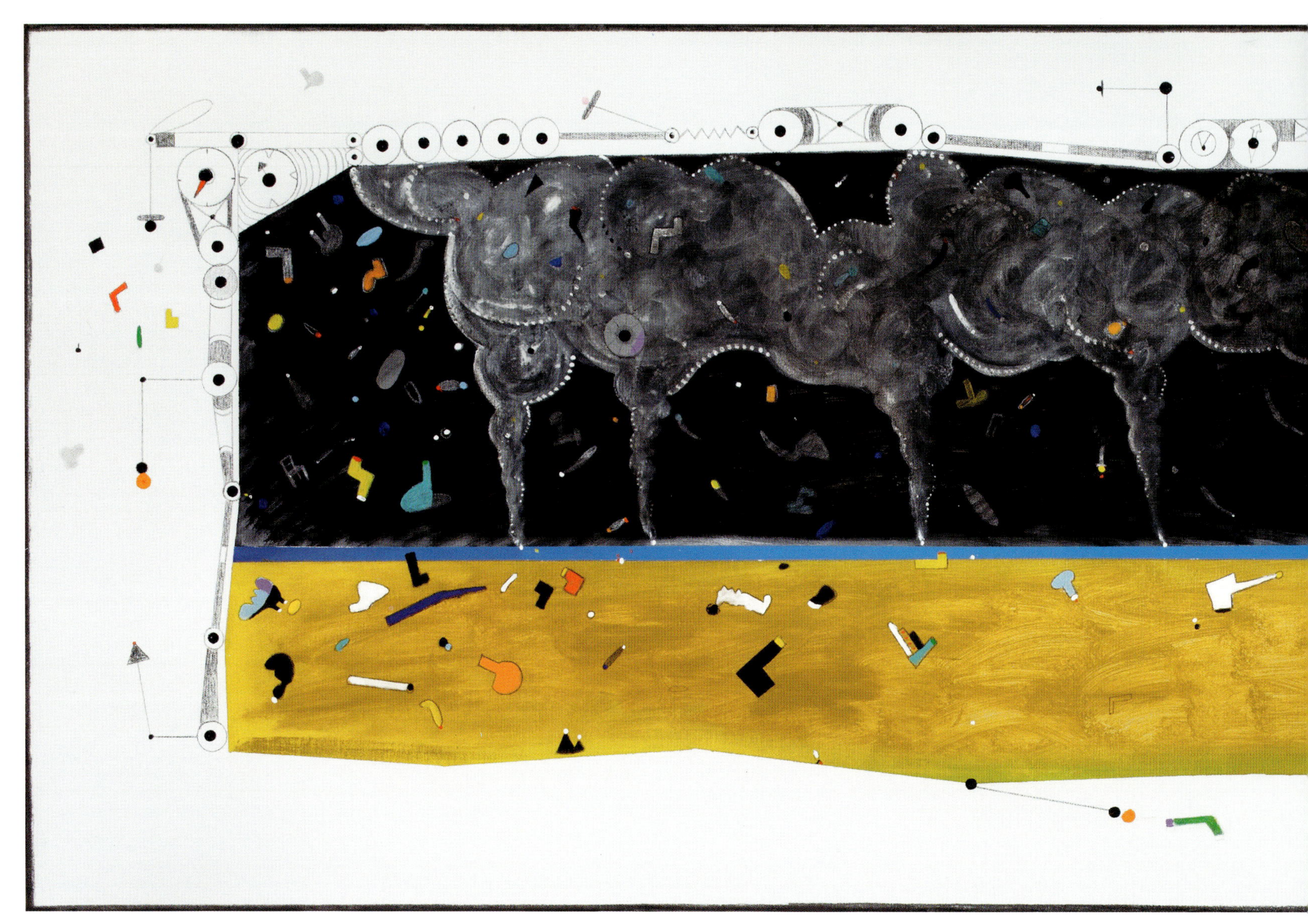

Tornadoes V, 2012
Acrylic and pencil on canvas
Acrílico y lápiz sobre lienzo
24 x 72"
61 x 183 cm
Courtesy of Lyle O. Reitzel Gallery,
New York & Santo Domingo,
Dominican Republic

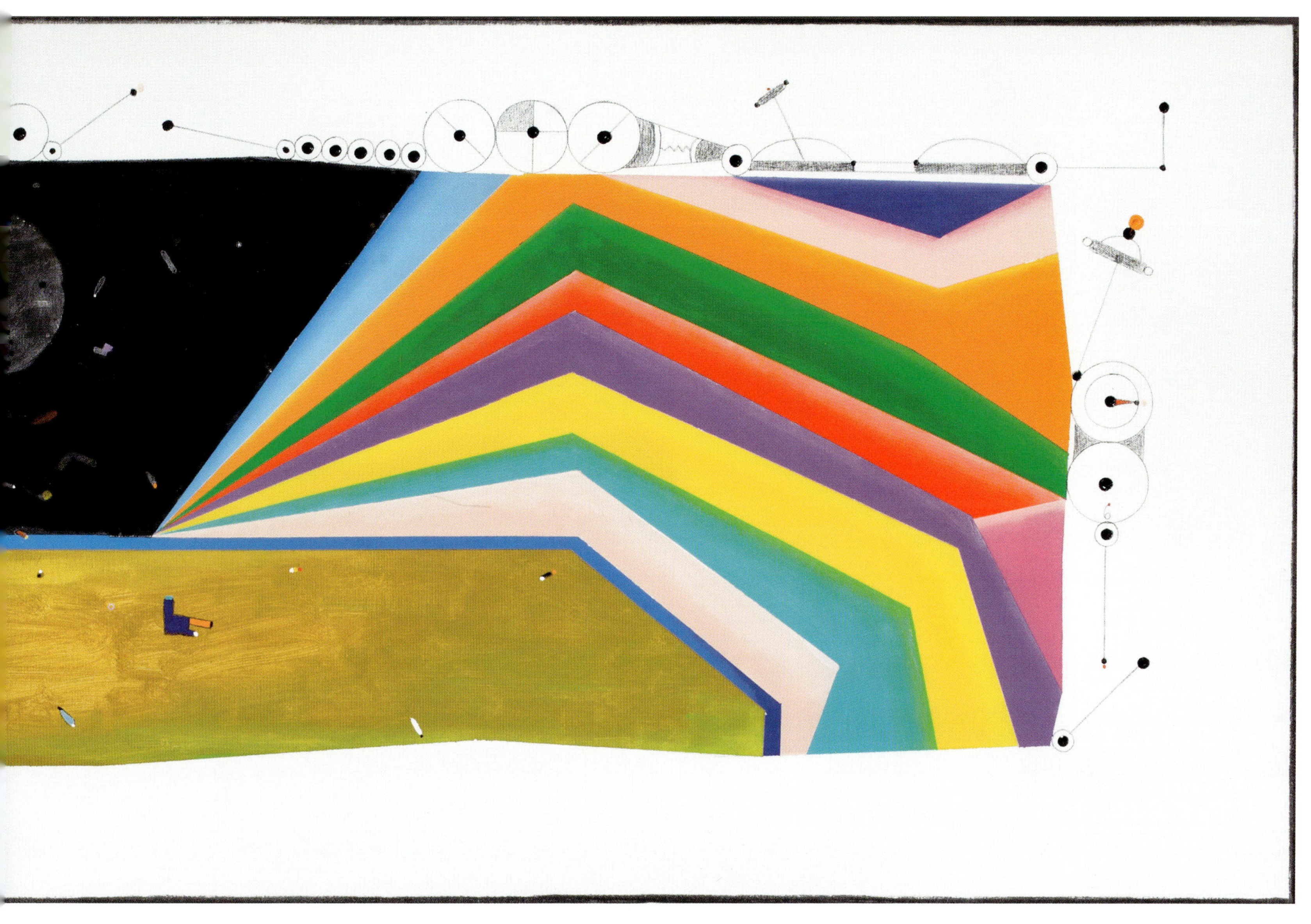

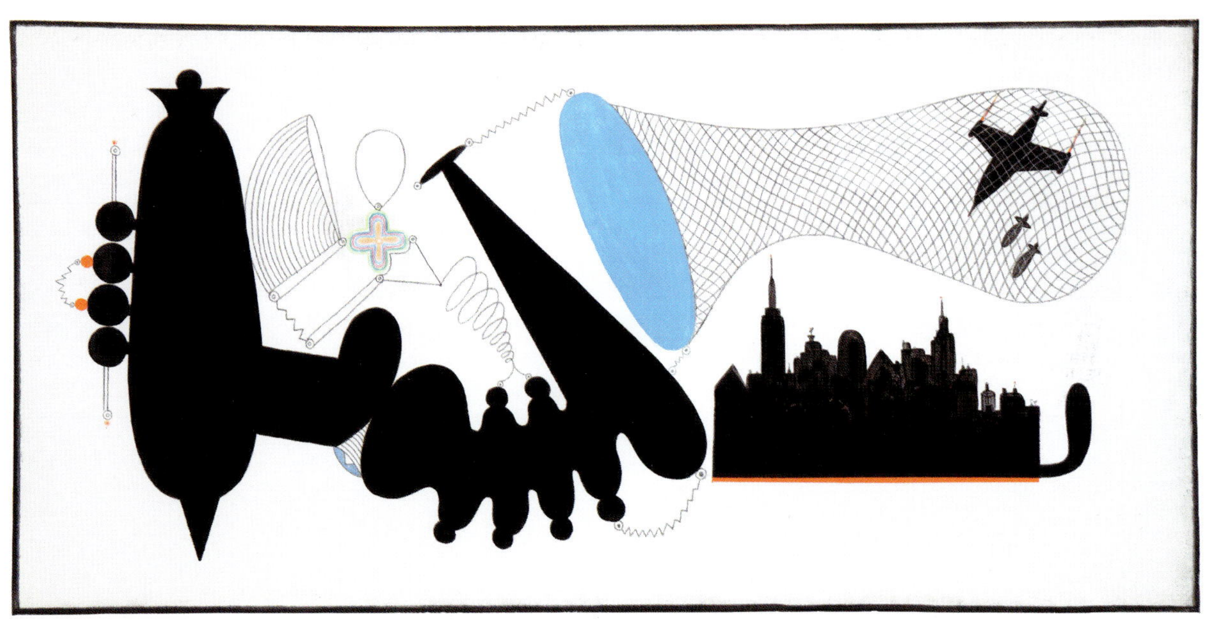

Home Land Security, 2011
Acrylic and pencil on canvas
Acrílico y lápiz sobre lienzo
24 x 48"
61 x 122 cm
Courtesy of Allegro Galeria, Panama

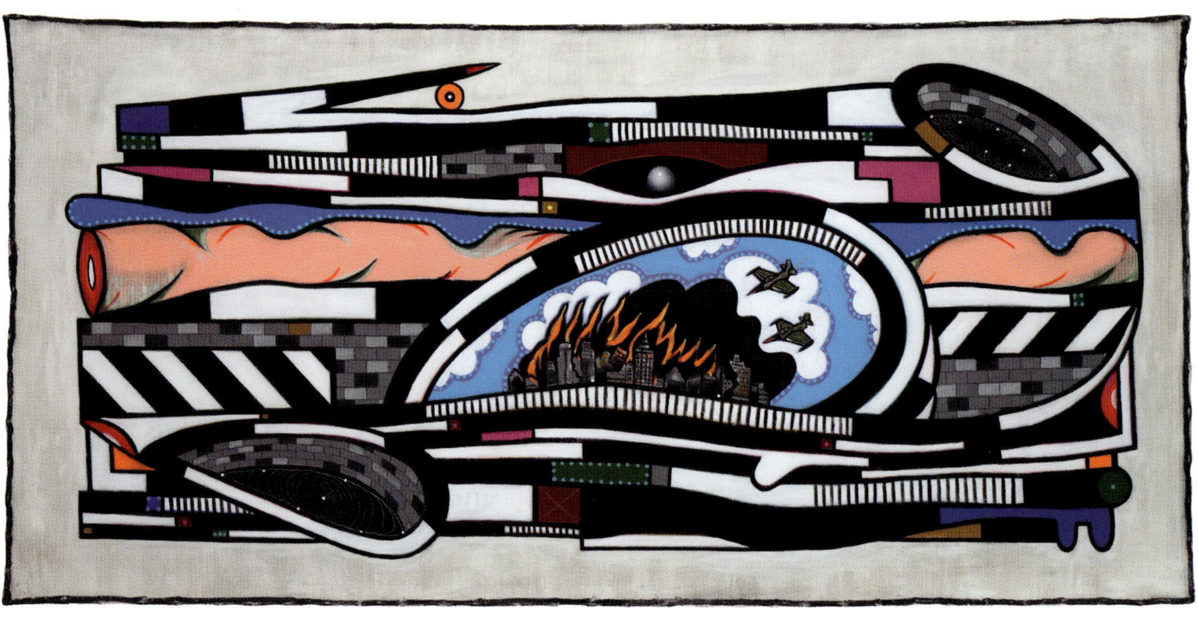

Air Strike 2, 2010
Acrylic and charcoal on canvas
Acrílico y carboncillo sobre lienzo
60 x 120"
152 x 305 cm

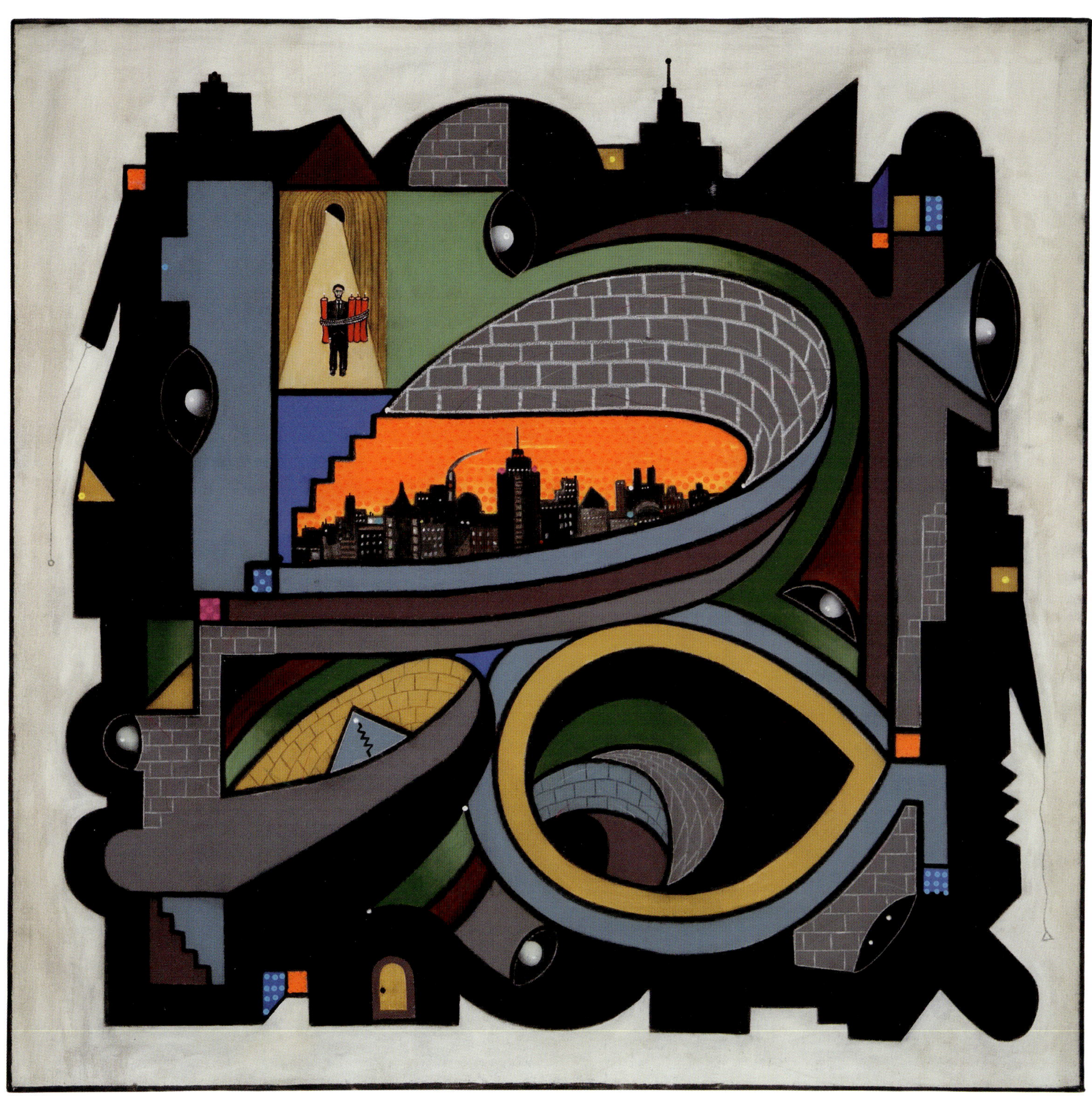

Terrorist II, 2010
Acrylic, charcoal, enamel, and shellac on canvas
Acrílico, carboncillo, esmalte y laca sobre lienzo
72 x 72"
183 x 183 cm

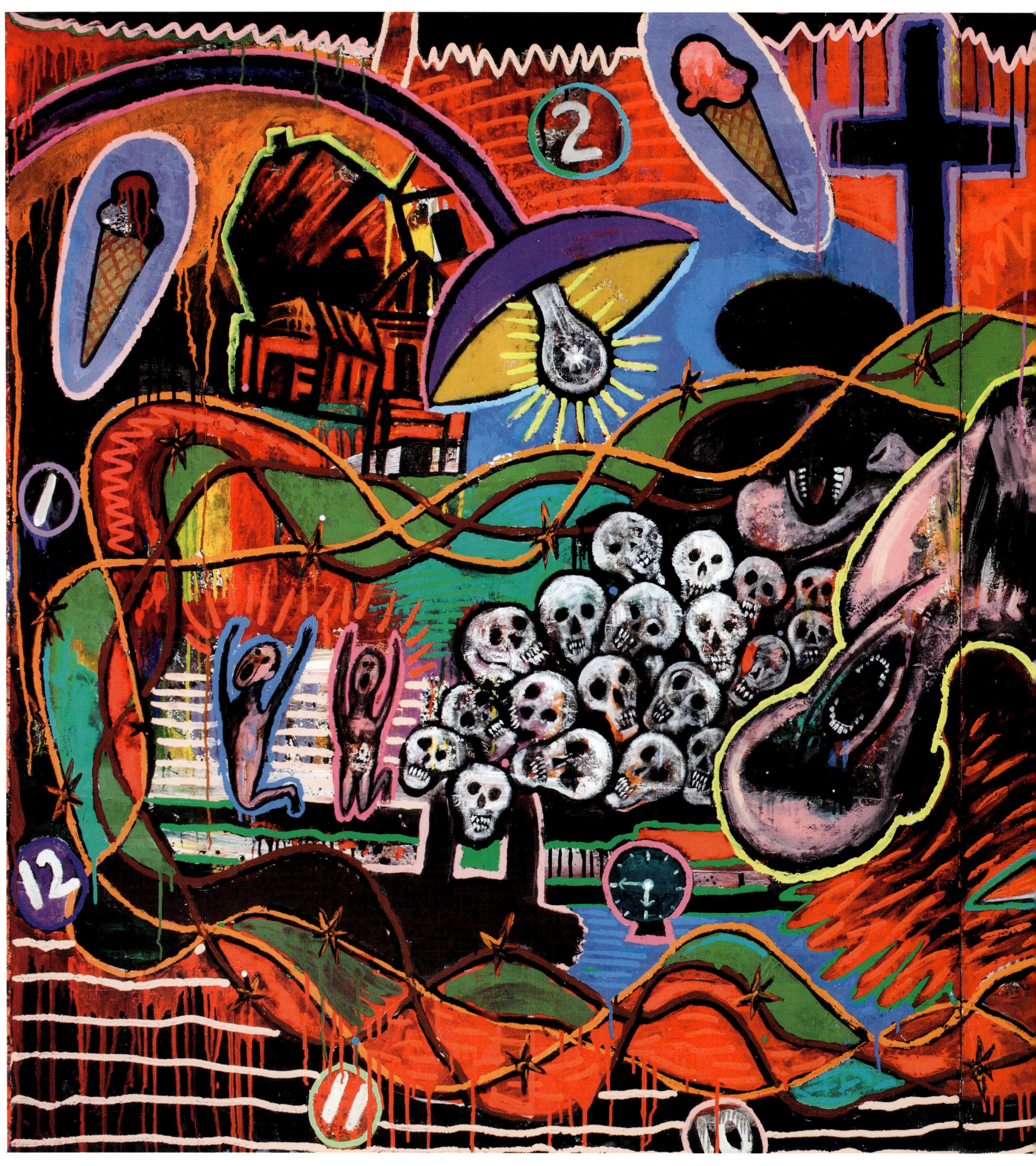

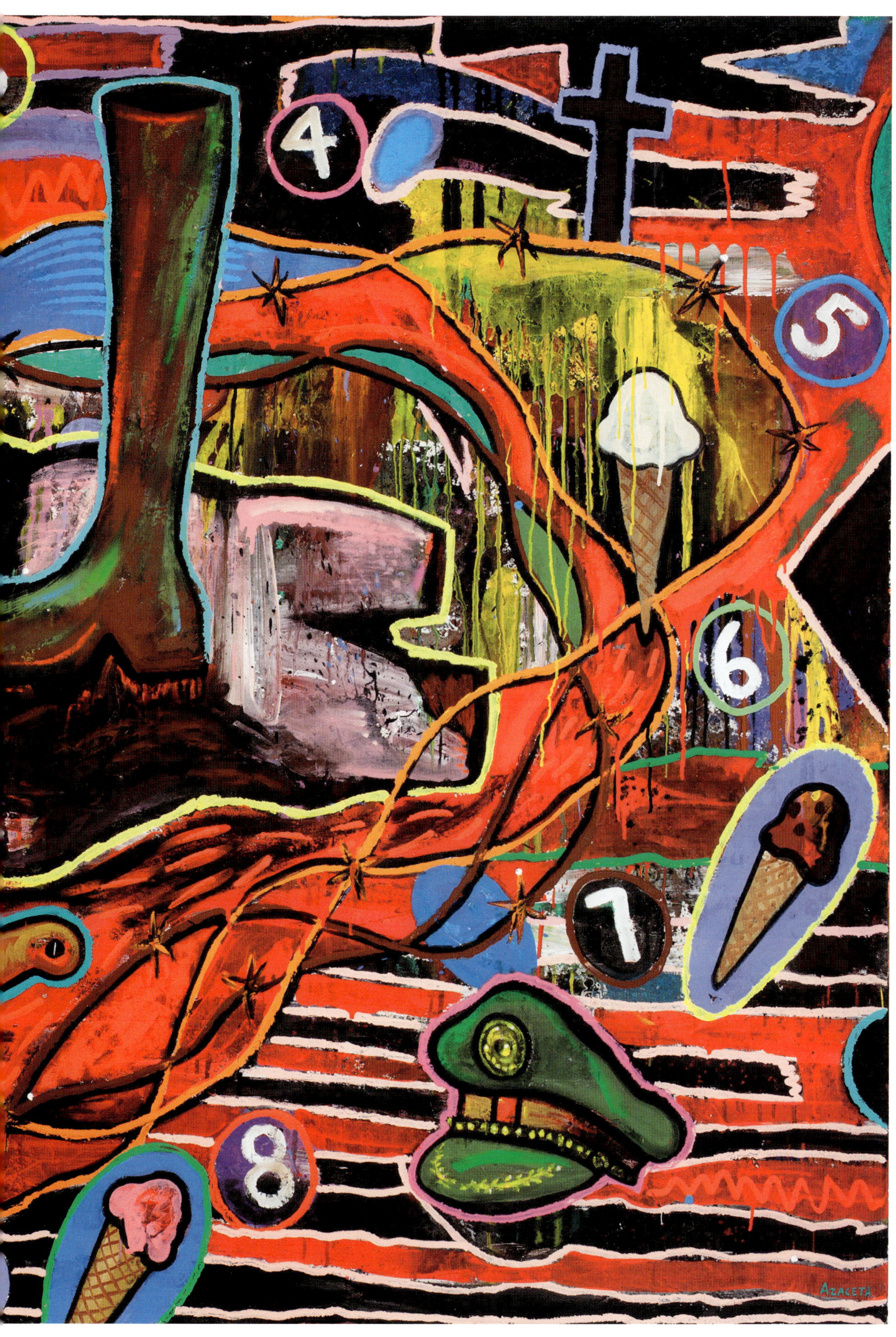

Ice Cream for the Dead, 1987
Acrylic on canvas
Acrílico sobre lienzo
72 x 120"
183 x 305 cm

LCA The *Mariel* boatlift was tremendous. We were able to view that entire exodus/escape in New York on television. And there was great jubilation in the Cuban community, as well as a great deal of hope that the regime would collapse. Once again we were wrong, though. Thousands of Cubans invaded Miami, creating many different problems: how were all these people to be accommodated and assimilated into the country's Cuban community? This experience of *crossing* over in rowboats, motorboats, yachts, etc. provided me with inspiration in many of my works.

No, at that time I had no contact with anyone on the island. No family members, and no intellectuals either.

CAA By the way, one of the rumors I heard in Cuba on a certain occasion is that you had visited the island. Is that true?

LCA I have never returned to Cuba, though I attempted to in 2000. The Museum of New Orleans organized a cultural trip to attend the Havana Biennial, and 25 museum members were given entry permits. I never received the Cuban visa to enter my country, however.

CAA Up to this point, we have been talking about "external forms of violence," to give them a certain name: *balseros*, AIDS, *Mariel*, dictatorships… But what role does the concept of family play in your work? To Azaceta, what does family mean, and how is the world which family creates reflected in your paintings?

The Crossing, 1991
Lithograph
Litografía
29 x 41"
75 x 106 cm
Whitney Museum of American Art,
New York, NY

CAA En 1980 ocurre el éxodo del *Mariel*; sin embargo, sobre la vida cotidiana *inside* Cuba se sabía poco, ya que el gobierno de Castro no permitía «escape» de noticia alguna. ¿Cómo hacías para mantenerte al tanto de lo que sucedía en la isla?

LCA El éxodo del *Mariel* fue apoteósico. Pudimos ver todo ese éxodo-escape en Nueva York por la televisión. Y hubo mucho júbilo en la comunidad cubana, y también mucha esperanza de que el régimen se viniera abajo. Nuevamente estuvimos equivocados. Miles de cubanos invadieron Miami creando muchísimos problemas: ¿cómo acomodar a toda esta gente y asimilarlos a la comunidad cubana en el país? Esta experiencia del *crossing* en botes, lanchas, yates, etcétera, me inspiró muchísimos trabajos.

No, en ese entonces no tenía contacto con nadie en la isla. Ni familiar ni intelectual.

CAA Por cierto, uno de los rumores que escuché cierta vez en Cuba es que habías visitado la isla, ¿cierto?

LCA Nunca he regresado a Cuba, aunque traté en 2000. El Museo de New Orleans organizó un viaje cultural a la Bienal de La Habana y veinticinco miembros del museo recibieron el permiso de entrada, pero yo nunca recibí la visa cubana para entrar a mi país.

CAA Hasta ahora hemos estado hablando de «violencias exteriores», por llamarlas de alguna manera: balseros, SIDA, *Mariel*, dictaduras… Pero, ¿cómo entra el concepto

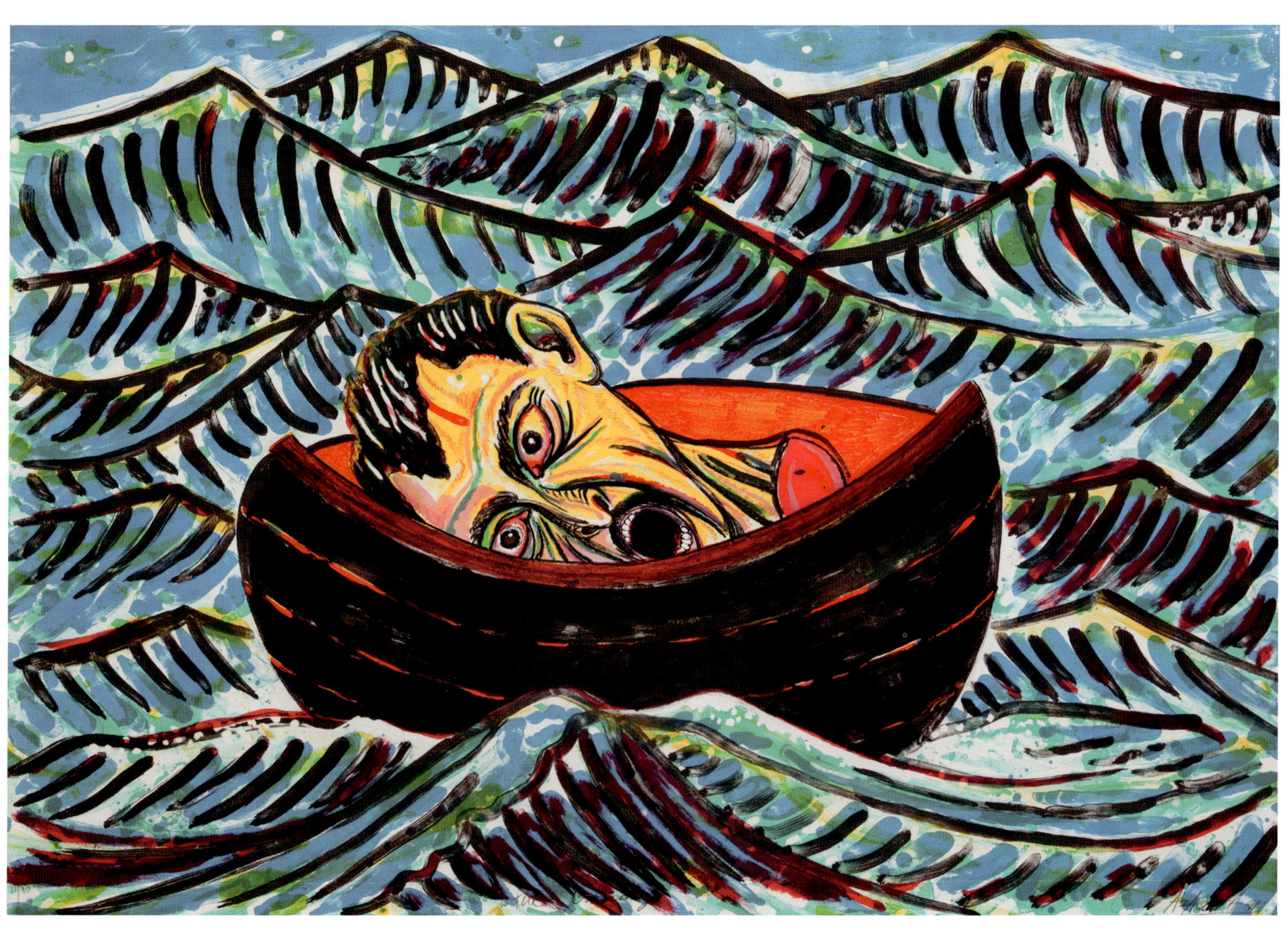

LCA In my art, the concept of family arises out of fear, almost always represented by a man (self-portrait), woman and child in scenes where they are escaping: Something is about to happen! Three figures in a semi-apocalyptic environment: knives falling from the sky, an airplane dropping bombs, everyone fleeing in a boat...

One of my favorite paintings is *Little Superman & Big Tonto*, from 1981. Father and son are in a playful state after separation from the mother and divorce. In 1982, when I met my second wife, Sharon Jacques, at the University of Louisiana in Baton Rouge, I made many erotic paintings. There was no fear in those works; quite the contrary, there was passion, fever and marriage, and we married at the end of that semester and left for New York.

CAA If you had to define exactly where that fear comes from, what would you say?
LCA Fear turns us into creators (we have seen this across the ages). If you contemplate the images painted in the Altamira Caves and other locations, you can see how the artist or artists from 35,000 years ago painted all of those wild animals to provide a visual narration of how they hunted those beasts for nourishment and to defense, having developed weapons to kill and eat, and weapons to defend themselves from wild animals and other groups of men who would come to destroy them and murder them, for centuries.

In my own personal case, what has always aroused fear in me have been my children (I have two: Emile and Dylan, born in 1975 and 1991, respectively): when they

familia en tu obra? ¿Qué es para Azaceta la familia y cómo se refleja «el mundo que ella crea» en sus cuadros?
LCA El concepto familia en mi arte surge del miedo, representado casi siempre por el hombre (autorretrato), mujer e hijo en escenas de escape: ¡Algo va a suceder! Tres figuras en un paisaje medio apocalíptico, cuchillos cayendo del cielo, avión tirando bombas, todos huyendo en un bote...

Una de mis pinturas favoritas es *Little Superman & Big Tonto*, de 1981. Padre e hijo en un estado de juego después de una separación de su mamá y divorcio. Cuando conocí a mi segunda mujer, Sharon Jacques, en 1982, en la Universidad de Louisiana, en Baton Rouge, hice muchos cuadros eróticos. En estas obras no había miedo. Al contrario, había pasión, fiebre y matrimonio, pues a finales de ese semestre nos casamos y nos fuimos a Nueva York.

CAA Si tuvieras que definir exactamente de dónde procede ese miedo, ¿qué dirías?
LCA El miedo nos hace creadores (lo hemos visto a través de los tiempos). Si observamos las imágenes en las cuevas de Altamira y otras partes vemos cómo el artista o los artistas de 35.000 años atrás pintaban todos esos animales salvajes narrando visualmente la cacería de esas bestias para su sustento y defensa, desarrollando a través de los siglos armas para matar y comer y armas para defenderse de los animales salvajes u otros grupos de hombres que vinieran a destruirlos y asesinarlos.

were little, they would get sick; in their teenage years, they would drive cars for the first time and come home late… All those uncertainties create great fear: fear for them, fear for what might happen to them.

Technology has been invented because of fear. Fear has the power to make us heroes or cowards in many situations. Nobody can measure fear. It depends on the moment and how we react at one specific instant. To me, one of the most heroic events of our time occurred in 1989, in China's Tiananmen Square, when one citizen holding a plastic bag in his hand went right up to an army tank and fearlessly confronted it, risking his life. One heroic act to fight for democracy.

CAA In an excellent text, American art critic Rachel Weiss wrote, "Azaceta relived *'the historic role of expressionism as a social and moral force.'*" What does this "moral force" mean to Azaceta?

LCA German Expressionism deals precisely with mankind's moral and social force. My work has reflected this consciousness since the seventies. During that time period, anything moral in the arts was considered old-fashioned, because *art for art's sake* then reigned supreme: art was not supposed to have a moral conscience, but instead an aesthetic awareness, without content or meaning. In seventies New York, there were not many artists working along any other lines (Leon Golub, Peter Saul), and to make a living they had to teach classes at the university or art schools. They were the pioneers of American Neo-expressionism, but they had no support from the people who drive the contemporary art business in the

En mi caso personal, lo que siempre me ha causado miedo han sido mis hijos (tengo dos: Emile y Dylan, nacidos en 1975 y 1991, respectivamente): de pequeños, cuando se enfermaban; de jovenzuelos, manejando autos y llegando tarde a casa… Todas esas incertidumbres crean un gran miedo. Un miedo por ellos, por lo que les pueda pasar.

La tecnología ha sido inventada por el miedo. El miedo tiene la facultad de hacernos héroes o cobardes en muchas situaciones. El miedo no lo podemos medir, depende de un momento y cómo reaccionamos a ese instante. Para mí uno de los eventos más heroicos de nuestro tiempo sucedió en 1989, en Tiananmén, China, cuando un ciudadano llevando una bolsa plástica en la mano confrontó directamente a un tanque militar sin miedo ninguno, arriesgando su vida. Un reto heroico en pos de la democracia.

CAA En un excelente texto, la crítico de arte norteamericana Rachel Weiss escribe: Azaceta revivió *«the historic role of expressionism as a social and moral force»*. ¿Qué significa para Azaceta esta *«moral force»*?

LCA El expresionismo alemán trata precisamente con la fuerza moral y social de la humanidad. Mi obra refleja esta conciencia desde los años setenta. En ese periodo lo moral en las artes era considerado como retrógrado, ya que el *«art for art's sake»* era lo que imperaba: el arte no tenía que tener una conciencia moral, sino una conciencia estética, sin contenido o significado. En el Nueva York de la década de los setenta no había muchos

United States. Neo-expressionism came about in New York because of an influx of great German and Italian painters, who rolled in like an avalanche, with very powerful painting that had unbelievable moral, social, political and historical content. Rachel Weiss, John Yau, Gerardo Mosquera, Iván de la Nuez, Robert Hughes and many others have defended my work, because they know art has to be built over a moral and aesthetic foundation in order to create a consciousness which reflects humanity.

CAA If one looks closely at your work, you can see there are many different subject areas: *balseros*, AIDS, family, man-beasts, dictators, labyrinths, beheadings, death records… Which of these areas, in your opinion, is the one that best explains what you have constructed up to now?

LCA In my art, I explore different topics and different styles, whether figurative or abstract. There are no differences. One is no better than the other. The essence lies in creating something meaningful that reflects our condition, and for the content to fit in with the aesthetics (so they form a small essence, a little piece of reality). The topic of the *balseros*, for example is a theme that touches me very deeply because of our everyday reality in Cuba. The *balsero* is an archetype of the man who sets off into the sea with nothing but the clothes on his back, risking it all, leaving behind family and friends, in search of a new life. It is like playing Russian roulette. The Cuban *balsero* is the Greek Icarus, an Icarus with oars instead of wings, searching for freedom. Epitome of the existential!

artistas trabajando en esa línea (Leon Golub, Peter Saul), y para mantenerse tenían que enseñar en la universidad o en escuelas de arte. Ellos fueron pioneros del neo-expresionismo norteamericano, pero no tenían apoyo de las personas que se mueven en el negocio del arte contemporáneo en Estados Unidos. El neo-expresionismo surge en Nueva York por la invasión de grandes pintores alemanes e italianos que llegaron como una avalancha y con una pintura muy fuerte y de un contenido moral, social, político e histórico increíble. Rachel Weiss, John Yau, Gerardo Mosquera, Iván de la Nuez, Robert Hughes y otros más han defendido mi obra porque saben que el arte tiene que tener un fondo moral y estético para crear una conciencia que refleje la humanidad.

CAA Si observamos con detenimiento tu obra, vemos que hay muchas zonas diferentes: balseros, sida, familia, hombres-bestias, dictadores, laberintos, cabezas cortadas, catastros de muertos… ¿Cuál de estas zonas es para ti la que mejor explica lo que has construido hasta ahora?

LCA En mi arte yo exploro diferentes temas y diferentes estilos, figurativos o abstractos. No hay diferencias. Uno no es mejor que el otro. La cuestión es crear algo significativo que refleje nuestra condición y que el contenido vaya con la estética (que formen una pequeña esencia, un pedacito de realidad). El tema de los balseros, por ejemplo, es un tema que me toca muy profundo, debido a nuestra cotidianidad cubana. El balsero es un arquetipo del hombre que se lanza al mar sin recursos, arriesgándolo todo, dejan-

CAA Now that you mention this, I would like to ask you a question I have been wanting to ask for a long time: outside of the world of plastic arts, who are the people that have left the greatest mark on you? Would you have liked to work with anyone in particular?

LCA I do not believe I have felt any direct or conscious influence from philosophers, musicians, writers or filmmakers. We undoubtedly live surrounded by all of these ideas which open up paths for understanding and improving our lives and moving forward. As artists, we also attempt to contribute with ideas, beauty and compassion to help make mankind better. However, I would not say that I feel especially influenced by any one of them specifically. Of course, there are many who have given me enjoyment with their stories, whether on paper or on film.

Scorsese, for instance, with his urban violence and the family drama in organized crime. Woody Allen, because of his obsession, paranoia and passion for New York and its beautiful young women. The filmmaker with whom I would have liked to work, though, even if just painting the walls in a scene from his movies, is Mexico's González Iñárritu. In his films, he has demonstrated great talent, the exploration of limitless existence. In fifteen years, he has managed to create such profound dramas as *Amores perros*, *21 gramos*, *Babel*, *Biutiful* and his latest work, which I consider a masterpiece, *Birdman*.

As for writers, I will mention just one, because there are so many to choose from. When I read the work/novel *2666* by Chile's Roberto Bolaño I was fascinated by how his narration moved forward without looking back—he grips his characters and then lets

do familiares y amigos atrás, buscando una nueva vida. Es como jugar a la ruleta rusa. El balsero cubano es el Ícaro griego. Un Ícaro con remos en vez de alas en busca de la libertad. ¡El verdadero existencial!

CAA Ahora que dices esto, te hago una pregunta que quería hacerte desde hace tiempo: fuera del mundo de la plástica, ¿quiénes han sido los que más te han marcado? ¿Te hubiera gustado trabajar especialmente con alguien?

LCA Yo no creo que haya tenido una influencia directa o consciente de filósofos, músicos, escritores o cineastas. Indiscutiblemente vivimos rodeados de todas estas ideas que nos abren el camino para entender y mejorar nuestra condición y seguir adelante, tratando como artista también de contribuir con ideas, belleza y compasión a una humanidad mejor. Pero no diría que estoy influido por alguno en especial. Ahora, por supuesto que tengo muchos que me han hecho gozar sus historias, ya sea en el papel o el celuloide.

Scorsese, por ejemplo, por la violencia urbana y el drama familiar del crimen organizado. Woody Allen, por su obsesión, paranoia, y su pasión por Nueva York y sus mujeres jóvenes y bellas. Pero el cineasta con el cual me hubiera gustado trabajar, aunque sea pintándole las paredes de una escena, es el mexicano González Iñárritu. Ha demostrado en sus películas un gran talento, una exploración del ser sin límites. En quince años ha logrado unos dramas profundos con *Amores perros*, *21 gramos*, *Babel*, *Biutiful* y, su última, que considero una obra maestra, *Birdman*.

go of them, and they never appear again after that—, like in life itself: the university professors search for an Austrian writer who has won the Nobel Prize (if I remember right), but he has vanished. Nobody has heard from him. Then we come across him again around page 900-and-something. What could my contribution have been if I had worked with Bolaño? I don't know. Illustrating the women who disappeared or were murdered on the outskirts of Juárez, along the border with the United States? Designing the cover for one of his books? Advising him not to smoke so much? Painting a portrait of him?

CAA Well, let's say you had the opportunity to make one single drawing to illustrate *2666*. A drawing that summarized your reading of his work…
LCA To me what summarizes *2666* would be the clothesline with a book hanging from a noose in the garden patio in Amalfitano. A clothesline with a rotting wooden fence whose paint is flaking off behind it.

CAA Two of the things which most surprise me in your work, especially as of the nineties, is that abstraction gradually takes over a greater space, or an idea of the abstract which is not greatly distanced from the figurative, because it oftentimes refers to narrations or even labyrinths; and also the way in which the idea of the city has "evolved" in your imaginary: like a model, an endless Möbius strip.
LCA In abstract work, I find my space for exploring forms, spaces, color, textures and fragmentations. In my case, I see no differences between the figurative and the abstract. I use abstraction as a socio-political vehicle, as I have done with fig-

De los escritores voy a mencionar uno, ya que hay muchísimos. Cuando leí la obra-novela *2666* del chileno Roberto Bolaño quedé fascinado en cómo su narración avanzaba sin mirar atrás —los personajes los agarra y los suelta y después no aparecen más—, como en la vida misma: los catedráticos en busca del autor austriaco que ha ganado, me parece, el premio Nobel, pero ha desaparecido, nadie sabe de él, y lo encontramos de nuevo por la página novecientos y pico. ¿Cuál habría podido ser mi contribución si hubiera podido trabajar con Bolaño? No sé. ¿Ilustrar las mujeres desaparecidas o asesinadas en los alrededores de Juárez, en la frontera con Estados Unidos? ¿Hacer la cubierta de uno de sus libros? ¿Aconsejarle que no fumara tanto? ¿Hacerle un retrato?

CAA Digamos que tienes la oportunidad de hacer un solo y único dibujo para *2666*. Un dibujo que sintetice tu lectura de la obra…
LCA Para mí lo que sintetiza *2666* es la tendedera con un libro colgando de la soga en el patio-jardín de Amalfitano. Una tendedera con una cerca de madera roída y despintada detrás.

CAA Dos de las cosas que más me sorprenden en tu obra, sobre todo a partir de los años noventa, es que va ganando terreno poco a poco lo abstracto, o una idea de lo abstracto que no se distancia del todo de lo figurativo, ya que muchas veces remite a

urativeness. The figure is more reduced and does not allow you to explore certain forms or exaggerations which the abstract does permit. In many works, I also use an abstract composition, but within that abstraction I place a figurative narration that sometimes produces some bewilderment, and I love that, because I like to place viewers—to a certain extent—in a state of disequilibrium.

CAA What about the city? Has your representation of the city become more ironic and sculptural across time?
LCA The city is a cacophony of noise, traffic, cars, buses, subways, people, hustle and bustle, offices, stores, shoe shops, little eyeglasses to see better, for the sun, for reading, to look cool… The city is the representation of death. People with each other, white and black, Hispanic, Asian, awaiting…

CAA Are you able to work well in both cities (New York and New Orleans) or do you move between the two, precisely in search of what you can only find in one or the other?
LCA I lived in New York for about thirty years, and we have been in New Orleans for twenty-three. The two cities are different. I have always felt like a New Yorker. New York has a lot to offer, including museums, galleries, institutions, art centers. It is the city which has most inspired me as an artist. All my years of training transpired there. My whole family on my mother's side live in New York and New Jersey. Manhattan is an island undergoing metamorphosis and constant urban/architectural changes and trans-

narrativas o incluso laberintos; y también, la manera en que «evolucionó» la idea de ciudad en tu imaginario: como una maqueta, una cinta de Moebius interminable.
LCA En la obra abstracta encuentro mi espacio para explorar formas, espacios, color, texturas, fragmentaciones. En mi caso no veo diferencias entre lo figurativo y lo abstracto. Uso la abstracción como un vehículo social-político, tal y como he hecho con la figuración. La figura es más reducida y no te deja explorar ciertas formas o exageraciones que lo abstracto te permite. En muchas obras también tengo una composición abstracta, pero dentro de esa abstracción meto una narración figurativa que a veces causa cierto desconcierto y eso me encanta, pues me gusta tener al espectador —hasta cierto punto— en un estado de desequilibrio.

CAA Y sobre lo de ciudad, ¿tu representación de la ciudad se ha hecho con el tiempo más irónica y escultórica?
LCA La ciudad es cacofonía de ruidos, tráfico, autos, buses, *subways*, gentes, corre-corre, oficinas, tiendas, zapaterías, espejuelos para ver, para el sol, para leer, para lucir *cool*… La ciudad es la representación de la muerte. Unos con otros, blancos y negros, hispanos, asiáticos, esperando…

CAA ¿Puedes trabajar bien en las dos ciudades (Nueva York y Nueva Orleans) o te mueves entre las dos buscando precisamente lo que no encuentras solo en una?

formations, a city with more and more skyscrapers…Yet at the same time it is cold, indifferent and soul-crushing. That dualism is what makes it interesting and challenges you as an artist. I try to go there two or three times a year to "recharge my batteries."

New Orleans is also a city quite different from the rest of the country, first and foremost because of its diversity and history: the Spanish, French, English, Africans and Americans have come together to create a very peculiar identity. It is a relatively small city compared with many other American cities: Caribbean, Catholic, Democratic and 65–70% African-American. With its Cajun food, jazz and neighborhoods whose houses are all different and come in many exotic colors, it has the best carnival in the United States: *Mardi Gras*. The art scene here is practically provincial, though. There are only five or six serious art galleries, and all the rest are for tourists.

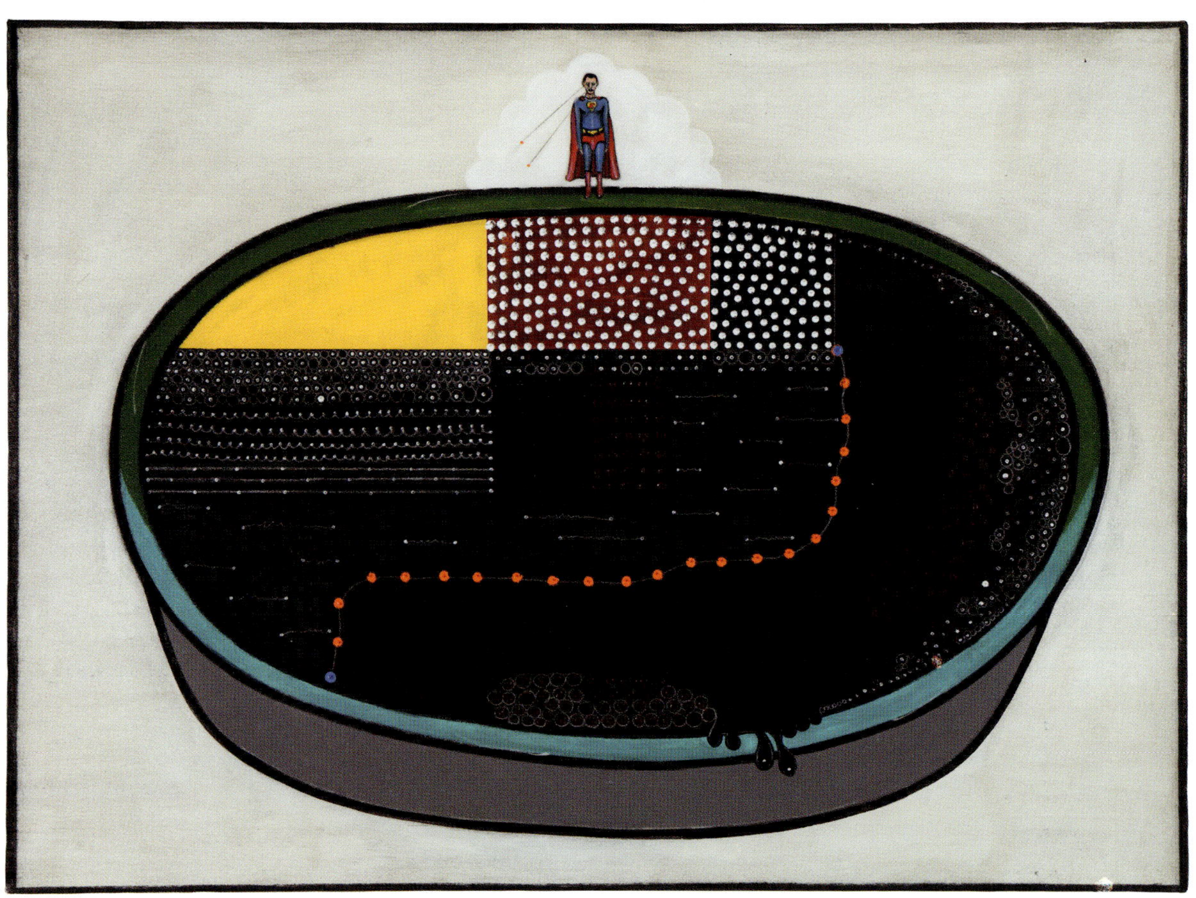

LCA Viví como treinta años en Nueva York y llevamos veintitrés años en Nueva Orleans. Las dos ciudades son diferentes. Siempre me he sentido un «nuyorkino». Nueva York tiene mucho que ofrecer: museos, galerías, instituciones, centros de arte. Es la ciudad que más me ha inspirado como artista. Todos mis años de formación han transcurrido allí. Toda mi familia por parte de madre vive en Nueva York y New Jersey. Manhattan es una isla en metamorfosis y constantes cambios y transformaciones urbano-arquitectónicas. Una ciudad con cada vez más rascacielos…Y por otro lado, fría, indiferente, cruel y aplastante. Esa dualidad es lo interesante y lo que te reta como artista. Trato de ir dos o tres veces al año a cargar baterías.

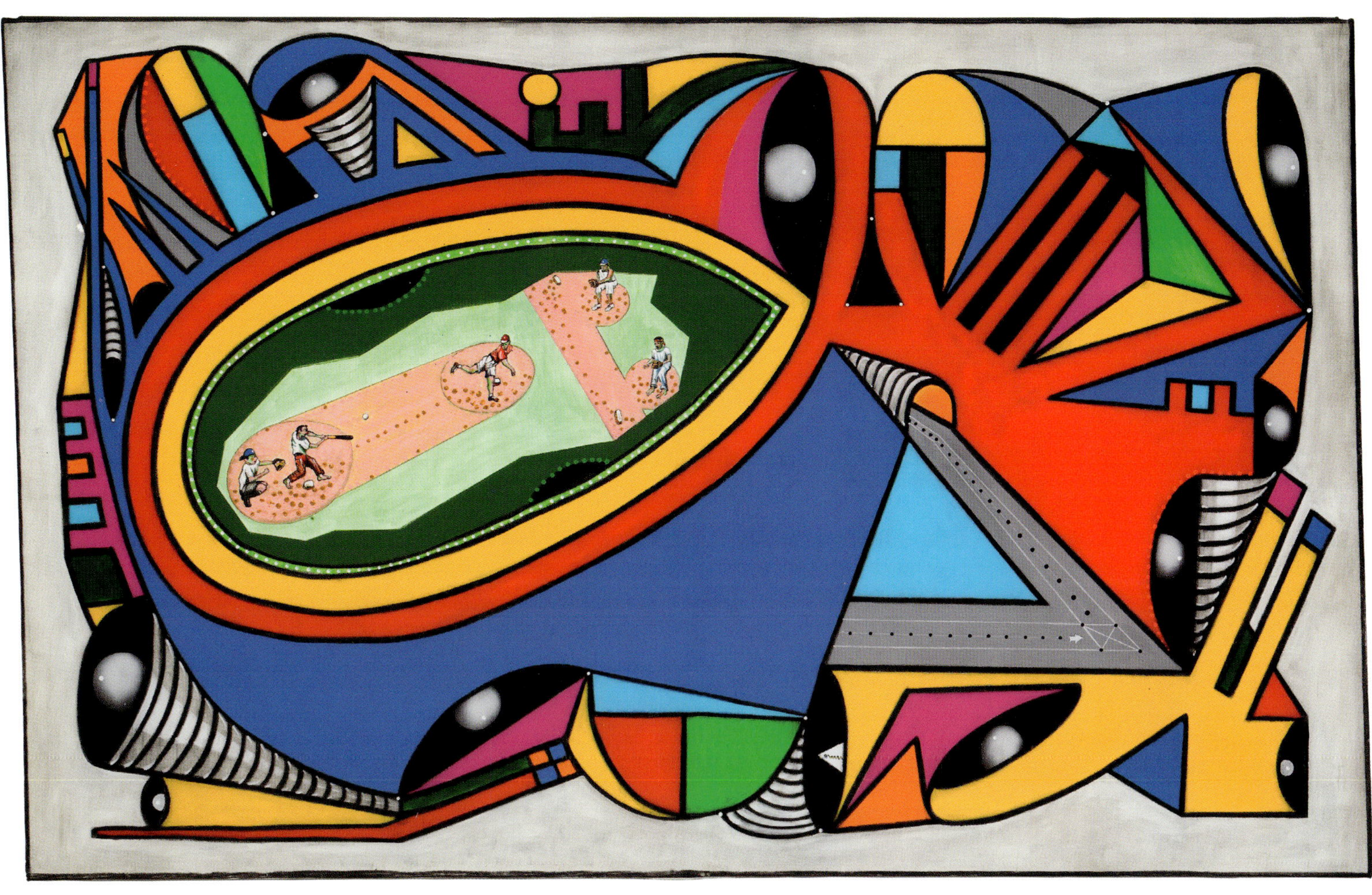

Nueva Orleans es una ciudad también muy diferente al resto del país. Primero por su diversidad e historia: españoles, franceses, ingleses, africanos y americanos, que componen una identidad muy peculiar. Una ciudad relativamente pequeña en relación a otras muchas ciudades americanas: caribeña, católica, demócrata, y en su sesenta y cinco o setenta por ciento afroamericana. Con comidas criollas, *jazz* y vecindarios con casas todas diferentes y de muchos colores exóticos. Con los mejores carnavales de Estados Unidos: el Mardi Gras. Pero el arte aquí es prácticamente provincial. Solo cinco o seis galerías de arte serio, casi todo lo demás es para turistas. No obstante, Nueva Orleans me ha dado la oportunidad de ampliar mi vocabulario visual y ser más experimental, más crudo, más instantáneo, de estar siempre en trance y chiflando bajito en lo que pienso en lo que dijo Toro Sentado: «Hoy es un día bueno para morir».

Después del desastre del huracán Katrina, la ciudad quedó despoblada y parecía un fantasma. En 2008, un crítico de arte y curador que visitaba Nueva Orleans todos los años para el festival de *jazz*, decidió mudarse a la ciudad con la idea de usarla como *stage* para presentar la primera Bienal de Arte en Estados Unidos, que tituló *Prospect 1*. Esa propuesta fue acogida entre otros por la galería de Arthur Roger, que es la que me representa aquí. Ahí expuse *SWEPTAWAY*, es decir, todos los trabajos que había hecho basados en el Katrina: pinturas, fotos, dibujos y construcciones, incluyendo mi acrílico *Museum Plan for New Orleans*, al cual agregué diez dibujos y una cazuela

Ball Game, 2009
Acrylic, charcoal, enamel, and shellac on canvas
Acrílico, carboncillo, esmalte y laca sobre lienzo
72 x 112"
183 x 284 cm
Collection of Mr & Mrs Coleman, New Orleans, LA

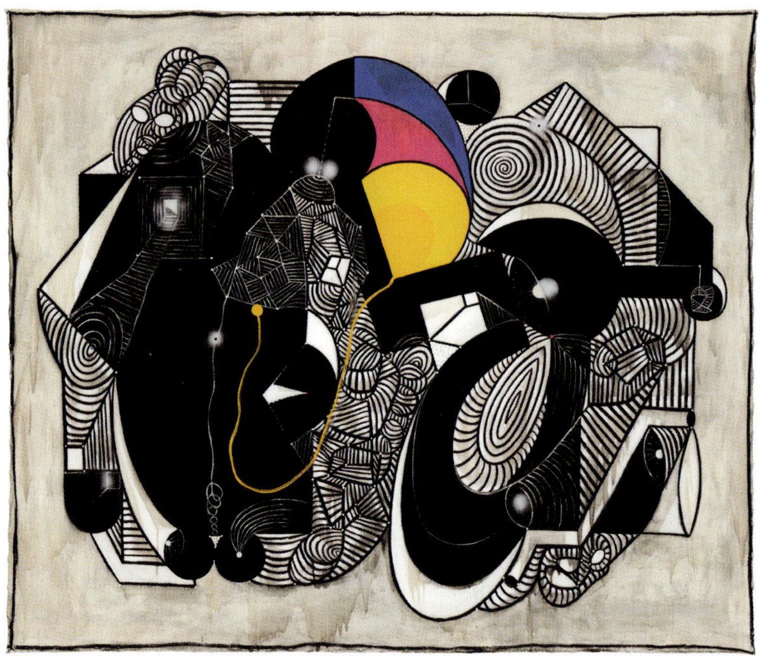

Transit, 2005
Acrylic, charcoal, enamel, and shellac on canvas
Acrílico, carboncillo, esmalte y laca sobre lienzo
98 x 116"
249 x 295 cm

Nevertheless, New Orleans has given me the chance to broaden my visual vocabulary and become more experimental, rawer, more "in the moment," always in a trance while softly whistling what I believe. As Sitting Bull once said, "Today is a good day to die."

After the Hurricane Katrina disaster, the city's population began to vanish and it seemed like a ghost town. In 2008, an art critic and curator who used to visit New Orleans every year for the jazz festival decided to move to the city with the idea of using it as a stage to create the first Art Biennial in the United States, which he named *Prospect 1*. The proposal was warmly welcome by entities like the Arthur Roger Gallery, the gallery that represents me here. That is where I exhibited *SWEPT AWAY*, consisting of all the works I had made which were based on Hurricane Katrina: paintings, photos, drawings andconstructions, including my acrylic painting *Museum Plan for New Orleans*, to which I added ten drawings and a cooking pot with a photo on the bottom. Many people came, all interested in the biennial, but also in witnessing the reconstruction of

con una fotografía en el fondo. Vinieron cantidad de personas, todos muy interesados por la bienal, pero también por ver a Nueva Orleans reconstruyéndose. La labor de Dan Cameron, el curador de la bienal, fue casi heroica. Ubicó la mayoría de los trabajos por toda la ciudad, incluyendo el 9th Ward, un barrio que fue totalmente tragado por el agua. Eso hizo, me parece, que después muchos jóvenes artistas de Nueva York, Chicago, Los Ángeles y otros estados vinieran a vivir y hacer su arte aquí, creando cuatro o cinco galerías alternativas y rivalizando hasta cierto punto con lo ya establecido.

CAA El Katrina fue, si la memoria no me engaña, en 2005. Hasta donde he leído, cuando el huracán ustedes estaban en algún lugar, pero no en Nueva Orleans. Entonces, cuando ven toda esta destrucción, la locura que se desata, ¿qué hacen?, ¿qué es lo primero que piensan?

LCA Yo estaba en Athens, Georgia, donde había aceptado la invitación a ocupar la Lamar Dodd Profesional Art Chair en el departamento de arte de aquella universidad. La acepté solamente por un año, aunque me habían ofrecido tres. Tenía que dar una clase de tres horas a la semana y además disponía de un amplio estudio para hacer mi propio arte. Mi idea era ir y venir a Nueva Orleans cada dos semanas. A los once días de estar allí, Sharon, mi mujer, me llamó por la noche para decirme que las noticias indicaban que el huracán Katrina iría directo a Nueva Orleans con categoría de cuatro

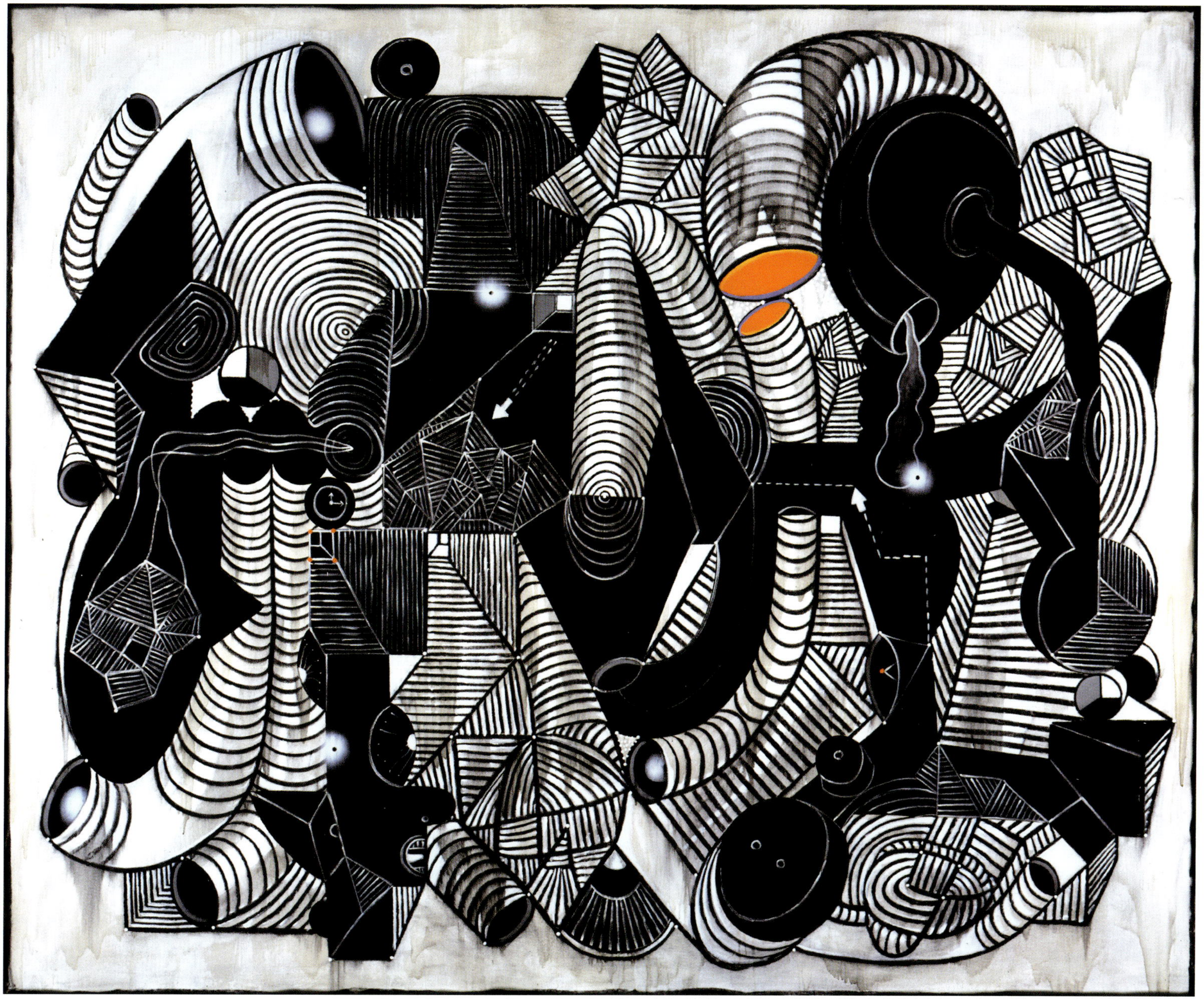

o cinco; un monstruo. Le dije a Sharon que no perdiera tiempo y se fuera a Baton Rouge, donde viven sus hermanos. Se fue a medianoche con nuestro hijo Dylan, su madre Melrose y nuestro perro Ralph, un *basset hound*. Por suerte no había casi tráfico. Allí estuvieron por una semana, pero las condiciones eran horribles: no había casi víveres, los bancos estaban cerrados, las gasolineras vacías. La cosa se había puesto bien mala. Siete semanas después decidí regresar a Nueva Orleans a ver cómo andaba todo. Tan pronto entré en el estado de Louisiana y vi la devastación, las lágrimas se me empezaron a salir,

Urban Complex, 2005
Acrylic, charcoal, enamel, and shellac on canvas
Acrílico, carboncillo, esmalte y laca sobre lienzo
98 x 117"
249 x 297 cm
Private Collection
Colección particular

New Orleans. The work done by Dan Cameron, the biennial's curator, was almost heroic. He placed most of the works throughout the whole city, including the Ninth Ward, a neighborhood which was completely swallowed up by the water. In my view, that eventually got many young artists from New York, Chicago, Los Angeles and other states to come live here and make their art here, setting up four or five alternative galleries which rivaled the former local establishment to a certain degree.

CAA If memory serves me right, Katrina took place in 2005. As far as I have read, when the hurricane hit, you were somewhere else, but not in New Orleans. So, when you saw all that destruction and the madness unleashed, what did you do? What is the first thing you thought?

LCA I happened to be in Athens, Georgia, where I had accepted an invitation to hold the Lamar Dodd Professional Art Chair in the Art Department at that university. I had only accepted for one year, though they had offered me three. I was required to teach classes three hours a week, and I also had a large study to make my own art in. My plan was to come and go from New Orleans once every two weeks. After eleven days there, my wife Sharon called me one night to tell me the news was saying Hurricane Katrina would be headed straight for New Orleans at a category of four or five, a monster. I told Sharon not to waste a minute and to head for Baton Rouge, where her brothers live. She left at midnight with our son Dylan, her mother Melrose and our dog Ralph, a basset hound. Luckily, there was almost no traffic. They stayed there for a week, but the conditions were horrible: there were almost no

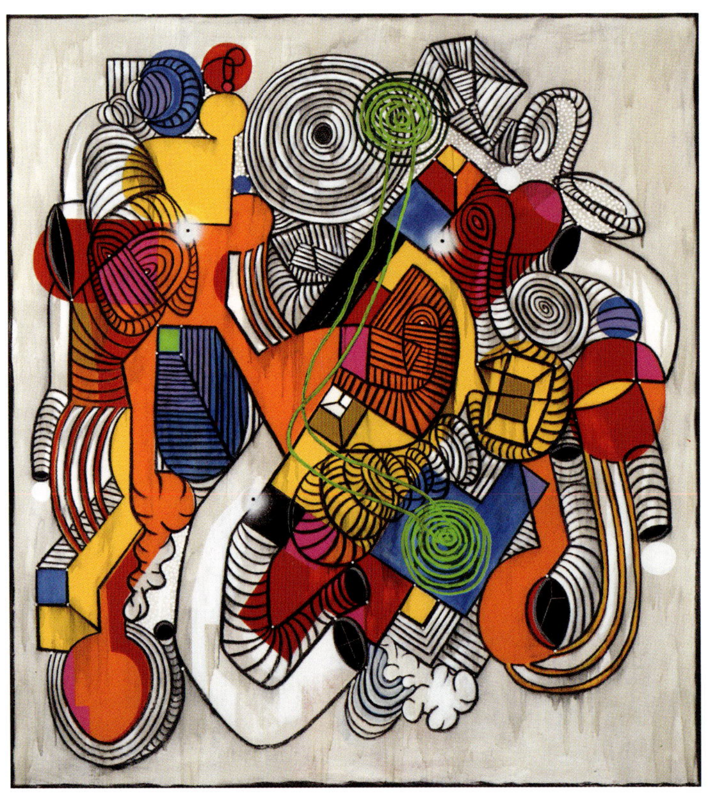

pues era una visión apocalíptica. Además estaba preocupado por mi casa y mi estudio-taller, al que llamo el Búnker, pues es un almacén bien amplio, sin ventanas, y dos puertas de garaje altas. El taller perfecto donde puedo ver veinte pinturas al mismo tiempo. Mi barrio fue el único lugar en toda la ciudad que casi no se inundó debido a que está en la parte más alta de la ciudad. La casa solo perdió la electricidad debido a un árbol, pero poca cosa más. Cuando se aplacó todo, Sharon y Dylan regresaron (en enero), y yo venía cada dos semanas a pasarme varios días aquí con ellos para después regresar en un viaje de ocho horas en auto a dar mis clases y pintar la serie de los *Museum Plans*, en la que estaba trabajando en ese momento.

Frenzy, 2005
Acrylic, charcoal, enamel, and shellac on canvas
Acrílico, carboncillo, esmalte y laca sobre lienzo
95 x 85"
241 x 216 cm
Private Collection
Colección particular

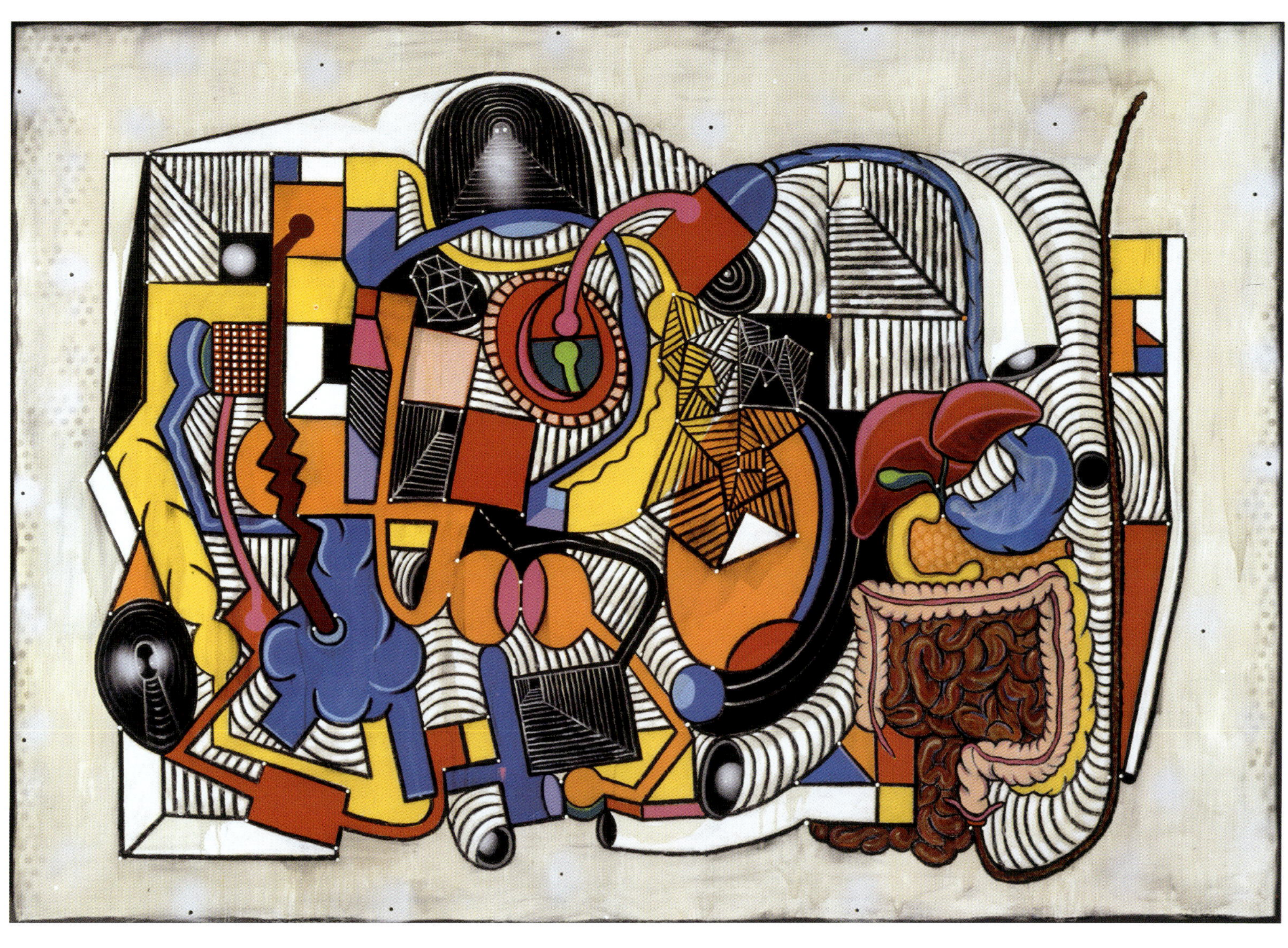

Interior Track, 2005
Acrylic, charcoal, enamel, and shellac
on canvas
Acrílico, carboncillo, esmalte y laca
sobre lienzo
85 x 120"
216 x 305 cm
Private Collection
Colección particular

food supplies, the banks were closed, the gas stations were empty. Things had really taken a turn for the worse. Seven weeks later, I decided to return to New Orleans and check out how things were going. As soon as I entered the state of Louisiana and saw the devastation, tears burst from my eyes, because it was an apocalyptic scene. Plus, I was worried about my house and my workshop-studio, which I call the Bunker, because it is located inside of a large warehouse with no windows and two tall garage doors: the perfect studio where I can look at twenty paintings all at the same time. My neighborhood was the only place in the whole city that suffered almost no flooding, because it is located on higher ground. The house only suffered an electricity

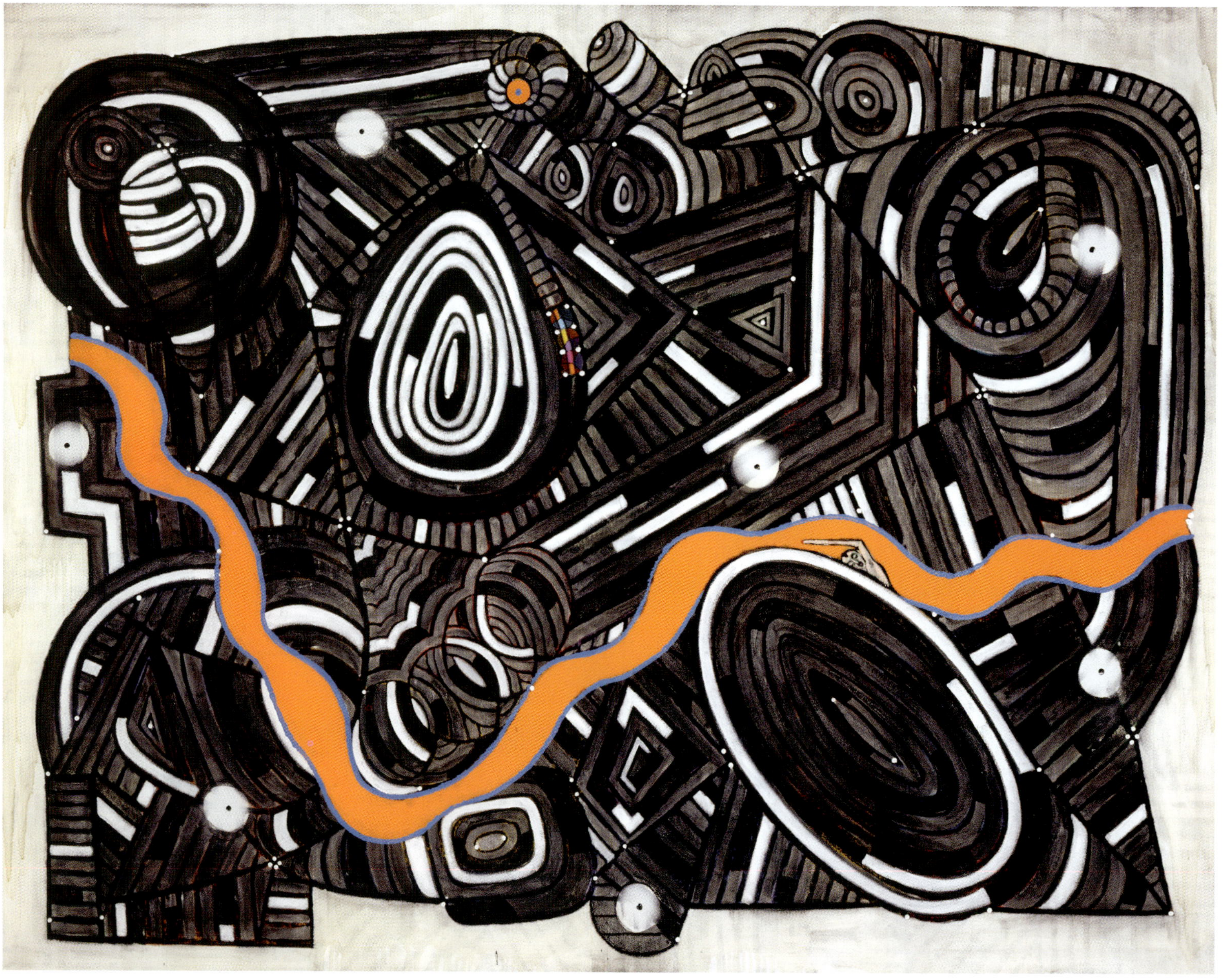

outage due to a fallen tree, but little more. Once everything calmed down, Sharon and Dylan returned (in January), and I would come home every two weeks to spend a few days with them, then returning on an eight-hour car trip to my classes and painting the *Museum Plans* series, on which I was working at that time.

CAA That is exactly what I was about to ask you now. How did the idea for *Museum Plan* come about and when?

LCA The series came about in early 2006. And the idea came to life at a meeting with professors and architects from the University of Georgia about creating a new structure to house every branch of art inside one single building. The professors wanted, and rightly so, a completely different building from those already in existence at the university, a building that would stand out because of its architecture, that would be unlike all those identical objects found on campuses, all homogeneous and traditional. These debates were of great interest, but in the end the university decided to build what was already in the plans: a building resembling all the rest. My idea for this series was to invent museums: museums containing history, ideas, art, culture and education; subject-museums.

CAA In your painting, color (the violence of color) is a philosophy in and of itself. However, there is also a large space that is monochromatic: grey, greenish or, as in the work Whisper, the color of plywood. What does the monochromatic mean in your work? At what time does Azaceta "see" that a work of his should not show color?

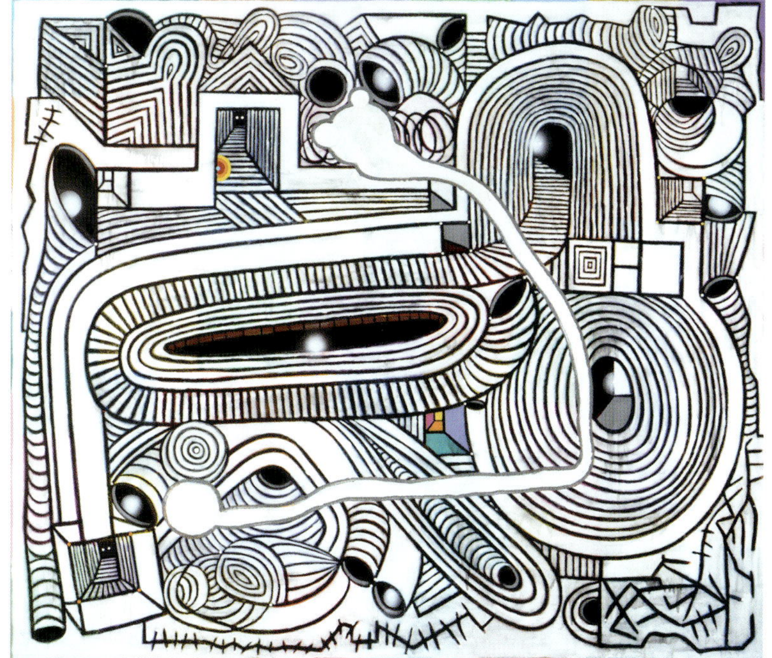

Laberintos, 2004
Acrylic, charcoal, enamel, oil stick, and shellac on canvas
Acrílico, carboncillo, esmalte, óleo en barra y laca sobre lienzo
85 x 96"
216 x 244 cm
Private Collection
Colección particular

CAA Precisamente sobre esto quería preguntarte ahora: ¿Cómo surge la idea de los *Museum Plan*?, ¿cuándo?

LCA La serie surge a principios de 2006. Y la idea nació en una reunión de profesores y arquitectos de la Universidad de Georgia para levantar un nuevo edificio que integrara todas las ramas del arte en una sola construcción. Los profesores querían, con mucha razón, un edificio totalmente diferente a los otros que ya existían en la universidad. Un edificio que se distinguiera por su arquitectura, que no fuera igual a todos esos objetos idénticos que hay en los campus, todos homogéneos, tradicionales. Estos debates fueron muy interesantes, pero al final la universidad decidió hacer lo que ya estaba planeado, esto es, un edificio igual a los otros. Mi idea para esta serie fue inventar museos: museos contenedores de historia, ideas, arte, cultura y educación; museos-sujeto.

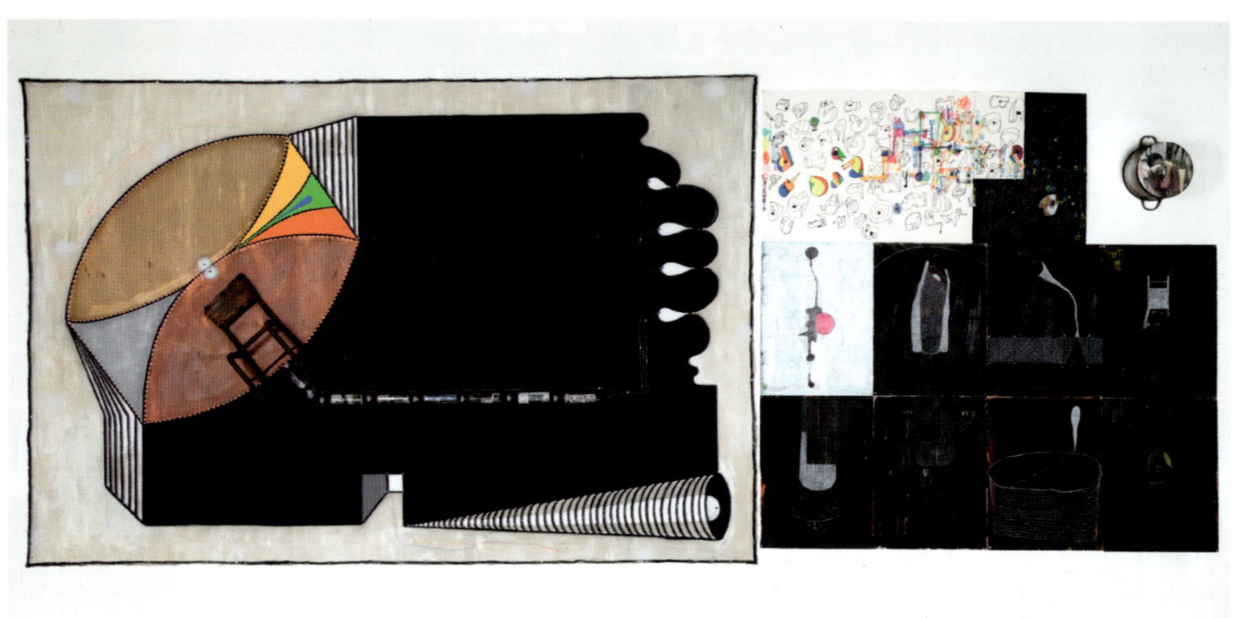

Museum Plan for New Orleans, 2006
Mixed media on canvas, paper, and metal
Técnica mixta sobre lienzo, papel y metal
84 x 232 x 12"
213 x 589 x 32 cm
The New Orleans Museum of Art, New Orleans, LA
Courtesy of Arthur Roger Gallery in New Orleans, LA

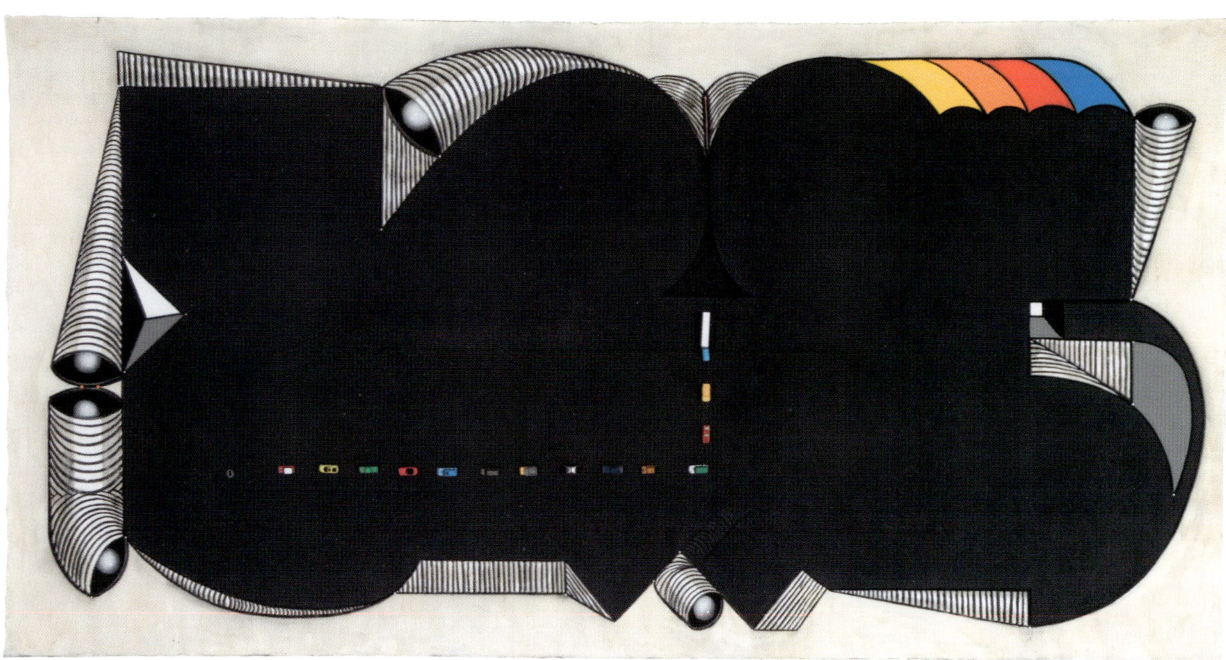

Museum Plan for NYC, 2006
Acrylic, charcoal, enamel, and toy cars on canvas
Acrílico, carboncillo, esmalte y coches de juguetes sobre lienzo
99 x 190"
251 x 483 cm

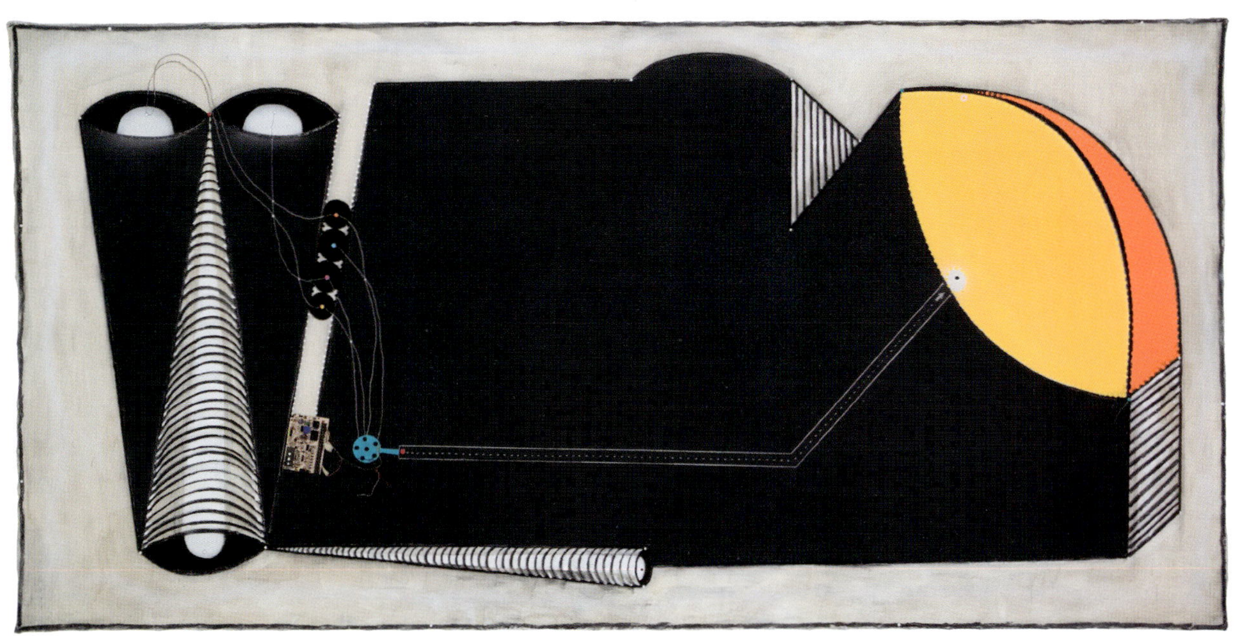

Museum Plan for Edison, 2006
Acrylic, charcoal, and attachments on canvas
Acrílico, carboncillo y aditamentos sobre lienzo
72 x 144"
183 x 366 cm

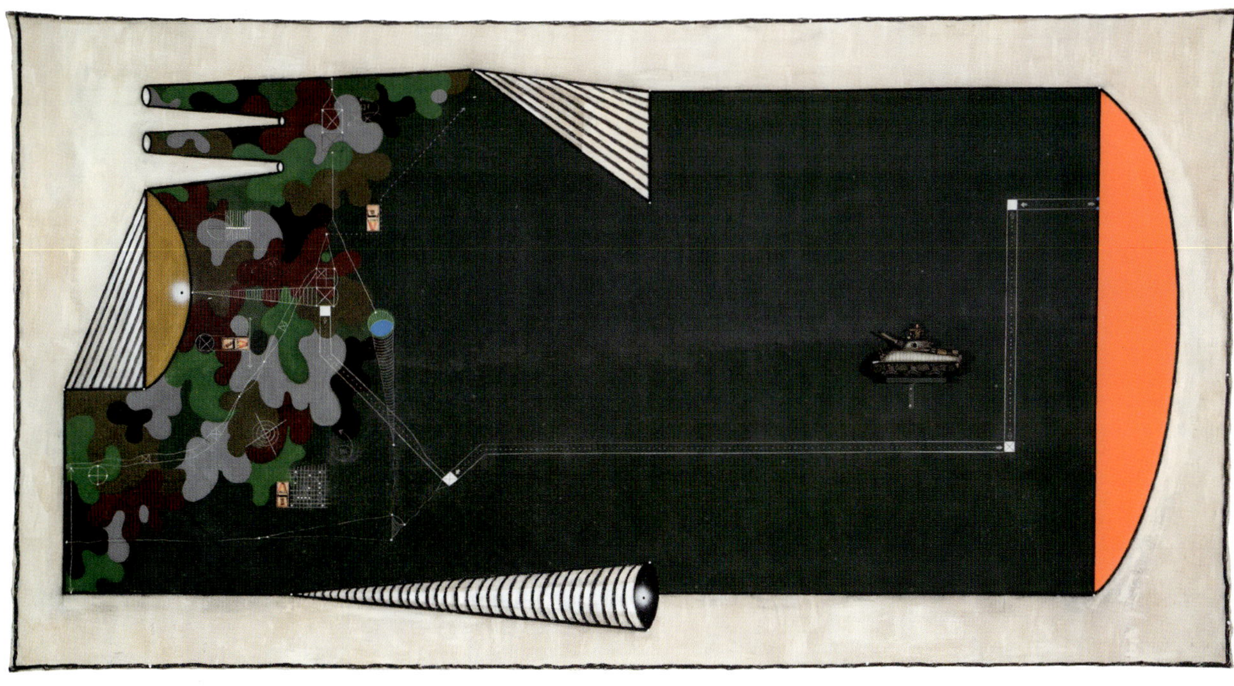

Strategic Museum Plan for Baghdad, 2006
Acrylic, charcoal, enamel, toy tank, shelf, mouse traps,
and shellac on canvas
Acrílico, carboncillo, esmalte, bidón de juguete, trampas
de ratón y laca sobre lienzo
96 x 179"
244 x 455 cm

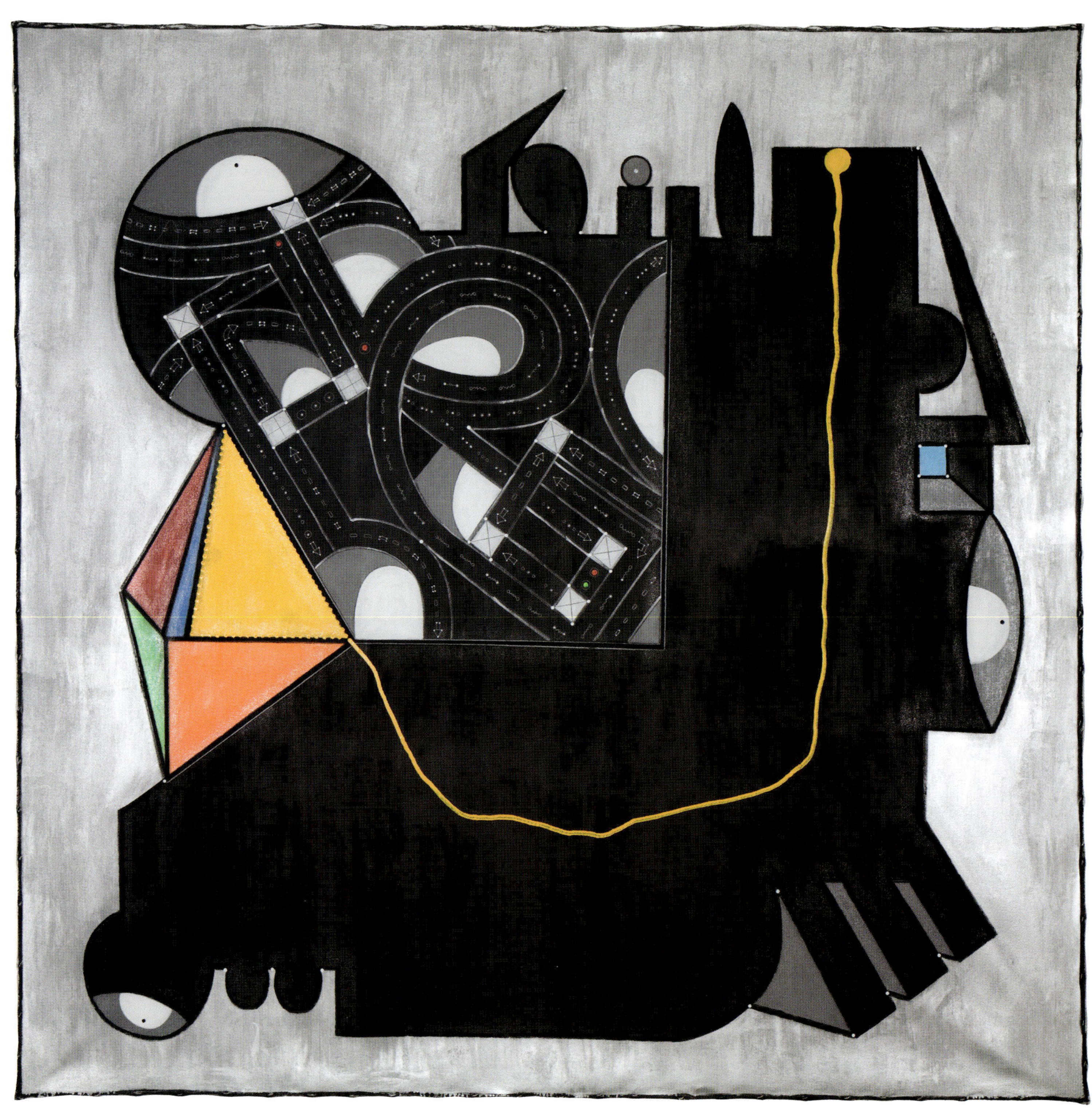

Museum Plan for Travel, 2008
Acrylic, charcoal, and enamel on canvas
Acrílico, carboncillo y esmalte sobre lienzo
96 x 96"
244 x 244 cm

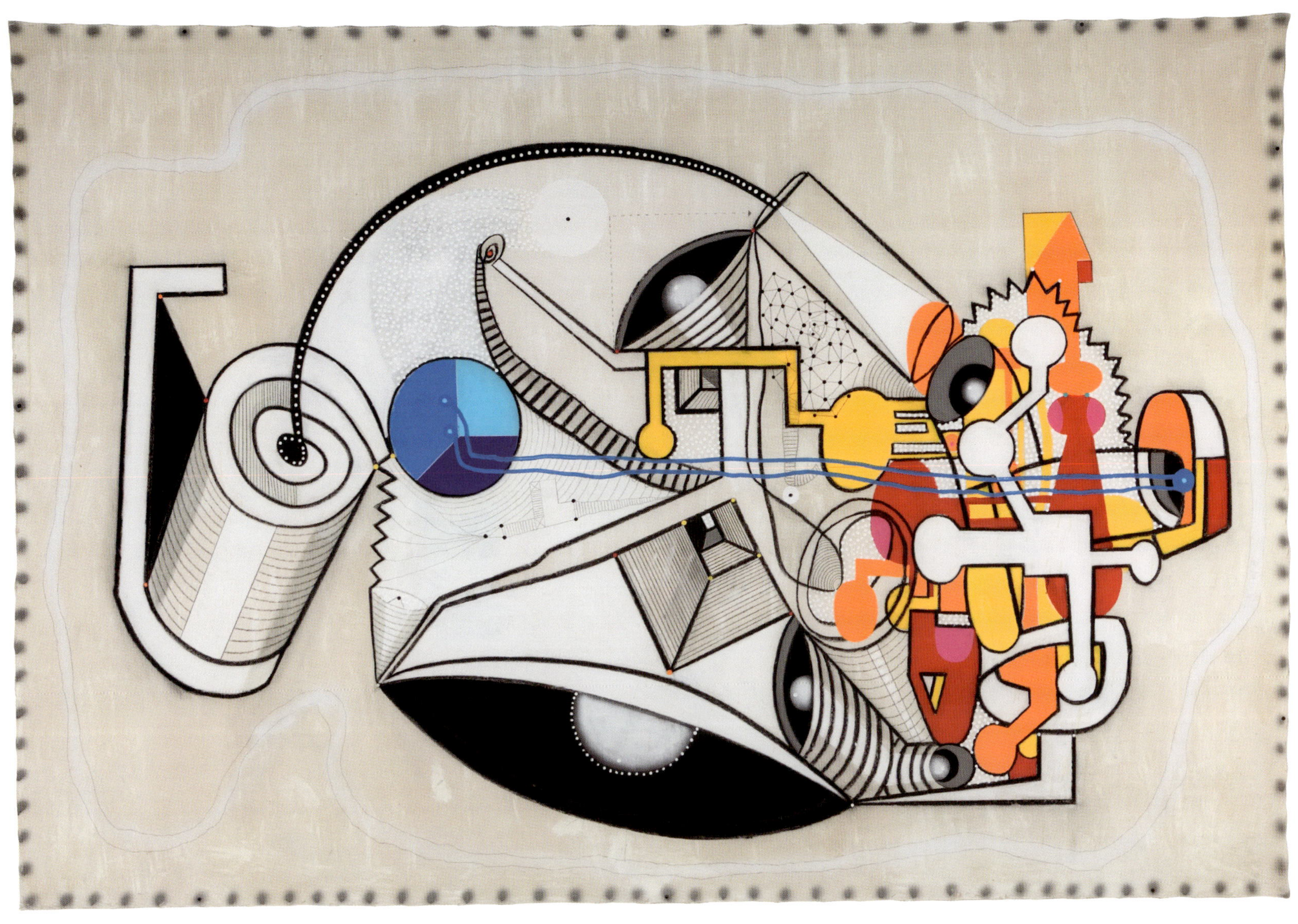

Current Museum Plan, 2007
Acrylic, charcoal, enamel, pencil,
and shellac on canvas
Acrílico, carboncillo, esmalte, lápiz
y laca sobre lienzo
86 x 122"
218 x 310 cm
Courtesy of Allegro Galeria, Panama

LCA In my work, color, or the violence of color, forms part of the works' themes. I like colors in contrast, using primary colors with secondary colors in a clashing composition. I do not like harmonies in an art work. They seem dull to me. I like dissonance, things which lack concord and create tension. This makes the work more dynamic and unexpected, providing a little surprise. I have also made many works almost monochromatic for the sake of variation and exploring certain materials and surfaces like plywood, allowing that material to act as if it were the sea, as in the work you mention. Or in certain paintings from 1994, in which I used a

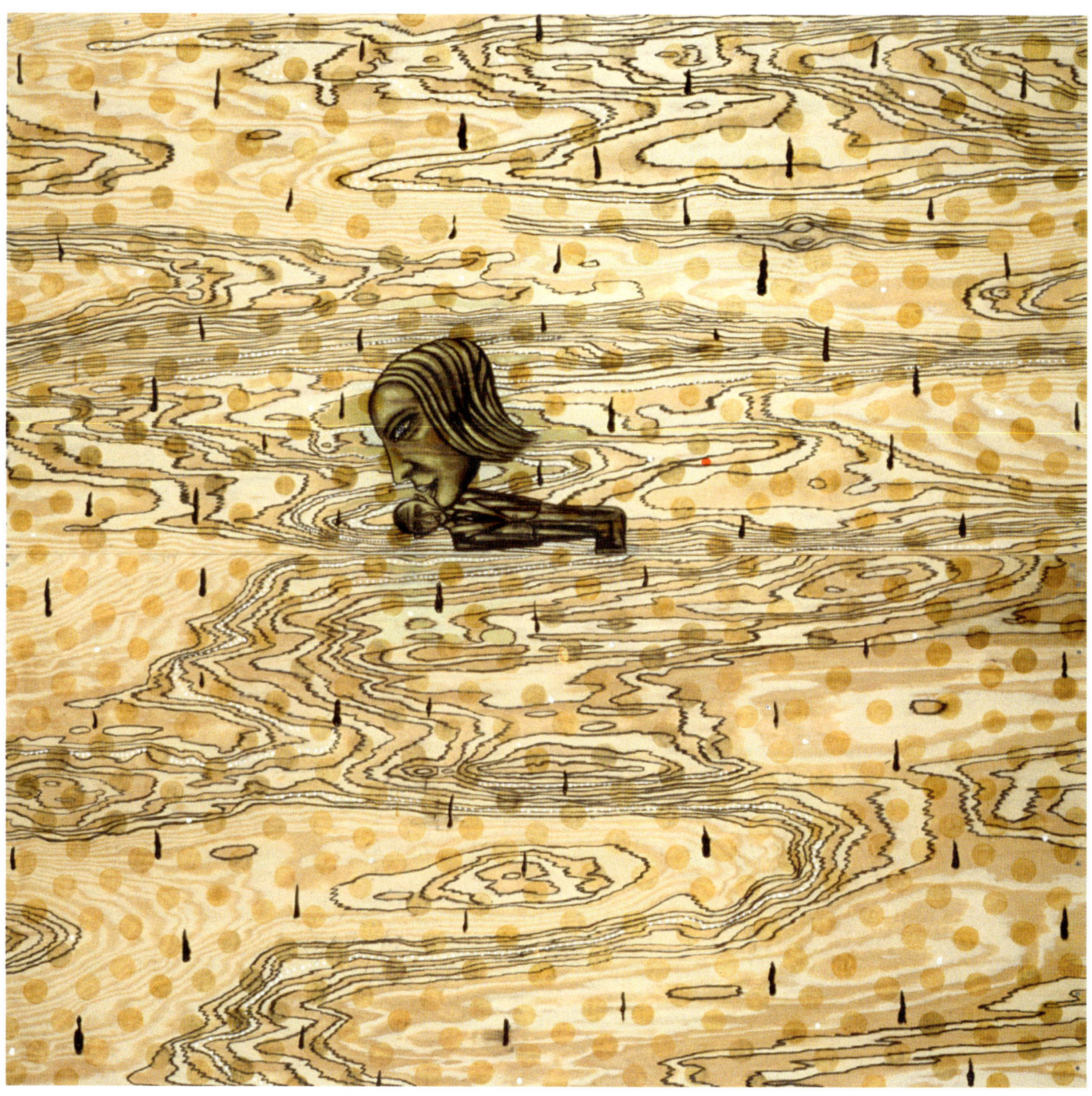

CAA En tu pintura, el color (la violencia del color) es una filosofía en sí. Sin embargo, hay toda una zona que es monocroma: gris, verdosa o, como en el caso de *Whisper*, color *plywood*. ¿Qué significa lo monocromo? ¿En qué momento «ve» Azaceta que una obra suya casi no lleva color?

rough, unprepared fabric/canvas, having only the gesso-to-prime (acrylic applied to the canvas before painting) on it. The perfect example would be *Ark* or *Familia/Balseros*. The sea on a rough canvas, giving life and creation to the subject of the balsero in that series.

Besides powerful colors, I love the minimalism of monochromatic materials and having those different variants appear in what I make. However, the important part is for the work to feel alive and to achieve transcendence, regardless of whether that happens using a lot of color or just the opposite.

CAA Some time ago, a video was circulating around about the opening of the exhibition *Guns in the Hands of Artists*, an exhibition that brought together several artists at a gallery in New Orleans. What did you show at that collective exhibit?
LCA This idea was first conceived at an exhibition in 1996. It occurred to Jonathan Ferrara, who is not exactly the person who represents me here in New Orleans, to hold another exhibition in 2014, also

LCA En mi obra el color o la violencia del color es parte de la temática. Me gustan los colores en contraste —usando los colores primarios con los secundarios en una composición chirriante—. No me gustan las armonías en una obra de arte. Me parecen aburridas. Me gusta la disonancia, lo que no concuerda y crea tensión. Esto hace la obra más dinámica e inesperada, como una pequeña sorpresa. También he hecho muchas obras casi monocromas para variar y explorar ciertos materiales y superficies como el plywood y dejar que este obre como si fuera el mar, como en esa obra que mencionas. O como en algunas pinturas de 1994 donde usaba la tela-lienzo en bruto, sin prepararla, solo con el *gesso-to-prime* (acrílico que se aplica previamente a la tela). El ejemplo perfecto sería *Ark* o *Familia/Balseros*. El mar es el lienzo en bruto, dándole vida y creación al tema del balsero en esa serie.

Aparte de los colores fuertes, me encanta el minimalismo del material monocromo y tener esas dife-

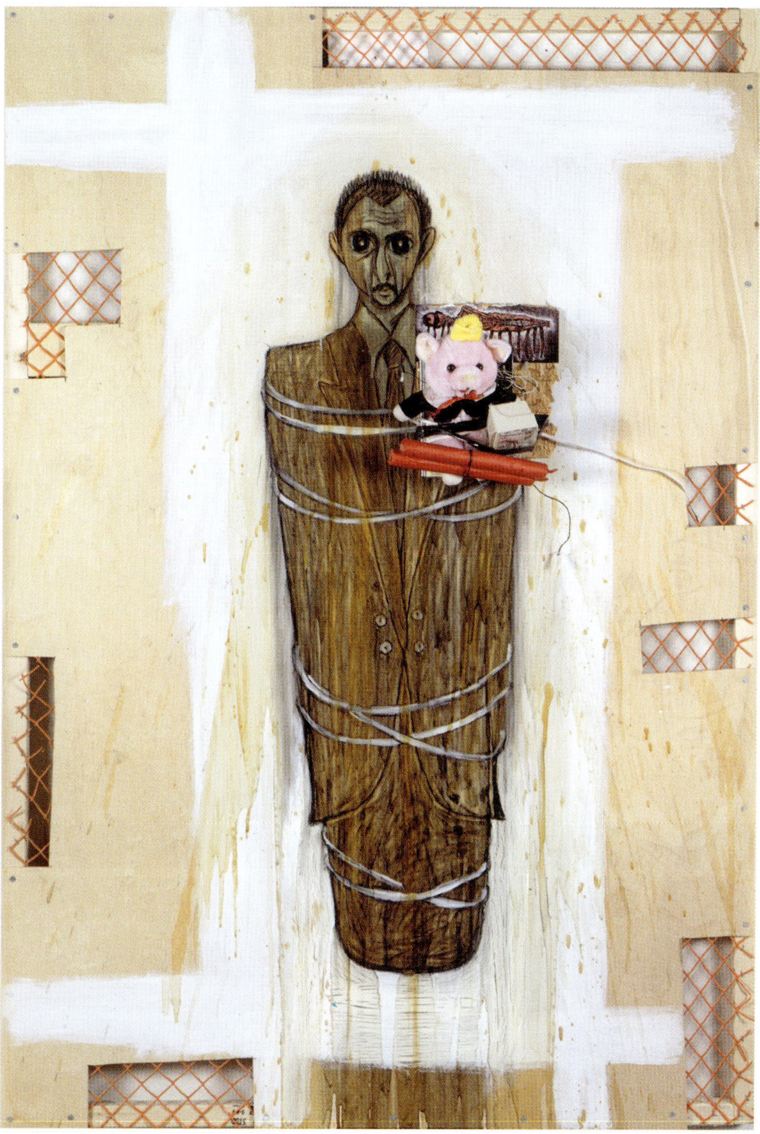

Involuntary Kamikaze, 1996
Mixed media on wood
Técnica mixta sobre tabla
72 x 47 x 8"
183 x 119 x 20 cm
Colorado Springs Fine Arts Center,
Colorado Springs, CO

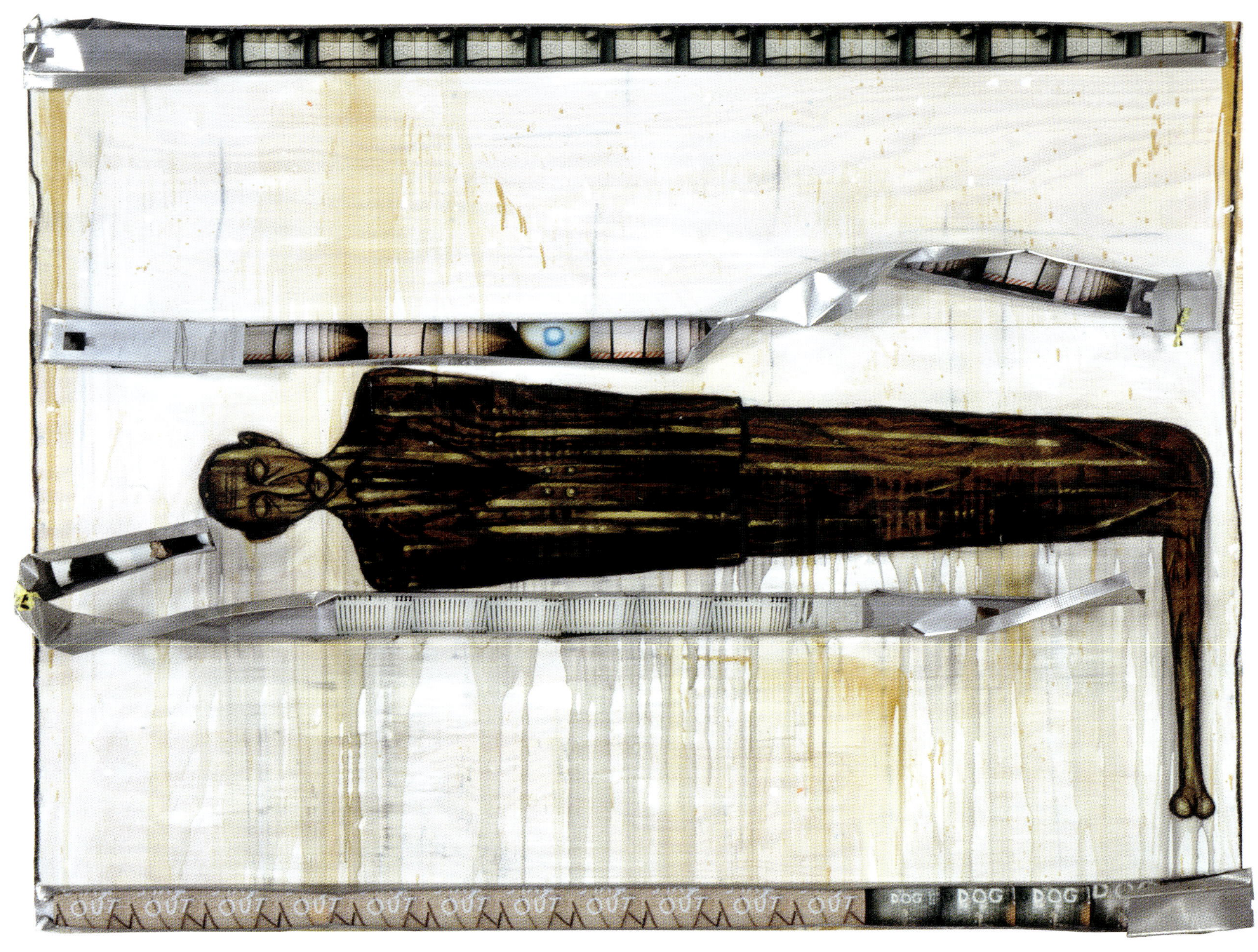

Off Track, 1998
Acrylic, charcoal, photos on metal
studs, and shellac on wood
Acrílico, carboncillo, fotografías sobre
pernos metálicos y laca sobre tabla
72 x 96 x 9"
183 x 244 x 23 cm

138

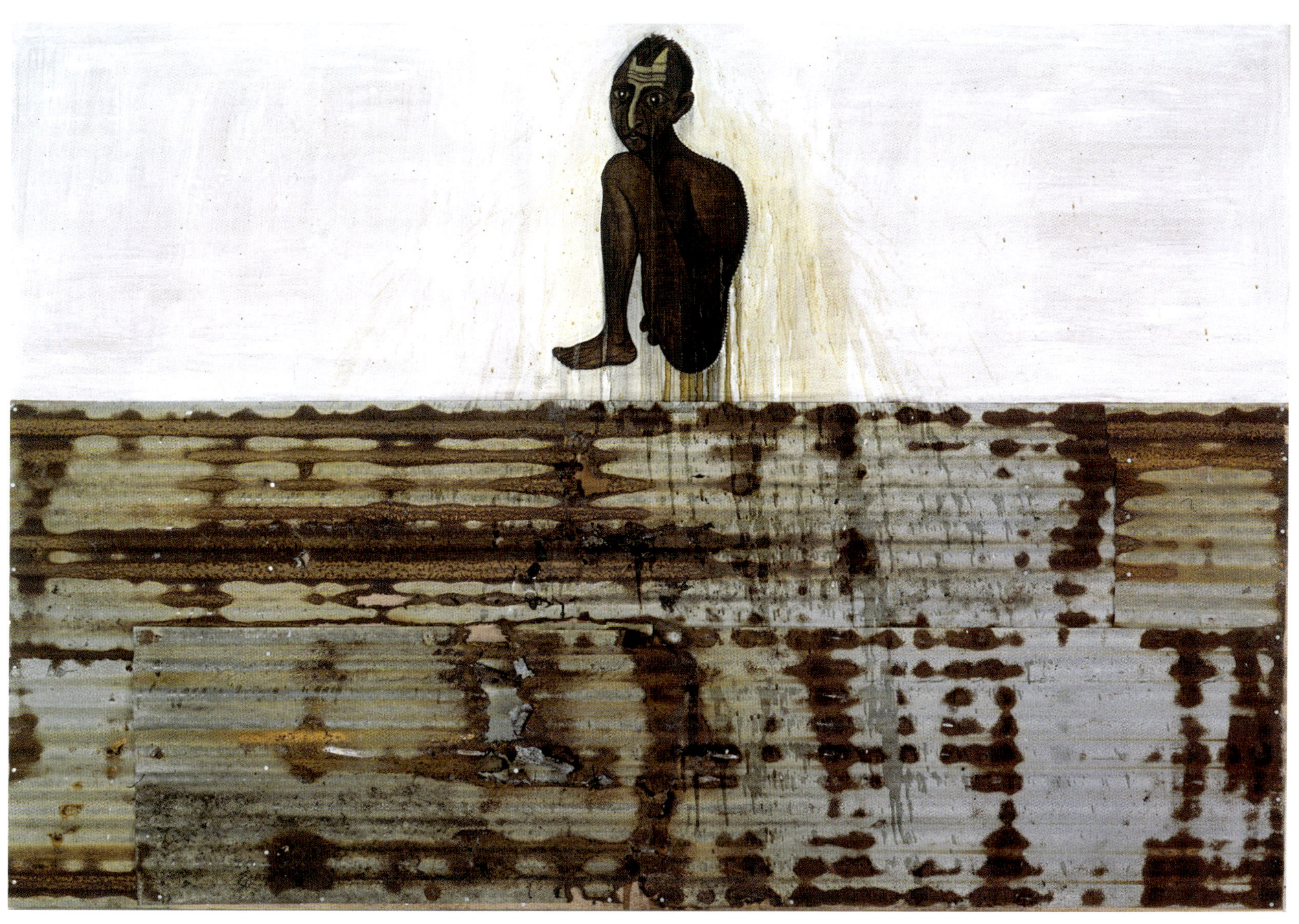

La espera 2, 1996
Mixed media on wood
Técnica mixta sobre tabla
84 x 120 x 7"
213 x 305 x 18 cm
Oscar B. Cintas Fellows Art Collection,
Frost Art Museum, FIU, Miami, FL

inviting other artists from other galleries. In my case, he knew that I had been exploring the topic of urban violence for many years. The gallery then contacted the city's police chief and ask him for used and confiscated weapons. They accepted the proposal and provided him with, I believe, 186 pistols, revolvers, rifles, and such. The police had broken them and nearly burned them. The challenge was thus to create a work of art with all of them, a sculpture.

Year after year, we have been living an accelerating pace of violence, deaths, thefts, attacks and rapes in large cities, almost always under the domination of firearms (New Orleans is currently one of the cities with the most crime per capita). It can be seen in Los Angeles, Chicago, Newark, Detroit and other such cities. Unemployment, a lack of education, drugs, ignorance, the *machismo* of street gangs: "The bigger the gun, the bigger the man."

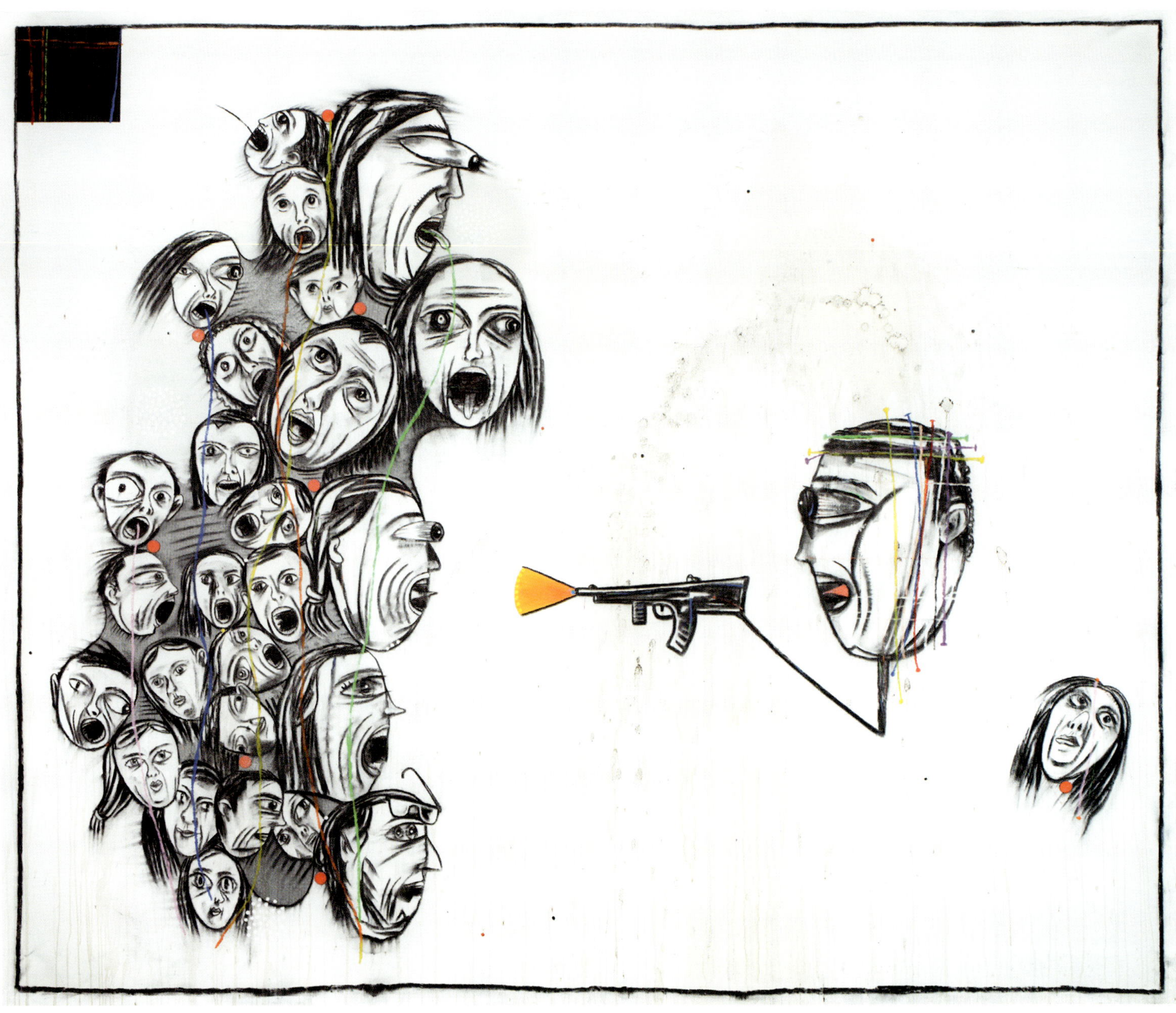

Sandy Hook Shooting 2, 2012
Acrylic, charcoal, and oil stick
on canvas
Acrílico, carboncillo y óleo en barra
sobre lienzo
120 x 139"
305 x 353 cm

I was greatly enthused by this invitation and went to the gallery several days after they delivered the weapons, amongst which I chose nineteen: fourteen pistols of different makers and sizes, and several rifles, all broken and burned. In summary, I made seven works and one drawing on paper.

Jonathan came to my studio and, to my surprise, he took six of the works away with him (I thought he might choose one). I therefore had six works on display in *Guns in the Hands of Artists*.

The first piece I made was *Carry on*, a suitcase with wheels that had the handle of a gun sticking out, and inside of it I build a sort of small bookcase where I placed plastic bags full of baking soda, made to look like cocaine. In the carry-on bag's central space is a teddy-bear decorated with an American flag, to add a touch of humor (this is one of the few works I have made about drug trafficking).

I gave the title of *Carousel* to the second work. Hanging from a square on the ceiling, as if it were a mobile lamp, I placed nine pistols transformed into toys.

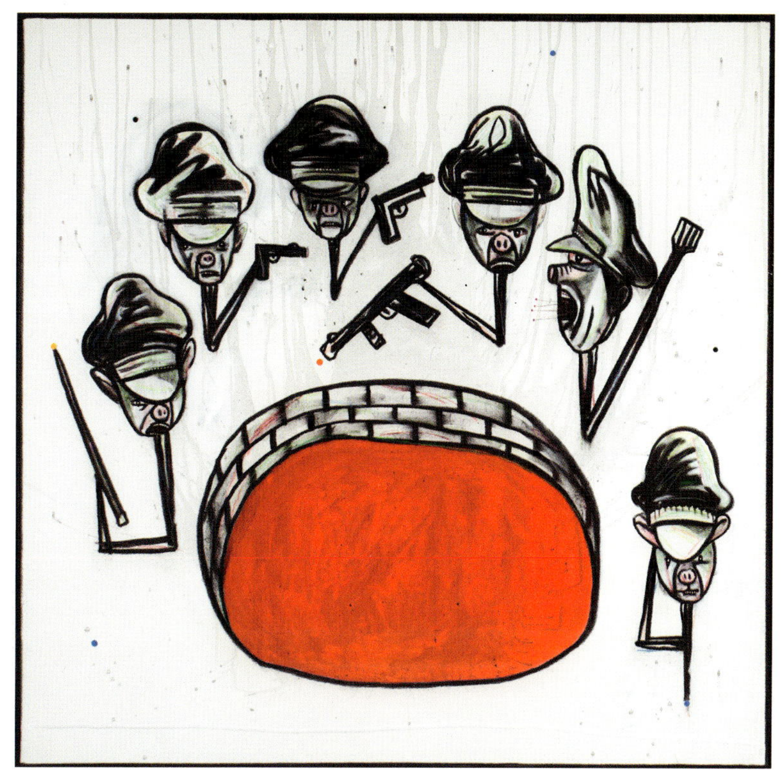

Bloody Regime, 2013
Acrylic and charcoal on canvas
Acrílico y carboncillo sobre lienzo
48 x 48"
122 x 122 cm

rentes variantes en lo que hago. Ahora, lo importante es que la obra se sienta viva y pueda trascender, ya sea con mucho color o su contrario.

CAA Hace un tiempo circuló un vídeo sobre la inauguración de la exposición *Guns in the Hands of Artists*, una exposición que reunió a varios artistas en una galería de Nueva Orleans. ¿Qué fue lo que presentaste en esta colectiva?

LCA Esta idea fue concebida en una exposición de 1996. A Jonathan Ferrara, quien no es exactamente el que me representa aquí en Nueva Orleans, se le ocurrió hacer de nuevo otra exposición en 2014 invitando también a artistas de otras galerías. En mi caso él sabía que el tema de la violencia urbana lo llevaba explorando por muchos años. La galería contactó entonces con el jefe de la policía de la ciudad y le pidió armas usadas y confiscadas. Ellos aceptaron la propuesta y le entregaron, creo, 186 pistolas, revólveres, rifles, etcétera. La policía las había roto y casi quemado. El reto era entonces crear una obra de arte con todo aquello, una escultura.

Año tras año hemos estado viviendo en las grandes urbes una aceleración de violencia, muertes, robos, asaltos, violaciones, y casi siempre bajo el dominio de las armas de fuego (Nueva Orleans es hoy por hoy una de las ciudades con más crímenes per cápita); se ve en Los Ángeles, Chicago, Newark, Detroit y otras ciudades. El desempleo, la falta de educación, las drogas, la ignorancia, el machismo de los gangas: «*The bigger the gun, the bigger the man*».

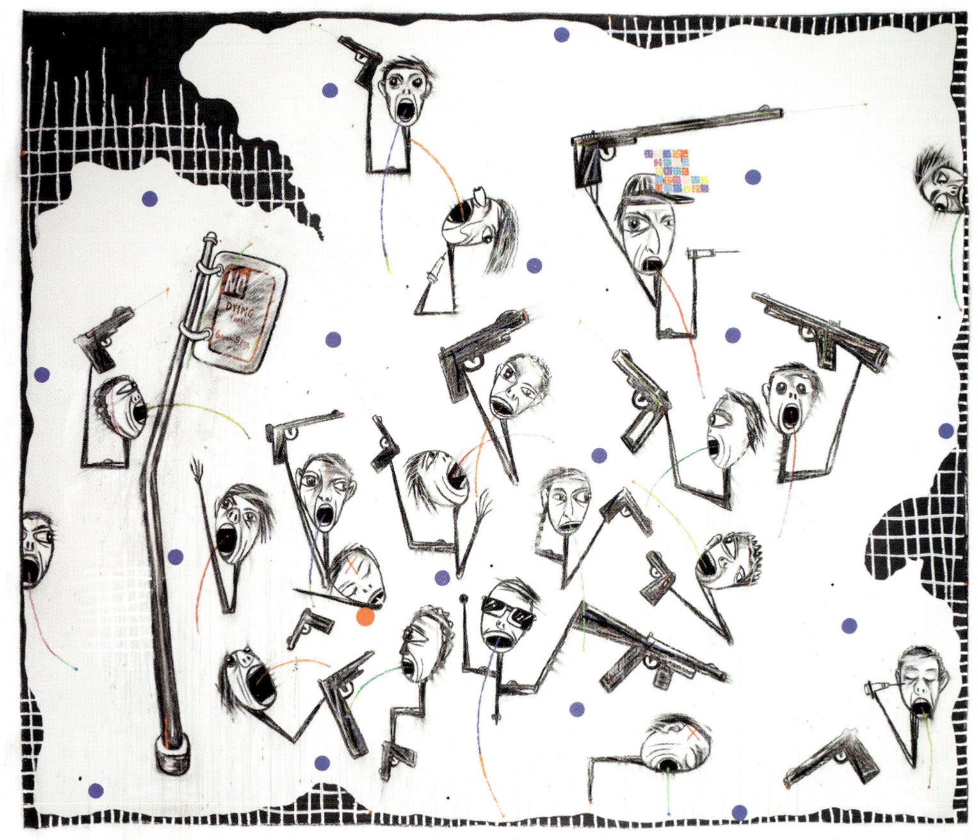

Gang 2, 2013
Acrylic, charcoal, and oil stick
on canvas
Acrílico, carboncillo y óleo en barra
sobre lienzo
120 x 138"
305 x 351 cm

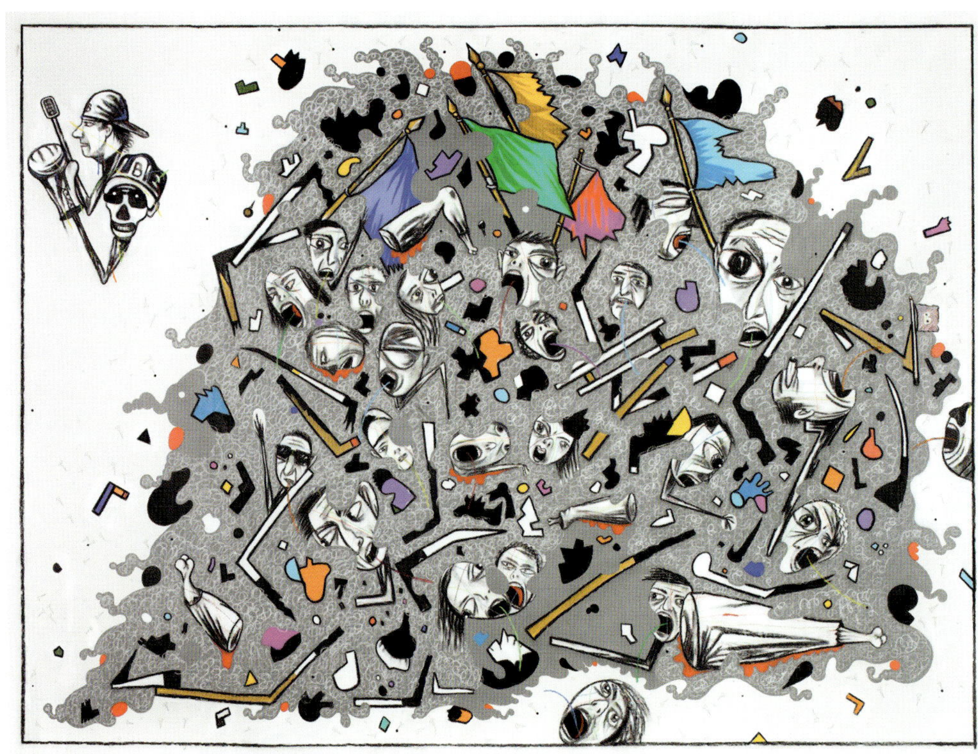

Boston Bombing 3, 2013
Acrylic, charcoal, and oil stick
on canvas
Acrílico, carboncillo y óleo en barra
sobre lienzo
108 x 141"
274 x 358 cm

I turned the other into a *Tape Ruler Gun*. Using the butt of the pistol, I inserted a carpenter's ruler into it, and with that I created a revolver.

The idea of the show was also to raise awareness and produce sales, a percentage of which would be donated to the police to buy back weapons in poor neighborhoods, thereby decreasing the number of weapons being trafficked by gang members.

CAA The topic of arms in the United States is very touchy, because to many people what is at stake has nothing to do with violence, but rather with security, with protecting "their own" welfare. After so many years in the United States, what do you think of this?

LCA The United States is a country of laws. They must be obeyed. The Second Amendment of the American Constitution guarantees the right to bear firearms. It is a double-edged sword, of course. On the one hand, it ensures you can carry weapons, because, as a citizen in a democratic country, you have the right to possess them to defend yourself.

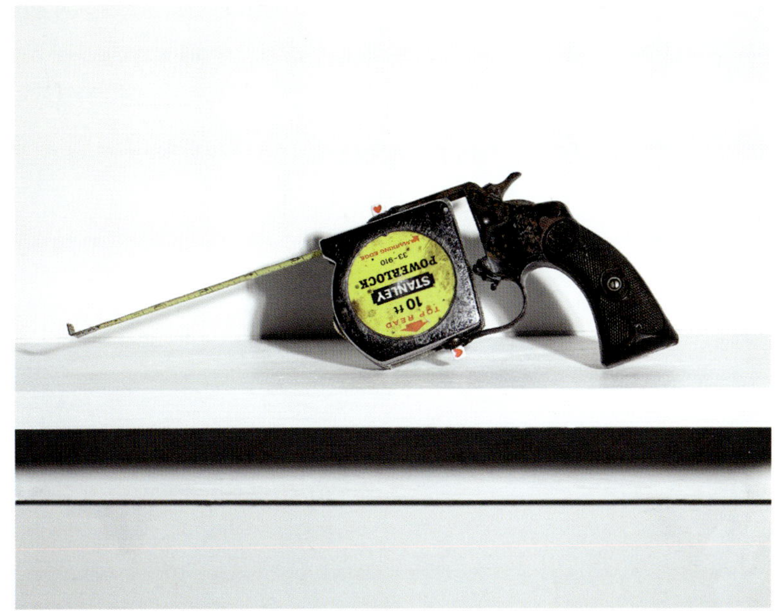

Tape Ruler Gun, 2014
Tape ruler and gun parts
Cinta métrica y piezas de pistola
3½ x 12"
9 x 30 cm

Me entusiasmé mucho con esta invitación y me fui a la galería varios días después de que trajeron las armas y escogí diecinueve: catorce pistolas de diferentes marcas y tamaño, y varios rifles, todos rotos y quemados. En resumen, hice siete obras y un dibujo en papel.

Jonathan vino a mi taller y, para mi sorpresa, se llevó seis de las obras (yo pensaba que elegiría una). Así que en *Guns in the Hands of Artists* tuve seis obras en exhibición.

La primera pieza que hice fue *Carry on*, una maleta con ruedas donde sobresalía la culata de una pistola, y le construí adentro como un librerito donde puse bolsas plásticas llenas de *baking soda* que simulaban ser cocaína. En el espacio central de la maleta un *teddy-bear* con una bandera americana dándole un toque de humor. (Esta es una de las pocas obras que he hecho sobre el contrabando de drogas.)

La segunda la titulé *Carousel*. Colgando de un cuadrado del techo, como una lámpara móvil, nueve pistolas transformadas en juguetes. Otra, la convertí en un *Tape Ruler Gun*. Usando la culata de la pistola, le inserté una regla de carpintero y con esto creé un revólver.

La idea de la muestra era también crear conciencia y generar ventas, de las cuales un porcentaje iría a la policía para que comprara armas en los vecindarios pobres y así poder disminuir el número de armas que trafican estos «gangueros».

CAA El tema de las armas en Estados Unidos es muy delicado, ya que para muchos no es una pregunta sobre la violencia lo que está en juego, sino sobre la seguridad, sobre «mi» bienestar. Después de tantos años en Estados Unidos, ¿qué piensas de esto?

However, on the other hand, you have all those bad guys out there murdering, killing, stealing and mugging, because it is easy and affordable to purchase all types of weaponry, even military grade weapons. Sure, to carry weapons you need a permit, but criminals do not care about that. They do not need them. Only decent people do.

CAA Are the laws on arms in the United States comprehensible to you?
LCA Though the topic seems simple at first, it is actually quite complex. In countries with dictators, the only people who bear arms are the police and those safeguarding the regime. The enslaved citizens are not entitled to. Only they, the masters, the owners of the country, can carry weapons.

CAA Would you define works like *Carry on*, *Drugs*, *Gun & Teddy-Bear* and *Hunter*, in which you combine the cute, childish and violent all together, as "sculptures" or "constructions"? I ask because I am interested in knowing whether there is any difference between these two concepts to you.
LCA I regard my three-dimensional works as constructions, though, of course, anything three-dimensional in the art world is sculpture by definition. To me, sculpture means something traditional, from sculpting a piece of stone to carving wood. I believe Picasso is the artist who invented "constructions" and Duchamp is the one who gave the idea its conceptual momentum.

Oklahoma 3, 1997
Mixed media on wood
Técnica mixta sobre tabla
104 x 144 x 21"
264 x 366 x 53 cm

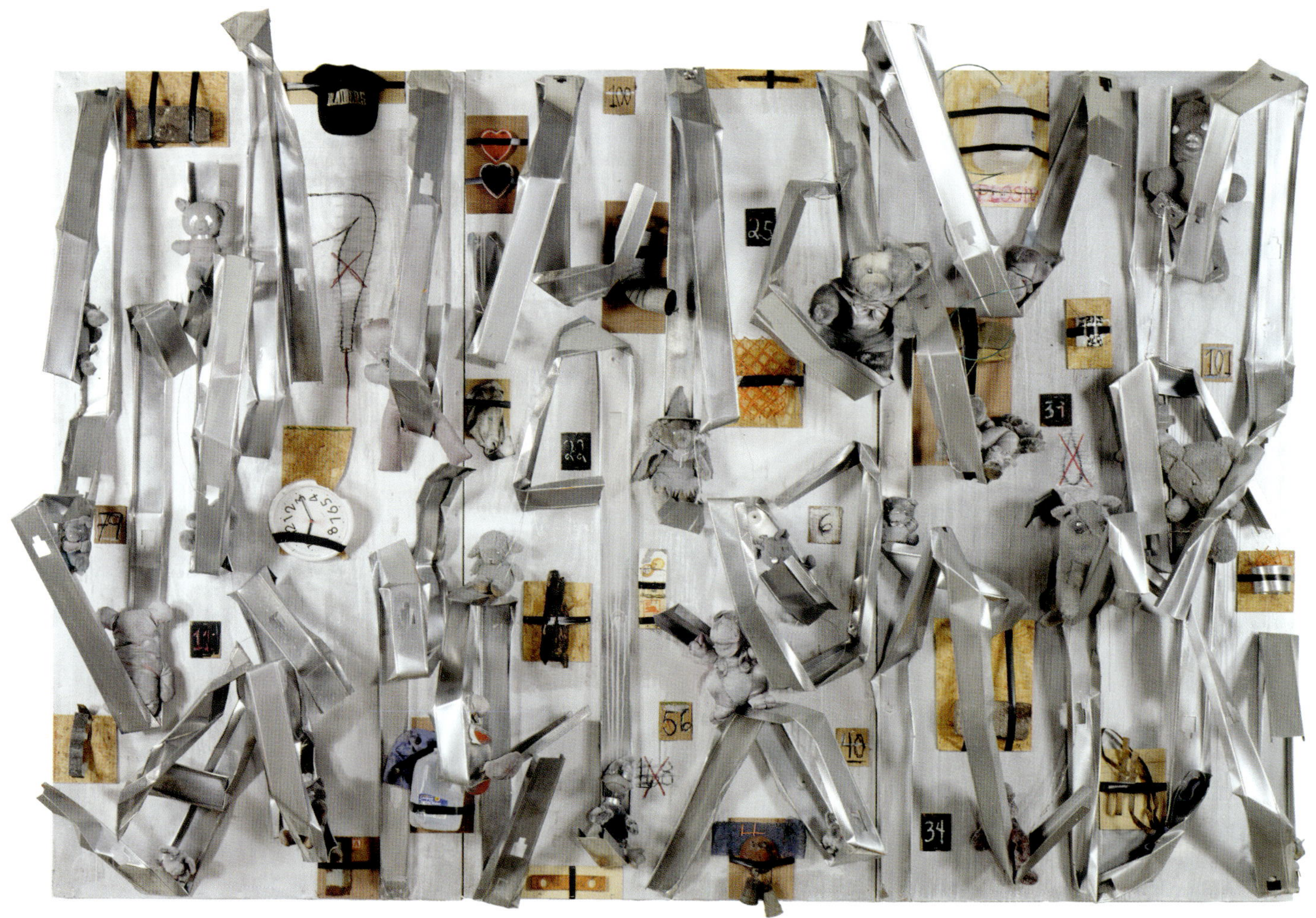

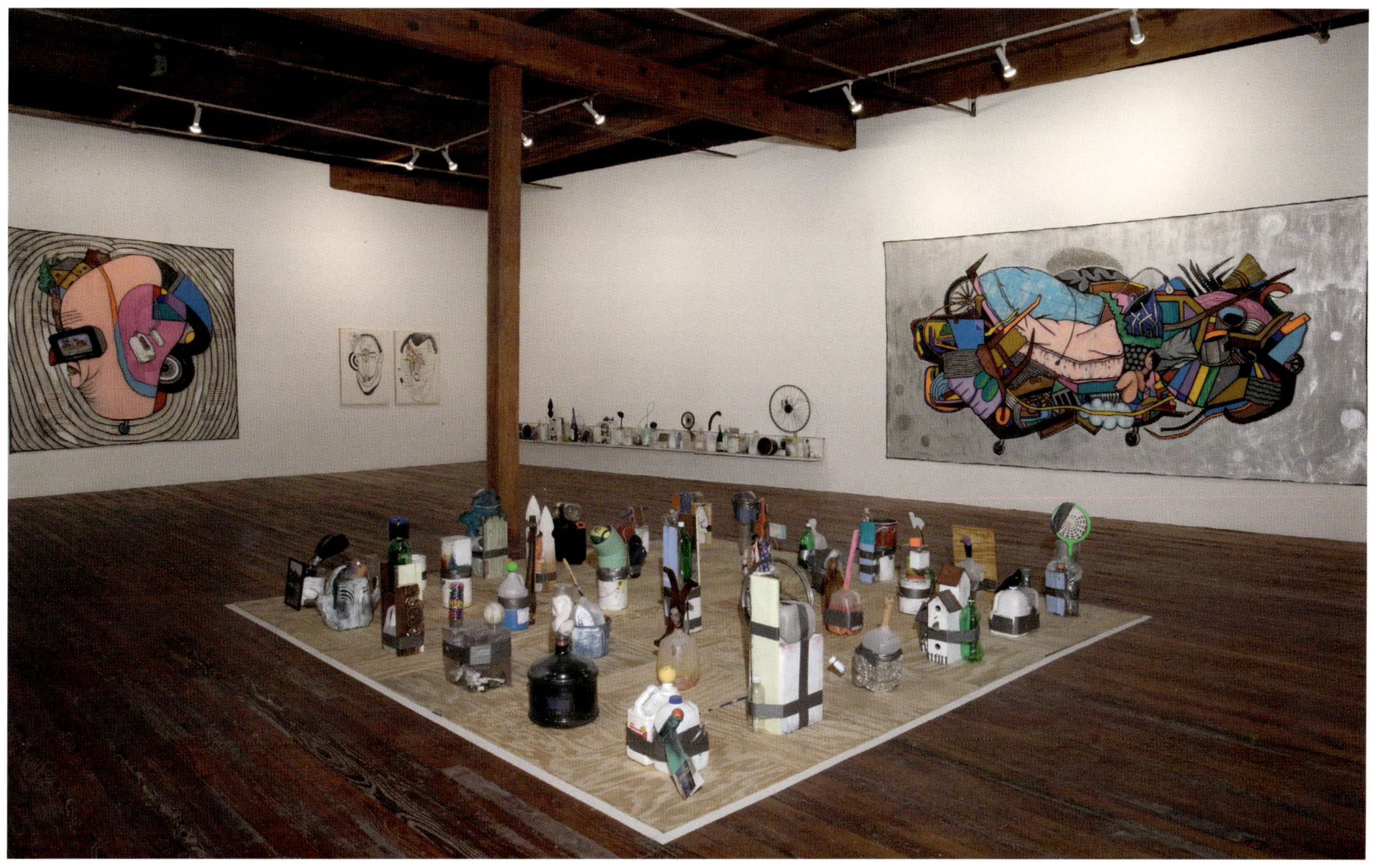

LCA Estados Unidos es un país de leyes. Hay que obedecerlas. En la constitución americana el segundo mandamiento te asegura el poder de portar y tener armas de fuego. Esto es un cuchillo de doble filo. Por una parte, te asegura que puedes portar armas pues en un país democrático y como ciudadano tienes el derecho a poseerlas para defenderte. Por otro, tienes todos esos maleantes asesinando, matando, robando, asaltando, porque es fácil y asequible adquirir todo tipo de armamento, incluso hasta militar. Claro, para llevar armas necesitas un permiso; pero a los bandidos no les importa eso. Ellos no lo necesitan. Una persona decente sí.

CAA ¿Las leyes sobre las armas en Estados Unidos son comprensibles para ti?
LCA Todo esto es muy complejo, aunque parece fácil. En los países de dictadores, los únicos que portan armas son la policía y la guardia del régimen. Los ciudadanos-esclavos no tienen ese derecho. Solamente ellos, los amos, los dueños del país pueden portar armas.

CAA Obras como *Carry on, Drugs, Gun & Teddy-Bear* o *Hunter*, donde se combinan lo tierno, lo infantil, la violencia, ¿las consideras más esculturas o construcciones? Pregunto porque me interesa saber si para ti existe una diferencia entre estos dos conceptos.

In my constructions, I use found objects or I make constructions with different types of wood, as in the series of towers based on the *World Trade Center* and *Tape Ruler Gun*, in which I added a measuring tape to a gun.

CAA Is there any specific weapon that you like or which seems like an *objet d'art* to you?
LCA The AK-47 is a really dangerous, cheap, Russian, beautiful weapon. It has a great artistic design, both an *objet d'art* and object of death.

Drones are another pilot-less flying weapon that can kill thousands of people. From five or six miles away, locked up in a little room with a set of good computers, awaiting the order to attack, a young soldier pushes a few buttons that lead to

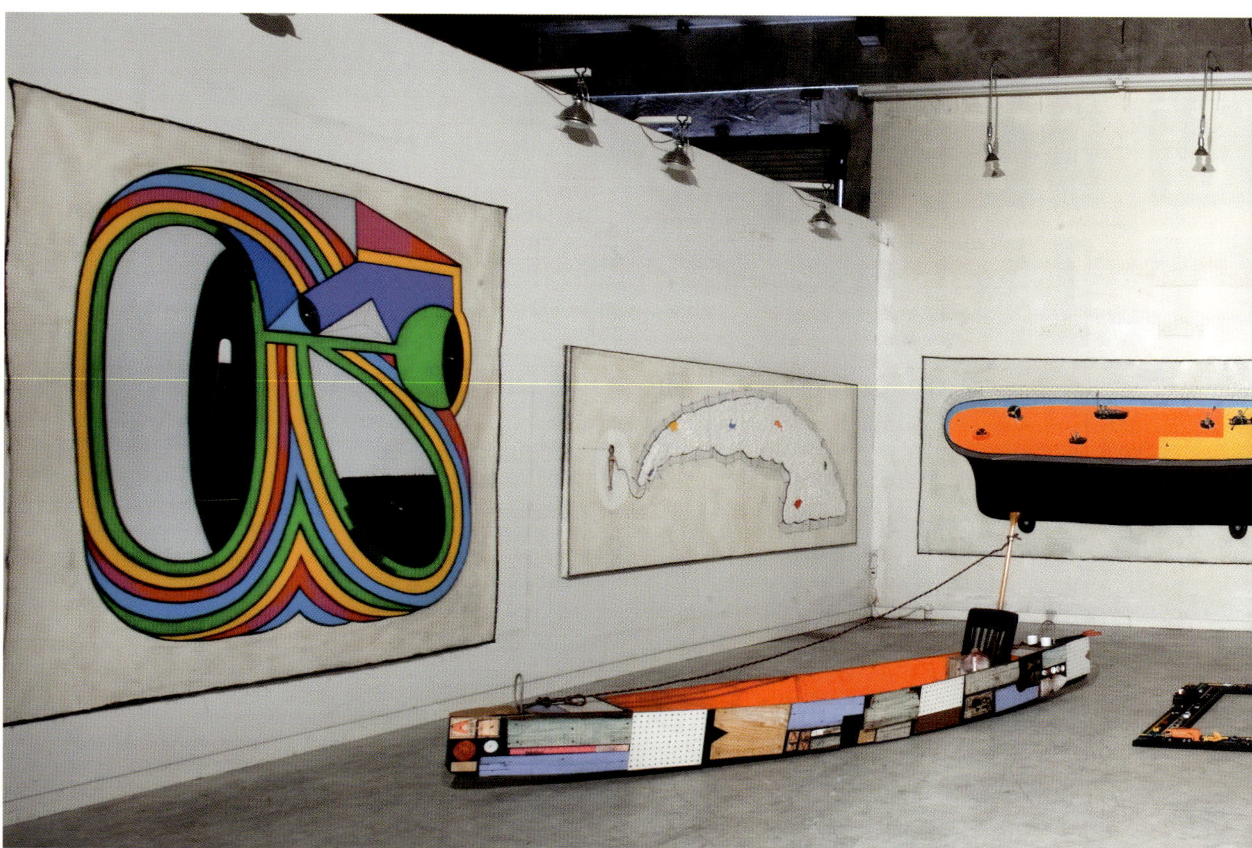

LCA Mi obra tridimensional la considero como construcciones aunque, claro, todo lo que es 3D en arte es escultura. Para mí la escultura es lo tradicional, de esculpir una piedra a tallar una madera. Picasso creo que fue el inventor de las construcciones y Duchamp el que le dio el batazo conceptual.

En mis construcciones uso objetos encontrados o hago construcciones con diferentes tipos de madera, como la serie de las torres basada en el *World Trade Center* o *Tape Ruler Gun*, donde agrego una cinta de medir a una pistola.

CAA ¿Existe alguna arma que en especial te guste o te parezca objeto-de-arte?
LCA El AK-47 es un arma súper peligrosa, barata, rusa, bella. Un gran diseño artístico en un objeto de arte y muerte.

slaughter without even seeing the enemy. It is totally impersonal and clean. It is also a monstrous work of art, produced by science and technology.

CAA Wouldn't it make a fine "science and technology" performance to stick a bunch of the characters from your work into drones and have them fly through Central Park in Havana, as if they were remote-controlled kites?

LCA You're not going to believe it, but I was in Miami, on Eighth Street, looking around for a flying kite at the toy shops there. They don't sell them anymore, and many don't even know what the heck they are. Ever since I was little, I loved to fly them. My uncle who stayed behind in Cuba (he must be around 93 years old by now)

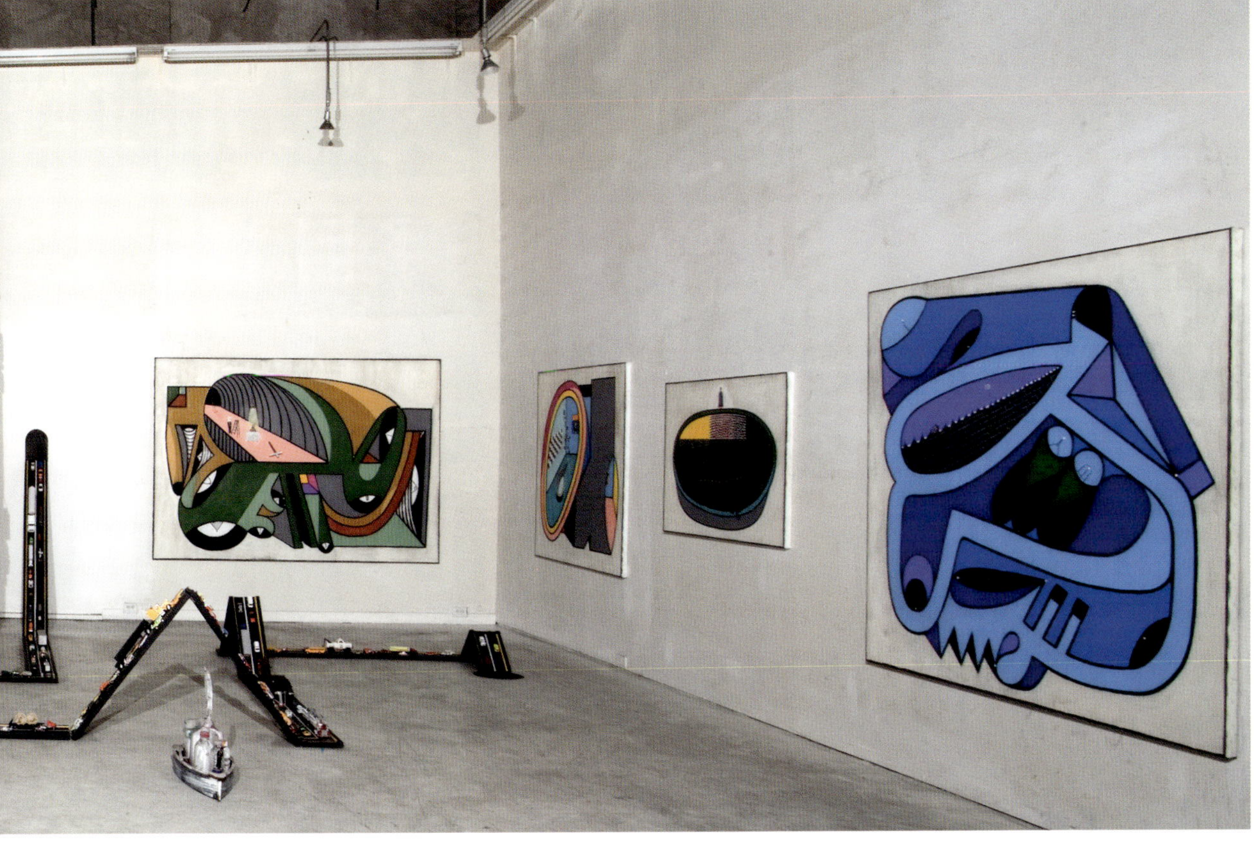

Works in the Studio in New Orleans, 2010
Obras en el estudio de Nueva Orleans, 2010

Los drones son otras armas volantes sin pilotos que pueden matar a miles de personas. A cinco o seis millas de distancia, en un cuartico encerrado con un buen equipo de computadoras, y en espera de la orden de ataque, un joven soldado aprieta varios botones que causan una matanza sin ver al enemigo. Totalmente impersonal y limpio. También una obra de arte monstruosa de ciencia y tecnología.

CAA ¿No sería un buen performance de «ciencia y tecnología» pegar a muchos de tus personajes en drones y ponerlos a volar por el Parque Central en La Habana, como si fueran papalotes teledirigidos?

LCA No me vas a creer, pero estuve en Miami, en la calle 8, buscando en las tiendas de juguetes un papalote. Ya no los venden y muchos no saben qué diablos es. Desde

was a champion flying *papaguapos*. He is the one who taught me how to place little razors across the tail of the kite so I would never lose our neighborhood kite-flying competitions. The pleasure of cutting off your enemy and forcing his kite into a nose-dive, while all the boys on the block would run to grab it and take it for themselves, was endless.

I love the idea in your question. Flying what we call "colonel" kites in Cuba, which are the large ones. They could be used like drones over Central Park and the Capitol Building: that would be amazing, to create a huge stampede.

CAA Would you like to return to Cuba? What would have to change to get Cruz Azaceta to go back and stay there for a while?
LCA Yes, I would like to go, exhibit my work there, and perhaps even live for a time in my beloved Cuba.

We are witnessing a few small changes, but as long as the regime refuses to open up and grant human, civil, political, economic, social and cultural rights, and so long as there is no freedom of expression, it is not an appealing country to reside in, but rather a totalitarian monster. One perfect example is what they are doing to artist Tania Bruguera: they won't let her put on her performance, and they took away her passport, accusing her of being a counter-revolutionary. The Women in White get beaten and arrested almost on a weekly basis for demanding their rights. Without these basic changes, Cuba remains a totalitarian dictatorship, and it is better not to return for the time being.

pequeño me encantaba empinarlos. El tío mío que se quedó en Cuba (ya debe andar por los noventa y tres años) era un campeón volando papaguapos. Él me enseñó a ponerle las cuchillitas cruzadas en el rabo para no fallar en las competencias papaloteras del barrio. El placer de cortar al enemigo y que se fuera a boline, mientras todos los muchachos de la cuadra corrían para cogerlo y apropiarse de él, era infinito.

Me encanta la idea de tu pregunta. Volar unos papalotes-coroneles, que son los grandes, en forma de drones por el Parque Central y el Capitolio, eso sería del carajo, tremendo corre-corre.

CAA ¿Te gustaría regresar a Cuba? ¿Qué tendría que cambiar para que Cruz Azaceta regresase y se quedase allá un tiempo?
LCA Sí, me gustaría ir, exponer mi obra y, quizá, vivir un tiempo en mi querida Cuba.

Estamos viendo algunos pequeños cambios, pero mientras el régimen no abra la mano y conceda derechos humanos, civiles, políticos, económicos, sociales, culturales y mientras no exista libre expresión, no es un país atractivo para residir, sino un monstruo totalitario. Un ejemplo perfecto es lo que le están haciendo a la artista Tania Bruguera: no le permitieron hacer su performance, le quitaron el pasaporte y le acusan de contrarrevolución. Las Damas de Blanco casi todas las semanas son golpeadas y arrestadas por reclamar sus derechos. Sin estos cambios básicos, Cuba es una dictadura totalitaria, y por el momento mejor no regresar.

CODA

A conversation with Luis Cruz Azaceta would be incomplete without hearing his anecdotes or stories, without their humor. Since they could not all be fit into the interview we held over a span of months, I decided I would include a few of them at the end, for those who feel like "browsing" further through his imaginary, or in other words, through his way of telling or "processing" something, of living.

· In 1958 Juan Manuel Fangio, Argentina's auto racing champion, came to Havana with a great many other world champions to run some practice races along the waterfront. Julio, a family friend, took me to watch those races. The experience of seeing all those Maseratis by the capital's harbor was fabulous. They set up a series of walkways so the public could cross from one side to the other. On the loudspeakers, they announced that Fangio was going to do a practice run in his Maserati no. 2, and at that very instant all the people crossing the bridge/walkway, with Julio and I on the first step up its stairway, came to a sudden halt. The crush of people, all excited and enthralled to watch Fangio, stopped on the bridge, and the weight of so many caused the walkway to crack right down the middle, and everyone to fall onto the asphalt track. The only part that did not tumble down was the stairway Julio and I were standing on with a dozen others. Several soldiers began to scream in the midst of the carnage, getting the cars to stop and helping fifty or sixty people who were trying to stand up but could not, since they had enormous pieces of wood on top of them. Julio and I stood on the stairway in astonishment. I saw how a man attempted to remove

CODA

Una conversación con Luis Cruz Azaceta estaría incompleta sin sus anécdotas o cuentos, sin su gracia. Como todas no cabían en la entrevista que sostuvimos durante meses, he preferido colocar algunas de ellas al final, para los que deseen puedan «navegar» mejor por su imaginario; es decir, por su forma de contar o «procesar» algo, de vivir.

· En 1958 Juan Manuel Fangio, el campeón argentino de carreras automovilísticas, vino a La Habana con muchos otros campeones mundiales para hacer unas prácticas en el malecón. Julio, un amigo de mi familia, me llevó a presenciar las carreras. La experiencia de ver correr todos esos maseratis en la bahía de la capital era fabulosa. Hicieron unas pasarelas para que el público pudiera cruzar de un lado a otro. Por los altoparlantes anunciaron que Fangio iba a hacer una práctica en su Maserati número 2 y, en ese mismo instante, todo el gentío que estaba cruzando el puente-pasarela (yo aún estaba con Julio en el primer escalón de la escalera para subir) se paralizó; el tumulto de gentes, toda emocionadas y exaltadas por ver a Fangio, se quedaron en el puente, y el peso de tantas personas hizo que la pasarela se rajara por el mismo centro y todos cayeran al asfalto. Lo único que quedó inmóvil fueron las escaleras donde Julio y yo y una docena más estábamos. Varios soldados empezaron a gritar en medio de aquella carnicería y pudieron parar los autos y atender a cincuenta o sesenta personas que trataban de pararse y no podían, pues tenían encima tremendos

a huge splinter of wood lodged in his cheek. The screams, howls, blood and pain were like a symphony: a noisy mass filled with heads, arms, legs, shoulders, feet, red, yellow, green, blue, orange, shoes, shirts, skirts, blouses, boards, wooden beams, metal chains, nails, grimaces, spit and blood… Meanwhile Fangio sat at the wheel waiting for his turn to race his red Maserati no. 2.

· I remember the day I met Sarita Montiel, the great Spanish singer and actress. Or perhaps it was just a dream. I'm not sure. The truth is I went to see the film *El último cuplé* six or seven times. I fell madly in love with this sensual and beautiful Spaniard. I am fairly sure that my mother took my grandmother, my sister and me to the Blanquita Theater to watch her sing. I don't know how I did it, but I managed to get on stage and asked her for a kiss. She turned to me and smiled, then looked towards the crowd mischievously. Then she turned her cheek towards me so I could kiss her, and finally gave me a peck on my little face. The audience began to applaud. I didn't want to wash my face for two or three days. Still at this ripe old age of seventy-two, I can feel her sensual caress, and my body shudders with joy.

· One day I almost caused my father to lose some business. My dad, besides being an airplane mechanic, earned some money on the side to keep the family afloat and satisfy every whim my sister and I had. He sold sheets, towels, tobacco and such. On one occasion, he took me with him to see a customer who was interested in buying a pair of shoes. We met this man in the street. My father told him the price of this pair

pedazos de madera. Julio y yo nos quedamos atónitos en la escalera. Vi cómo un hombre trataba de quitarse una astilla grandísima clavada en su mejilla. Los gritos, aullidos, sangre y dolor eran como una sinfonía: una masa ruidosa con un montón de cabezas, brazos, piernas, hombros, pies, rojo, amarillo, verde, azul, naranja, zapatos, camisas, sayas, blusas, tablones, vigas de madera, cadenas de metal, clavos, muecas, saliva y sangre… Mientras Fangio, en el timón, esperaba para poder correr su Maserati rojo número 2.

· Me estaba acordando del día que conocí a Sarita Montiel, la gran cantante y actriz española. O quizá lo haya soñado. No sé. Lo cierto es que fui a ver *El último cuplé* como seis o siete veces. Me quedé totalmente enamorado de esa española tan sensual, tan bella. Casi estoy seguro de que mi madre con mi abuela y mi hermana nos llevaron al teatro Blanquita a verla cantar. No sé cómo lo hice, pero me subí al escenario y le pedí un beso. Ella me miró y sonrió mirando al público con picardía, me dio su mejilla para besarla, y después me dio un besito en mi carita. El público empezó a aplaudir. Yo no quise lavarme la cara por dos o tres días. Todavía a mis setenta y dos años siento su caricia sensual y mi cuerpo se estremece de alegría.

· Un día casi le echo a perder un negocio a mi papá. Mi padre, además de ser mecánico de aviación, se buscaba un dinerito extra para poder mantener a la familia y darnos todos los gustos a mí y a mi hermana. El vendía sábanas, toallas, tabacos,

of shoes, and I interfered, saying, "But Salva (his name was Salvador), that's not the price you paid for those shoes!" My old man looked at me, smiled and said, "Your right, son, I paid ten pesos for the Bulnes brand shoes, but these are Amadeos, and they're worth twenty-five pesos, which is what I am selling them to this man for." When we got home, he really let me have it: "You almost ruined one of my sales by sticking your nose into something that's none of your business. How am I supposed to earn a profit if I don't charge a little more than I paid?" It was a good lesson. I was just eight years old. Two weeks later, he took me with him to sell some boxes of Alvarado tobacco. We paid visits to newsstands, cafés, bars and stores all day long but we only managed to sell two boxes. The profits got spent on lunch at a restaurant in Buena Vista.

· I was with five or six friends in the alley playing makeshift baseball. The alley was a street that ran diagonal to the Diaz newsstand. Suddenly I batted a single and started running to first base. On my way, a dog started chasing me, and the damn thing's owner lady started screaming at me, "Don't run, he doesn't bite." I stopped, so the dog bit my leg. I headed straight home and showed my mother. She immediately took me to the neighborhood clinic. To make a long story short, both me and the dog were put under observation for three weeks. In the end, I never had to get the injections for rabies, because the dog showed no symptoms. My family wanted to sue the old lady, but, well, in the end, no harm no foul. The dog got run over by a car two months later anyway.

etcétera. En esta ocasión me llevó con él a ver a un cliente que estaba interesado en comprar un par de zapatos. Nos encontramos con este señor en la calle. Mi papá le dio el precio del par de zapatos y yo interferí diciendo: «Pero Salva (se llamaba Salvador), ¡tú no pagaste ese precio por esos zapatos!». Mi viejo me miró y con una sonrisa me dijo: «Tienes razón, yo pagué diez pesos por los zapatos Bulnes, estos son Amadeo y valen veinte y cinco pesos, que es en lo que se los estoy vendiendo a este señor». Cuando regresamos a la casa me dio tremendo sermón: «Casi me echas a perder esta venta por meterte en lo que no debes. ¿Cómo voy a ganar algo si no cobro un poco más de lo que pagué?». Fue una buena enseñanza. Yo tenía ocho años de edad. Dos semanas después me llevó con él a vender cajas de tabacos Alvarado. Fuimos por quioscos, bodegas, bares, tiendas todo el día y solamente vendimos dos cajas. La ganancia se fue en el almuerzo de un restaurante de Buena Vista.

· Estábamos cinco o seis amigos jugando al taco en el callejón, una calle que daba diagonal contra el quiosco de Díaz, cuando yo bateo un *fly* largo y corro hacia primera base. En eso, un perro me empieza a perseguir y la dueña del cabrón me grita: «No corras, él no muerde». Me paré y el perro me mordió la pierna. Me fui para mi casa y le mostré a mi mamá. Ella inmediatamente me llevó a la clínica del barrio. En resumen, nos pusieron al perro y a mí en observación tres semanas. Al final no me llegaron a poner las inyecciones contra la rabia, pues el perro no mostró síntomas. Mi

· One day I was with a group of friends at the corner where my house was located, and they were talking about the day when Batidora's younger brother (that's the name we had for one of the guys in the group) had found an abandoned dog, tied a black umbrella to him with a noose around its neck, as if it were a parachute, and then threw him from the fourth floor of a building. Of course, the dog smashed onto the pavement below. Several days later, I ran across this younger brother (I actually thought all these were just tall tales, rumors), and he was walking along with a cat that had a noose around its neck holding five or six cans, and he said to me, "Do you think I wouldn't dare throw this cat off the balcony? Come with me and you'll see this cat can fly!" Then he went up onto the roof of his building and threw the cat off. It fell into the grass, made a horrific noise, which I can still hear in my mind sixty years later, and ran away.

Today, Batidora's little brother is a high-level official in the Cuban government.

· On another occasion, we were spying on Migdalia, a lovely dark lady with a sculptural body and tremendous behind. After she would come home from the office, she would go into her bathroom to take a shower every night and lather soap all over her body, placing great emphasis on her triangle of long, black, silky hair, letting all the foam slide down her lovely thighs. I think she realized we were there, a group of three or four guys. We would go up onto the roof next-door, which looked right into her bathroom, and I think she would leave the window open on purpose. The light, the aroma (the smell of jasmine from the garden in the house where we hid) and that open window would take us on a trip to paradise. All until one day when we got

familia quería ponerle un pleito a la vieja, pero, bueno, la sangre no llegó al río. De todas maneras, dos meses después un carro aplastó al canino.

· Un día estaba en la esquina de mi casa junto a un grupo de amigos y hablaban del día en que el hermano menor de Batidora (así le decíamos a uno del grupo) se había encontrado un perro abandonado, le había amarrado un paraguas negro con una soga al cuello como si fuera un paracaídas y lo había lanzado desde un cuarto piso. Por supuesto, el perro se reventó contra el pavimento. Varios días después me encuentro con este hermano menor (yo pensaba en verdad que todas estas anécdotas sobre él eran cuentos, habladurías), quien venía con un gato amarrado a una soga junto a cinco o seis latas y me dice: «¿Tú crees que no me atrevo a lanzar este gato del balcón? ¡Ven conmigo y ya verás cómo este gato puede hasta volar!». Entonces se subió a la azotea de su edificio y lo tiró. El gato cayó en la hierba, emitió un sonido horroroso, que aún después de sesenta años puedo oír, y salió corriendo.

Hoy en día, el hermano menor de Batidora es un alto oficial del gobierno cubano.

· En otra ocasión rascabuchábamos a Migdalia, una trigueña con un cuerpo escultural y tremendo culo, que después que llegaba de la oficina se metía en el baño a darse una ducha todas las noches y enjabonarse todo el cuerpo con mucho énfasis en su triángulo de pelos negros, largos y sedosos, dejando chorrear toda esa espuma por sus

caught and there was a huge ruckus. The old ladies living in the house downstairs saw us climb up to the roof and sent up another neighbor to find out what was going on. They caught us red-handed and called our parents, who really chewed us out. In the meantime, Migdalia never found out (or pretended like she never had) about our mischief. I imagine she still lives there. She is probably still there patting her triangle while taking the same cold showers.

June 2015

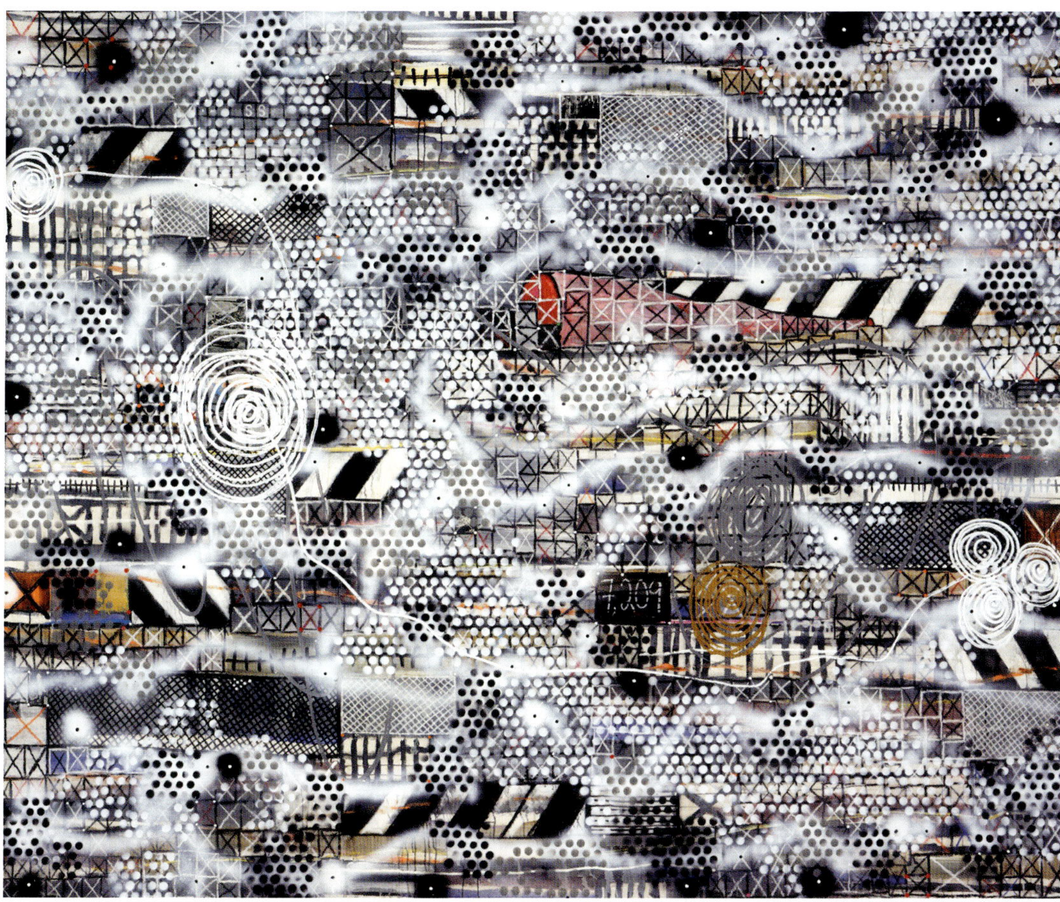

bellos muslos. Yo creo que ella sabía que nosotros, un grupito de tres o cuatro, nos subíamos a la azotea de la casa de al lado, que daba frente con frente con el baño y dejaba a propósito la ventana abierta. La luz, el aroma (el olor a jazmín del jardín de la casa donde estábamos escondidos), más aquella ventana abierta nos transportaban al paraíso. Hasta que un día nos sorprendieron y se armó tremendo lío. Las viejas que vivían en la casa de abajo nos vieron subir al techo y mandaron a otro vecino a averiguar qué estaba pasando. Nos cogieron con las manos en la masa. Llamaron a nuestros padres y nos dieron tremenda descarga. Mientras tanto, Migdalia no se enteró nunca (o hizo como que no se había enterado nunca) de nuestras travesuras. Me imagino que si sigue viva, aún estará dándose duchas frías y palmaditas en su triángulo.

Junio de 2015

Grey Zone, 2003
Acrylic, charcoal, enamel, photos, oil stick, and shellac on canvas
Acrílico, carboncillo, esmalte, fotografías, óleo en barra y laca sobre lienzo
98 x 117"
249 x 297 cm

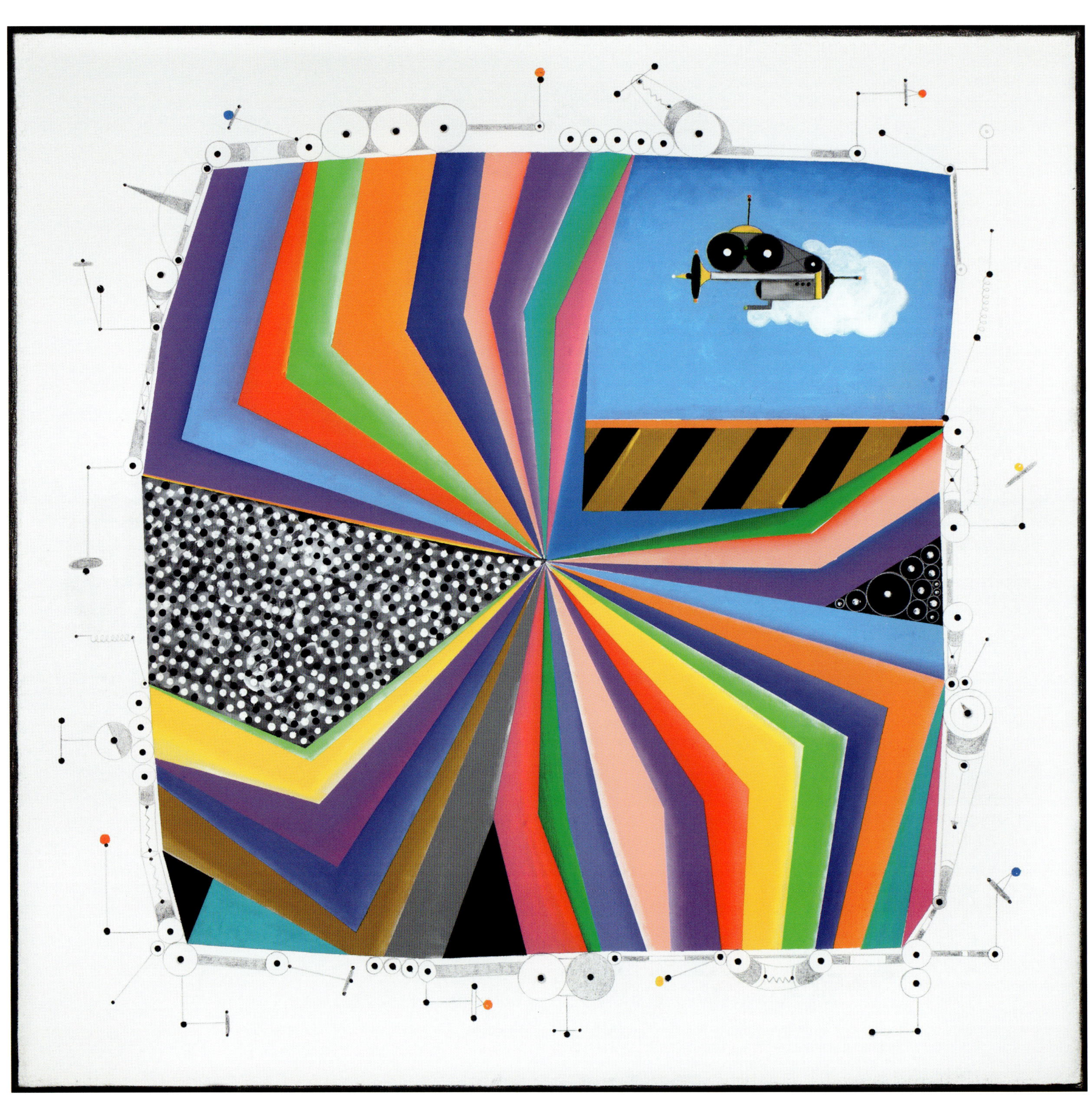

8 poems

8 poemas

Luis Cruz Azaceta

IN '69 WITH MY ART CERTIFICATE
FROM THE SCHOOL OF VISUAL ART
IN NEW YORK IN MY BACK POCKET
AND A PAIR OF NEW SNEAKERS
I VISITED EUROPE
MONA AT THE LOUVRE
REMBRANDT & VINCENT IN AMSTERDAM
BACON IN LONDON
MICHAELANGELO IN ROME
GOYA'S BLACK PAINTINGS IN MADRID
WAKE ME UP
FROM MY GEO-ABSTRACT WORLD
OF THE AMERICAN DREAM
AND PUT ME IN TOUCH
WITH MY ALIEN REALITY
OF THE STREETS OF NEW YORK

1969

SUBWAY-RIDE

CONEY ISLAND EXPRESS
LOCO LOCAL
IN & OUT
UP & DOWN
CONSTANT PARADE
1 – 2 – 3
THE JUNGLE
ZOO EN WHEELS
MEN, WOMEN & CHILDREN
HUMAN MASS
IN TRANSIT
UNDERGROUND STAGE
'NO SMOKING'
EVERYONE ACTING OUT
A KNIFE
A GUN
A CRY
READING THE PAPER
SITTING
STANDING
WAITING
EYES OPEN
EYES CLOSED
MADNESS
ABSURDITY
MAN EATING A WOMAN
TIMES SQUARE
GRAFFITI
A – B – C
EUPHORIA
RUSH-HOUR

Surveillance III, 2012
Acrylic and pencil on canvas
Acrílico y lápiz sobre lienzo
48 x 48"
122 x 122 cm

Bang, Bang you are dead
One
Two
Three
An AIDS victim died
A B C   Cuban refugees
            Alien across the fence
            City bombers planning their
            Next hit
            A child cries for his mother
            A crack-head breaks a glass
            Window
            A man build a box—O.J. runs
In his bronco—The Menendez cried in court
A lawyer points his finger
A mother drowned her kid—a cop chased
A mugger—a woman holds a sign—Jesus
Saves—the air is polluted—my friend hates his Father
His Father-hates his Mother
His Mother is leaving his Father
The children are running away
The student carries a gun
The drug addict stops a car
The blind subway music man kicks his dog
A teenager drinks a beer
A preacher stands in a corner
A soldier shoots his rifle
A weeding takes place in the park
A rich man counts his money
A thirsty man asks for water
A clown smiles
A sinner prays
A dog barks
The train runs late
The light switch don't work
The Museum of Modern Art is free on Thursday
I look at my watch
I stretch a canvas
I mix some colors
I use a 2 ½ inch brush
I listen to Gregorian Chants and
Cuban music
I change my style
I use acrylic paint
I nail plywood into the canvas

I look at myself in the mirror
I kill a roach
I make a painting of a barricade
I let a drip
I change the color
I don't like it
I answer the phone
I change the color again
I flip the CD
Tom Waits sings
Goya can't hear
Vincent cuts his ear
Picasso goes to Spain
Mondrian goes to Broadway
Beckman smokes a cigarette
Frida cut her hair
Baselitz upside down
Saul's Day-Glo
Arneson picks his nose
Tomorrow is coming
Tomorrow is today
Today is now
Now is present.

November 4, 1995

1 fence
2 fence
3 fences
one wall
two walls
three walls
the border is the sea
blue, deep, dense
transparent, mysterious, deadly
shark infested
guns
speeches
slogans
barbwire & guaguancó
across
the north
cold, clean & rich
the exile begins
border language one
border color two
border ghetto three
uprooted
in transit
on wheels
not here
nor there
spic
spanish, hispanic, latino
coffee, fear & hope
diaspora and rock & roll
split, split, split
caught between 2 cultures
and the sea
mirror, mirror, mirror
urban jungle, urban beast
a piece of bread
and a daiquiri

a hole
a gun
a knife
and a dream
alienation, creation & determination
biting the edge
with a brush, ideas & nails
confronting reality
at the foot
of the abyss
drowning
fighting
surviving
living & loving
border line
with
the american dream
waiting…

August 11, 1996

A CIRCLE
A ZERO
A DOT
A POINT
A BEAD
ELEMENTS IN MY CURRENT WORK
ADD ONE CIRCLE, TWO CIRCLES, THREE CIRCLES
TWENTY, A HUNDRED, THOUSANDS…
TIRED
DRINK WATER
SIT DOWM
WANDERING
THE TELEPHONE RINGS
MARKETING CALL
PUT MUSIC ON THE RADIO
CLASSIC MR. PIANO-MAN
GLENN GOULD PLAYING THE GOLDBERG VARIATIONS
GREAT, MY FAVORITE
I'M WALKING ON WATER
MORE COLORED CIRCLES ON THE UNDERPAINT
OBSESSION
MORE CIRCLES
ALL DIFFERENT, SMALL, MEDIUM, LARGE
ABSTRACTIONS
POSITIVE-NEGATIVE
BLACK / WHITE
PATTERNED STRUCTURES
MOVEMENT
GEOMETRICAL
ORGANIC
CELLS
MICRO-ORGANISM
NANOBACTERIA
VIRUSES
BUGS
CLUSTERS
PRAYER BEADS
CARNIVAL BEADS
THE KABBALAH
MUSIC
THE STARS, THE COSMOS, THE BRAIN
BEAUTY, MYSTERY, ENIGMA
-LOUD INTERRUPTION-
TIC… TIC… TIC… RADIO SPECIAL REPORT
LOOKING AT THE UNFINISHED CIRCLE
HALF A CIRCLE
TIC… TIC… TIC… A PLANE CRASHED INTO THE WORLD TRADE CENTER
MY MOUTH GETS DRY
WHILE I'M LISTENING
FINISHED THE INCOMPLETE CIRCLE
I SIT ON THE ROCKING CHAIR
STARE AT THE PAINTING
FIFTEEN, SEVENTEEN, TWENTY MINUTES

OF BLAH, BLAH, BLAH NEWS
SPECULATIONS?
ANOTHER PLANE DIVES INTO THE SECOND TOWER
INCREDIBLE
FICTION/REALITY
REALITY/ FICTION
CAN'T BELIEVE IT
SABOTAGE
TERRORISM
CAN'T WORK NO MORE
I'M WORRIED AND PERPLEXED
CALLED MY SON IN NEW YORK
CALLED MY SISTER IN NEW YORK
CALLED MY PARENTS IN NEW YORK
THEY'RE OK
MY FRIENDS
STILL TOO EARLY TO KNOW
9:25 A.M.
THE BUILDINGS ARE ON FIRE
SMOKE, SMOKE, SMOKE
GO TO THE BATHROOM
PUT WATER ON MY FACE
CALLED MY WIFE
SHE IS IN PANIC
SHE SEES IT ON T.V.
THE TWO BUILDINGS COLLAPSE
TERROR
NIGHTMARE
WHO COULD DO THIS?
THE FURIES UNLEASHED
MONSTROSITY
CHAOS
HUNDREDS OF PEOPLE TRAPPED
THOUSANDS DEAD
CAN'T TAKE IT
TURN THE RADIO OFF
WHILE TALKING TO MY WIFE
BYE, SEE YOU LATER
GO FOR A RIDE
AUDUBON PARK, THE MISSISSIPPI RIVER
THE CLOUDS, THE SKY, THE BIRDS, THE BOATS
THE TREES, THE LIGHT
FRAGILE LIFE
DARK LIFE
SADNESS
GO BACK TO THE STUDIO
LOOK AT THE WORK IN PROGRESS
SEE A MYRIAD OF CIRCLES DANCING
AND A DARK RING OF HELL
IN MY MIND
GROUND ZERO

Tuesday, September 11, 2001

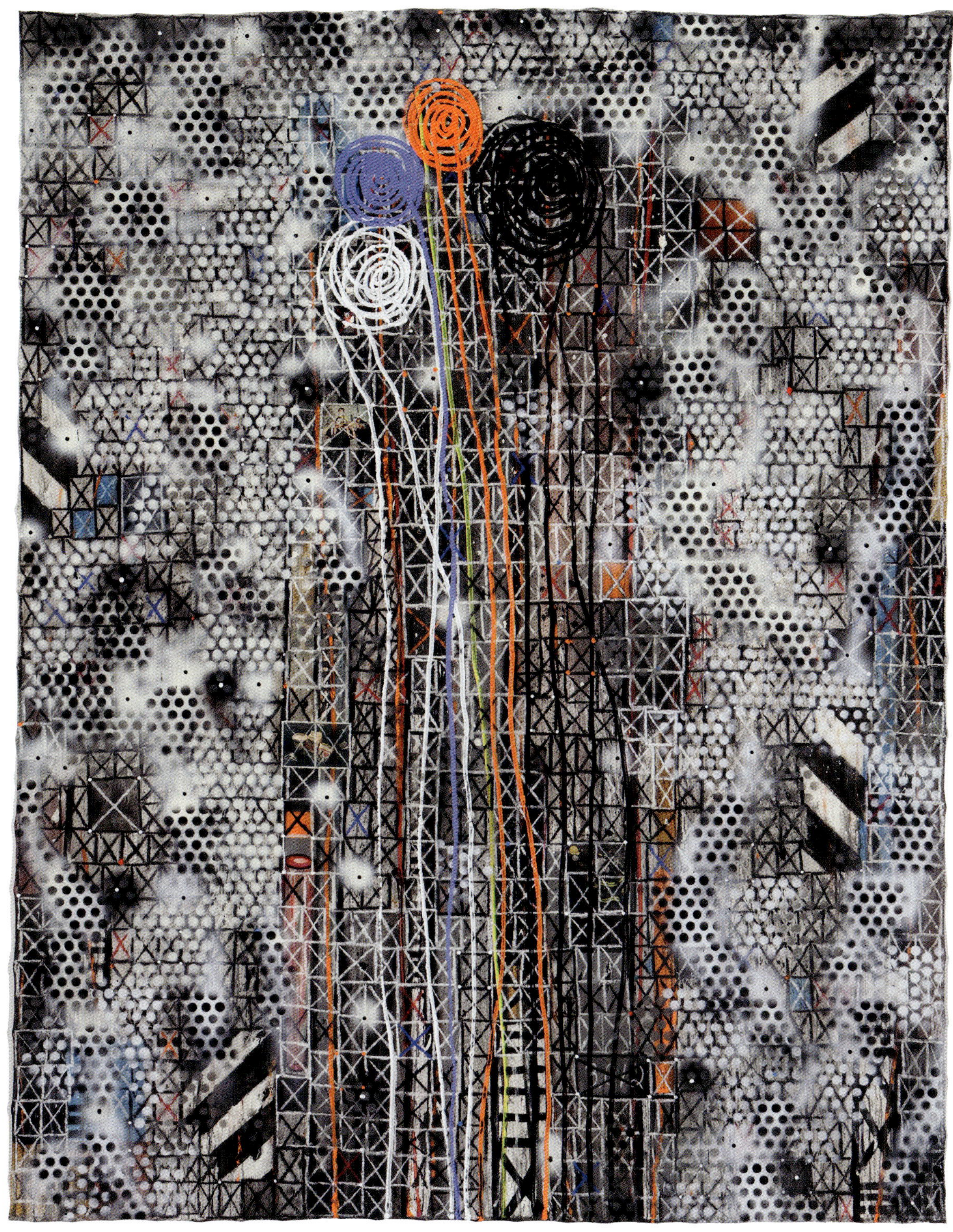

9/11 World Trade Center, 2003
Acrylic, oil stick, photos, and shellac
on canvas
Acrílico, óleo en barra, fotografías y
laca sobre lienzo
112 x 85"
284 x 215 cm

KENNEDY ASSASINATED
BOBBY KILLED
MARTIN SHOT
HOFFA DISAPPEARS
MARLON BRANDO WINS AN OSCAR
THE INDIANS
THE BLACKS
CIVIL RIGHTS
APPARTHEID
Mc DONALD'S IN ALL THE STATES
FEMINISM
RAGE
AND IBM
CÉSAR CHÁVEZ
MIGRANT WORKERS
GENERAL MOTORS
GENERAL ELECTRIC
WELFARE
FOOD STAMPS
MEDICADE
MEDICARE
TACO BELL
ROCK & ROLL
AND YOGI BERRA
MOVING SOUTH
NEW ORLEANS
BLACK & WHITE
CHECKERBOARD
NEUTRAL GROUND
PACK A GUN
POLAROIDS
TAKING PICTURES
SNAP SHOTS
THE FAMILIAR
THE UNFAMILIAR
CLICK, CLICK, CLICK
SHOOTING, SHOOTING
PAINTING & GLUING
PHOTOS INTO CANVAS

July 12, 2004

FRANKFURT
TRAIN STATION
SITTING DOWN
DRINKING COFFEE
WAITING
TWO GERMAN POLICE & DOGS
POINTING GUNS AT US
ME LOOKING LIKE AN ARAB
MY WIFE LIKE A LONG-HAIRED BLONDE GERMAN
BOTH CARRYING
SUSPICIOUS BLACK TUBES
LIKE BAZOOKAS
JUST ART
WE'RE NOT TERRORISTS
ANARCHISTS OR RELIGIOUS FREAKS
JUST ARTISTS
WAITING FOR GODOT
TO GO TO BERLIN
TO SEE OTTO DIX
MAX BECKMANN
MONUMENT TO THE REPUBLIC,
& FITZCARRALDO.

I REMEMBER
A MOMA VISIT
WITH MY WIFE SHARON
UP & DOWN THE ESCALATORS
SEEING THE NEW ACQUISITIONS
A JASPER JOHN'S
EXCLAMATION
"ANOTHER JOHN'S PAINTING?
WHAT, NO MORE ARTISTS IN THIS COUNTRY?"
I TELL MY WIFE ACROSS THE ROOM
I TURN AROUND
BEHIND US
JASPER JOHNS & KIRK VARNEDOE
OOPS!

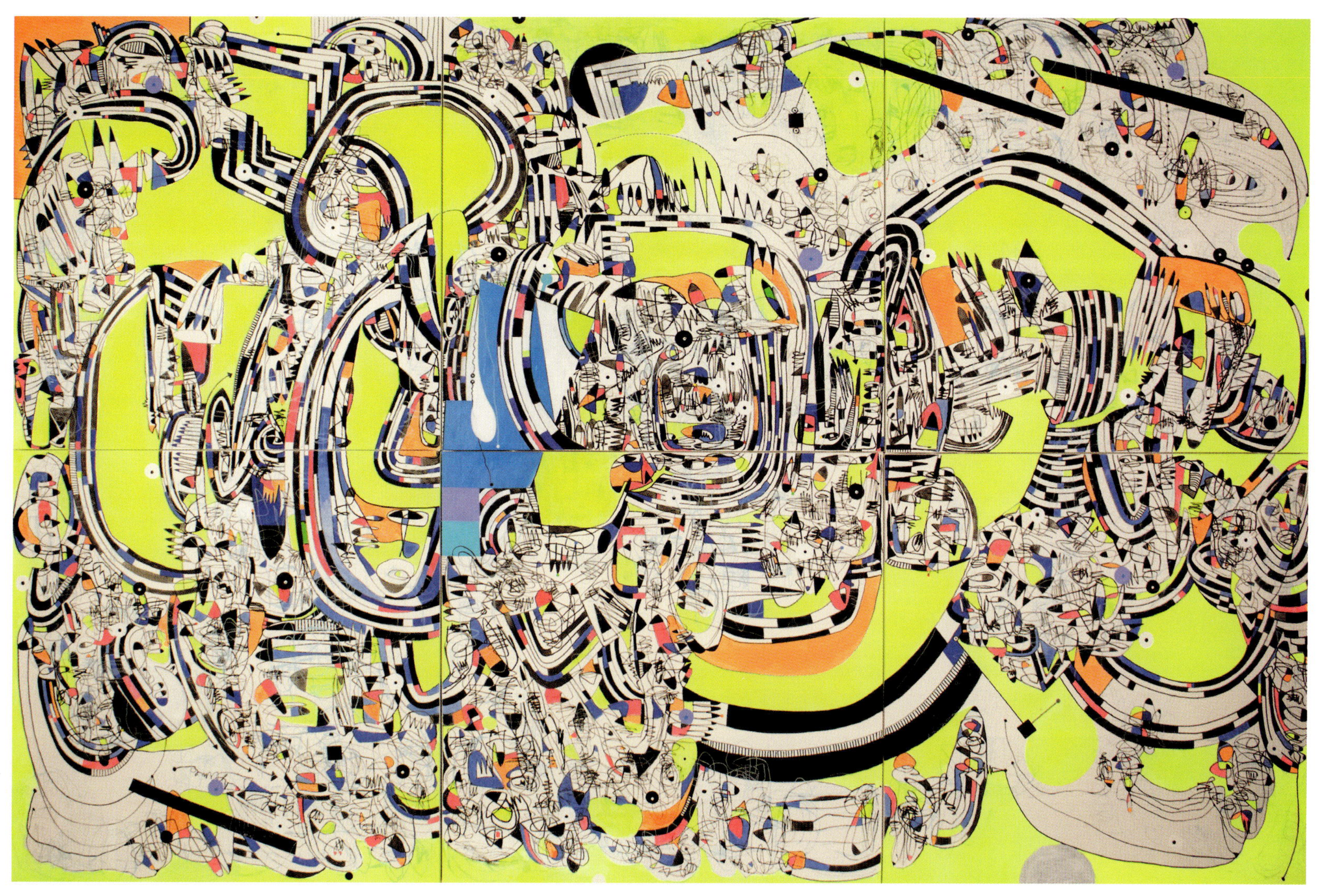

Trail, 2016
Acrylic on canvas
Acrílico sobre lienzo
96 x 144"
244 x 366 cm

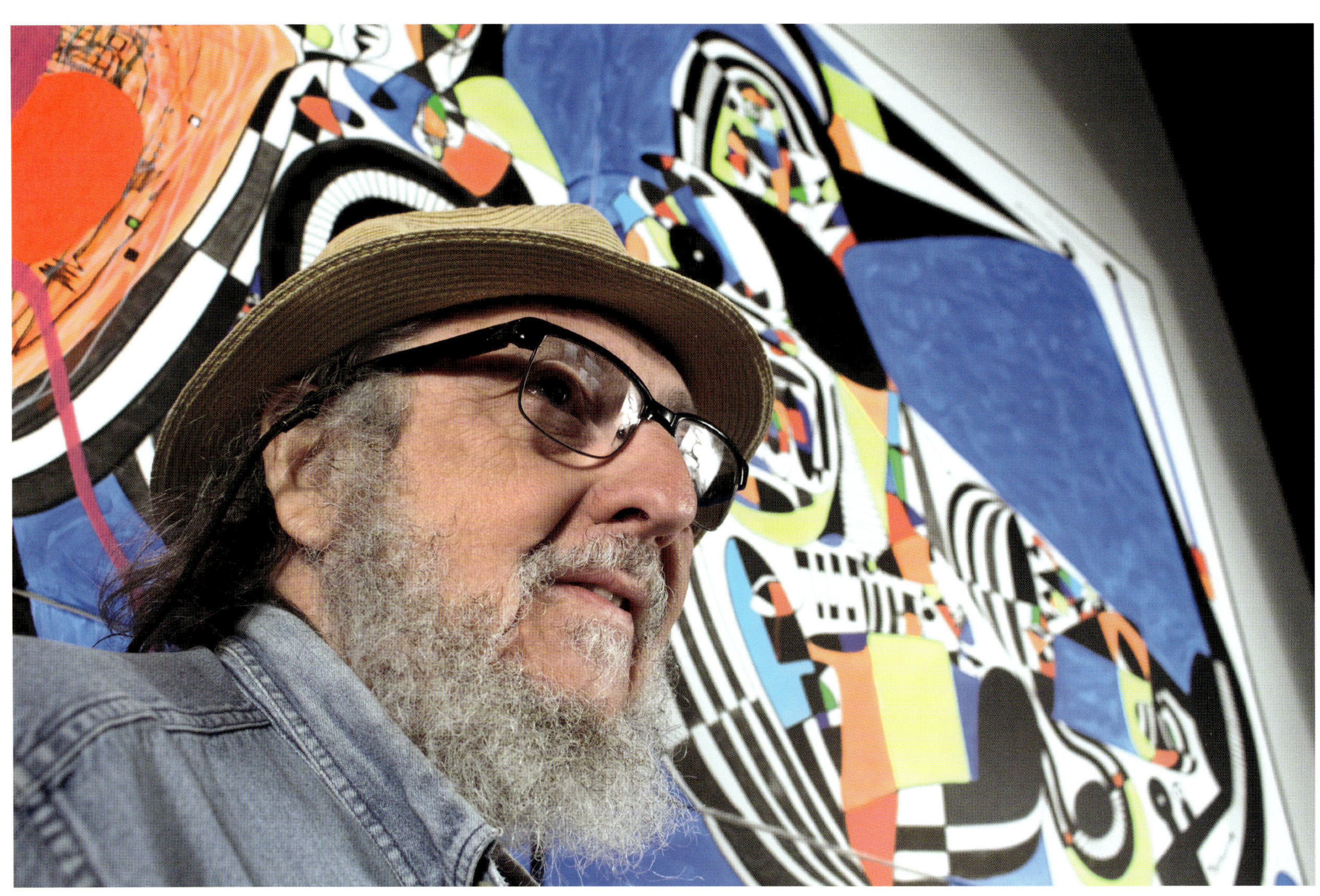

Feb. 26, 2016. Luis in the studio,
New Orleans, LA
26 de febrero de 2016, Luis en su
estudio, Nueva Orleans, LA
(Photo: Dylan Cruz Azaceta)

Grant Awards
Premios

2013	Pollock-Krasner Foundation Grant, NY, USA
2009	Joan Mitchell Foundation Grant, NY, USA
1992	Penny McCall Foundation, New York-New Orleans, NY-LA, USA
1991-1992	National Endowment for the Arts, Washington, DC, USA
1989	Mid Atlantic Arts Foundation Grant for Special Projects, Baltimore, MD, USA
1985	National Endowment for the Arts, Washington, DC, USA
	Guggenheim Memorial Foundation Grant, NY, USA
	New York Foundation for the Arts, NY, USA
1984	MIRA: Canadian Club Hispanic Award, Canada
1981-1982	Creative Artist Public Service (Caps), NY, USA
1980-1981	National Endowment for the Arts, Washington, DC, USA
1975-1976	Cintas Foundation, Institute of International Education, NY, USA
1972-1973	Cintas Foundation, Institute of International Education, NY, USA

Public Collections
Colecciones públicas

Allen Memorial Art Museum, Oberlin, OH, USA
Alternative Museum, New York, NY, USA
Artium Museo de Arte Contemporáneo, Vitoria-Gasteiz, España
The Arkansas Arts Center, Little Rock, AR, USA
Athens Academy Art Collection, Athens, GA, USA
Biblioteca Nacional, Madrid, España
Brooklyn Museum, Brooklyn, NY, USA
Cintas Foundation, Frost Art Museum at FIU, Miami, FL, USA
Cortes Art Collection, Puerto Rico
Crocker Art Museum, Sacramento, CA, USA
Cuban Museum / Museo Cubano, Miami, FL, USA
Delaware Art Museum, Wilmington, DE, USA
Diana & Moises Berezvidin Art Collection, Puerto Rico
The Fabric Workshop and Museum, Philadelphia, PA, USA
Colorado Spring Fine Arts Center, Colorado Spring, CO, USA
NSU Museum of Art, Fort Lauderdale, FL, USA
The Four Seasons Hotel, Miami, FL, USA
Fundación FEMSA, Monterrey, México
Fulton Montgomery Community College, State University of New York, NY, USA
Greenville County Art Museum, Greenville, SC, USA
Harlem Art Collection, State Office Building, New York, NY, USA
Harvard Art Museums, Cambridge, MA, USA
Hofstra University Museum, Hempstead, NY, USA
The Howard Farber Cuban Art Collection, New York, NY, USA
The Houston Museum of Fine Arts, Houston, TX, USA
Jack S. Blanton Museum of Art, University of Texas, Austin, TX, USA
Jersey City Museum, Jersey City, NJ, USA
Kemper Art Museum, St. Louis, MI, USA
Kerry Stokes Art Collection, Perth, Australia
Lehigh University Teaching Art Collection, Bethlehem, PA, USA
Lowe Art Museum, Coral Gables, FL, USA
Luciano Benetton Art Collection "Imago Mundi", Italia
Kresge Art Museum, Lansing, MI, USA
MARCO, Museo de Arte Contemporáneo, Monterrey, México
The Metropolitan Museum of Art, New York, NY, USA
Mills College Art Collection, Oakland, CA, USA

Miami Art Museum, Miami, FL, USA
Miami Public Library Art Collection, Miami, FL, USA
Museo Cubano / Cuban Museum, Coral Gables, FL, USA
Museo de Arte Moderno, Santo Domingo, República Dominicana
Museo del Barrio, New York, NY, USA
Museo de Bellas Artes, Caracas, Venezuela
The Museum of Fine Arts, Boston, MA, USA
The Museum of Modern Art, New York, NY, USA
Nassau County Museum of Art, Roslyn Harbor, NY, USA
The New Orleans Museum of Art, New Orleans, LA, USA
The New School of Social Research, New York, NY, USA
Patricia & Jaime del Hierro Art Collection, Guayaquil, Ecuador
Pennsylvania Academy of Fine Arts, PA, USA
Phillip Morris Art Collection, New York, NY, USA
Phoenix Museum of Art, Phoenix, AZ, USA
Rene & Veronica di Rosa Foundation, Napa, CA, USA
Renaissance Arts Hotel, New Orleans, LA, USA
Rhode Island School of Design Museum Collection, Providence, RI, USA
Richard Brown Baker Art Collection, Yale University, CT, USA
San Antonio Museum of Art, San Antonio, TX, USA
San Jose Museum of Art, CA, USA
Santa Barbara Museum of Art, Santa Barbara, CA, USA
Scottsdale Contemporary Art Museum, Scottsdale, AZ, USA
The Smithsonian Institute of Art, Washington, DC, USA
South Campus Art Collection, Miami-Dade Community College, Miami, FL, USA
Sprint Art Collection, New York, NY, USA
Tucson Museum of Art, Tucson, AZ, USA
University of Arizona Art Museum, Tucson, AZ, USA
University of California Fine Arts Collection, Davis, CA, USA
University of Missouri Museum of Art, Columbia, MI, USA
University of New Jersey Art Collection, Rutgers State, NJ, USA
University of Iowa Museum of Art, Iowa City, IA, USA
University of Southern Mississippi Art Collection, Hattiesburg, MS, USA
Whitney Museum of Art, New York, NY, USA
Winston-Salem State University Art Collection, NC, USA
Xavier University Art Collection, New Orleans, LA, USA

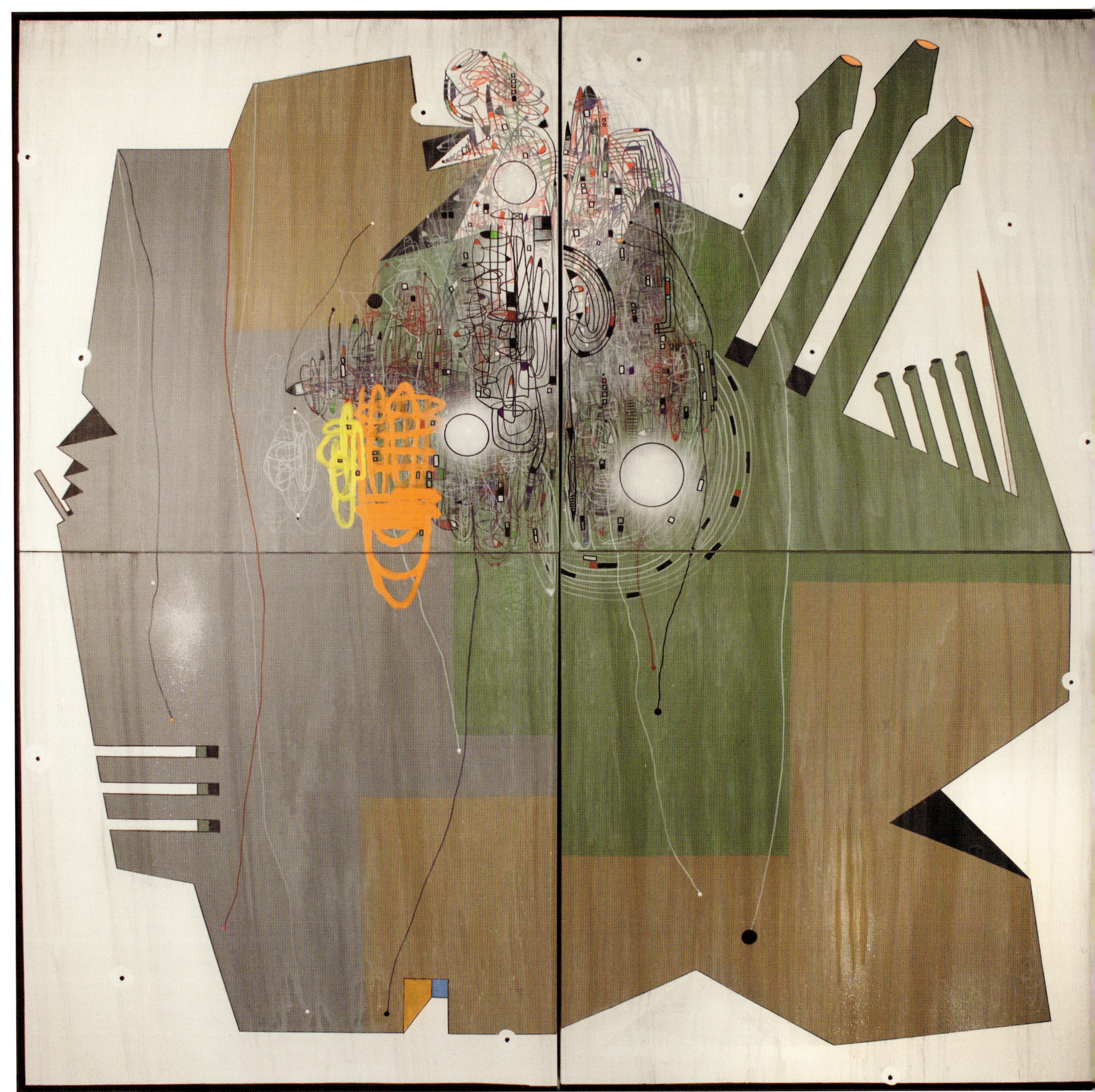

Glow, 2015
Acrylic on canvas
Acrílico sobre lienzo
96 x 96"
244 x 244 cm

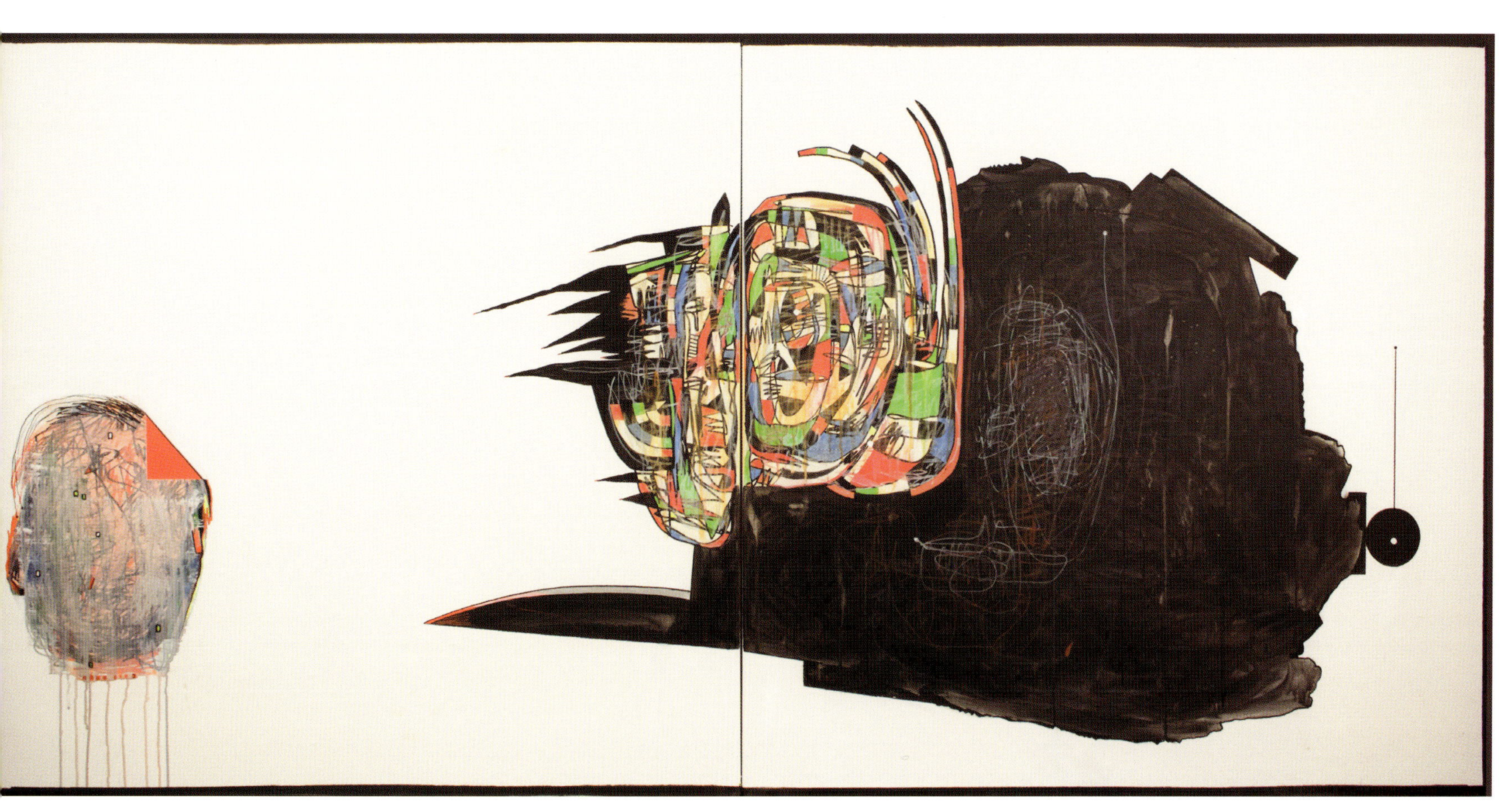

Pendulum, 2016
Acrylic on canvas
Acrílico sobre lienzo
48 x 96"
122 x 244 cm

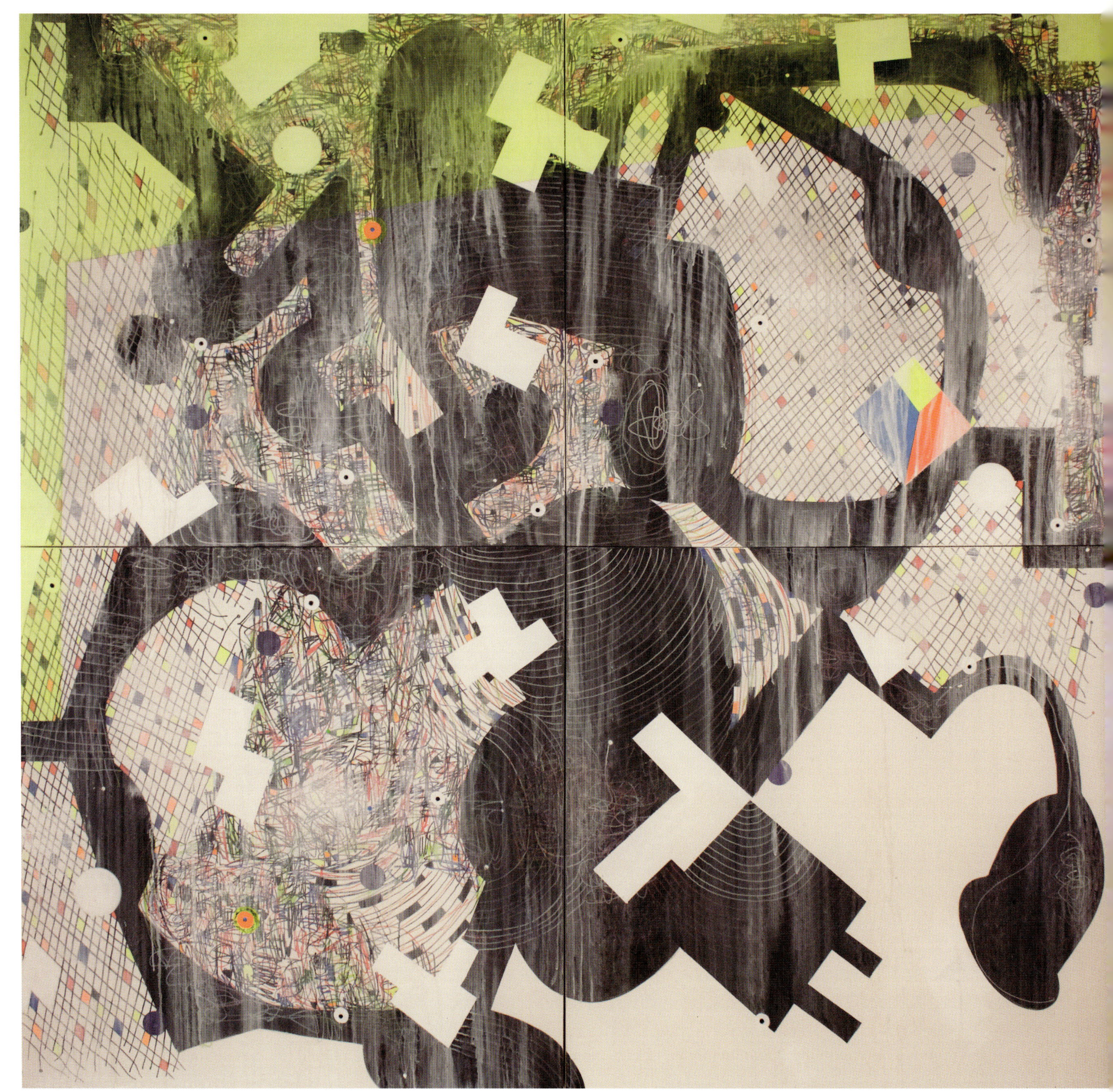

Net, 2015
Acrylic on canvas
Acrílico sobre lienzo
96 x 96"
244 x 244 cm

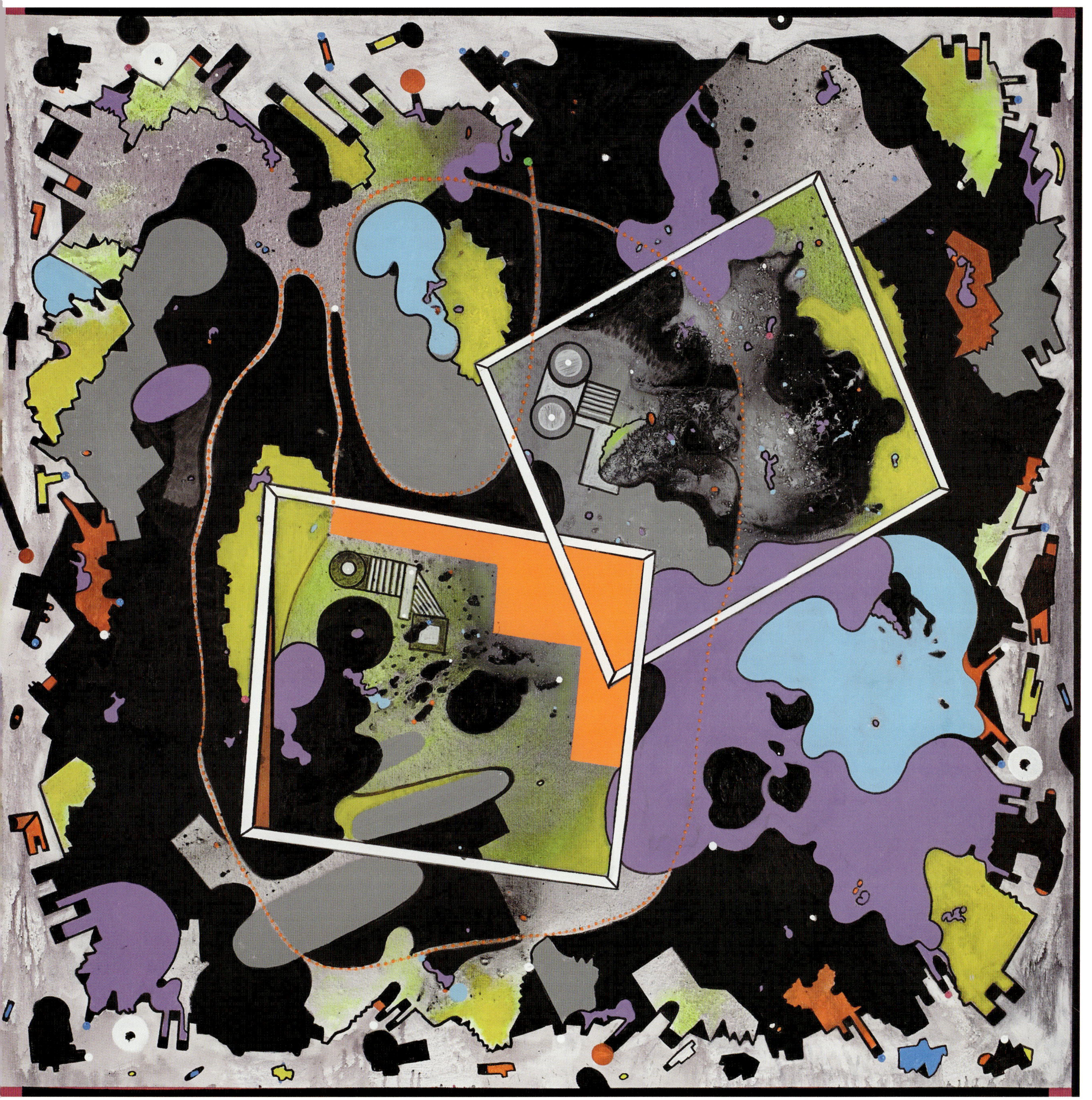

Reconnaissance, 2015
Acrylic on canvas
Acrílico sobre lienzo
48 x 48"
122 x 122 cm
Courtesy of Pan American Art Projects,
Miami, FL

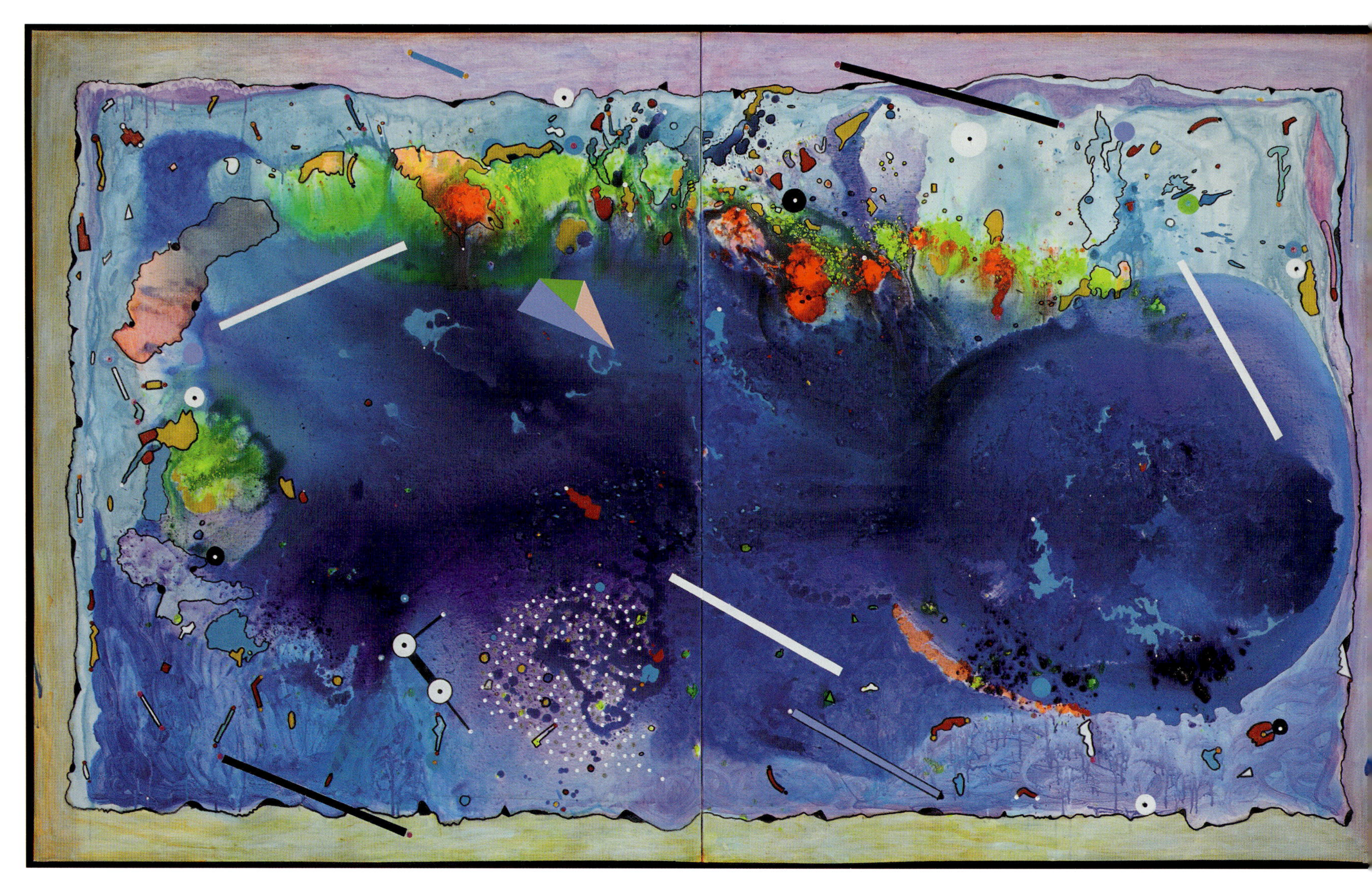

Falling Sky – Trekking, 2014
Acrylic on canvas
Acrílico sobre lienzo
60 x 96"
152 x 244 cm
Collection of David Workman,
New Orleans, LA

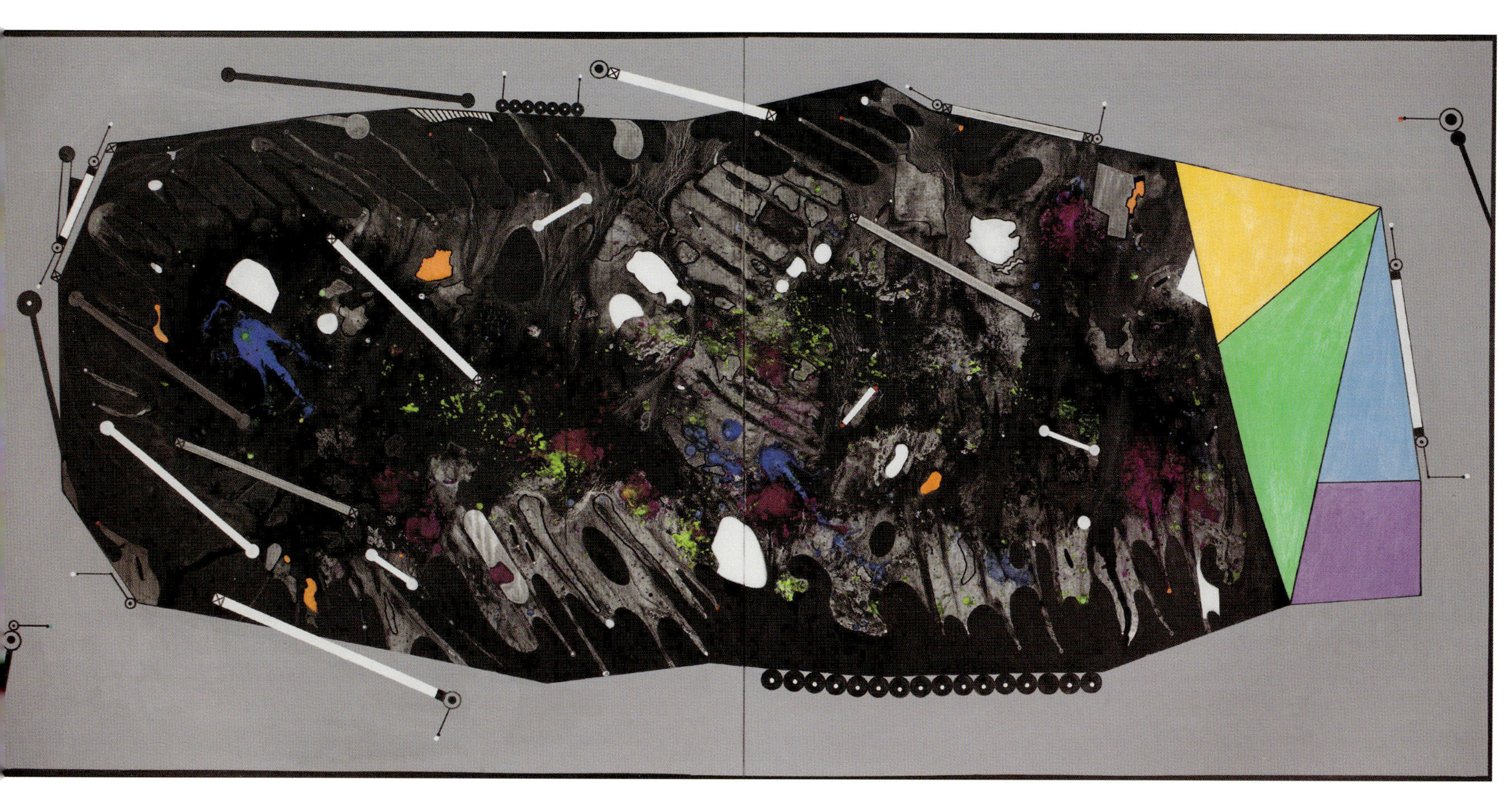

54 x 108"
137 x 274 cm

Falling Sky – Mud Slide, 2014
Acrylic on canvas
Acrílico sobre lienzo
54 x 108"
137 x 274 cm
Courtesy of Allegro Galeria, Panama

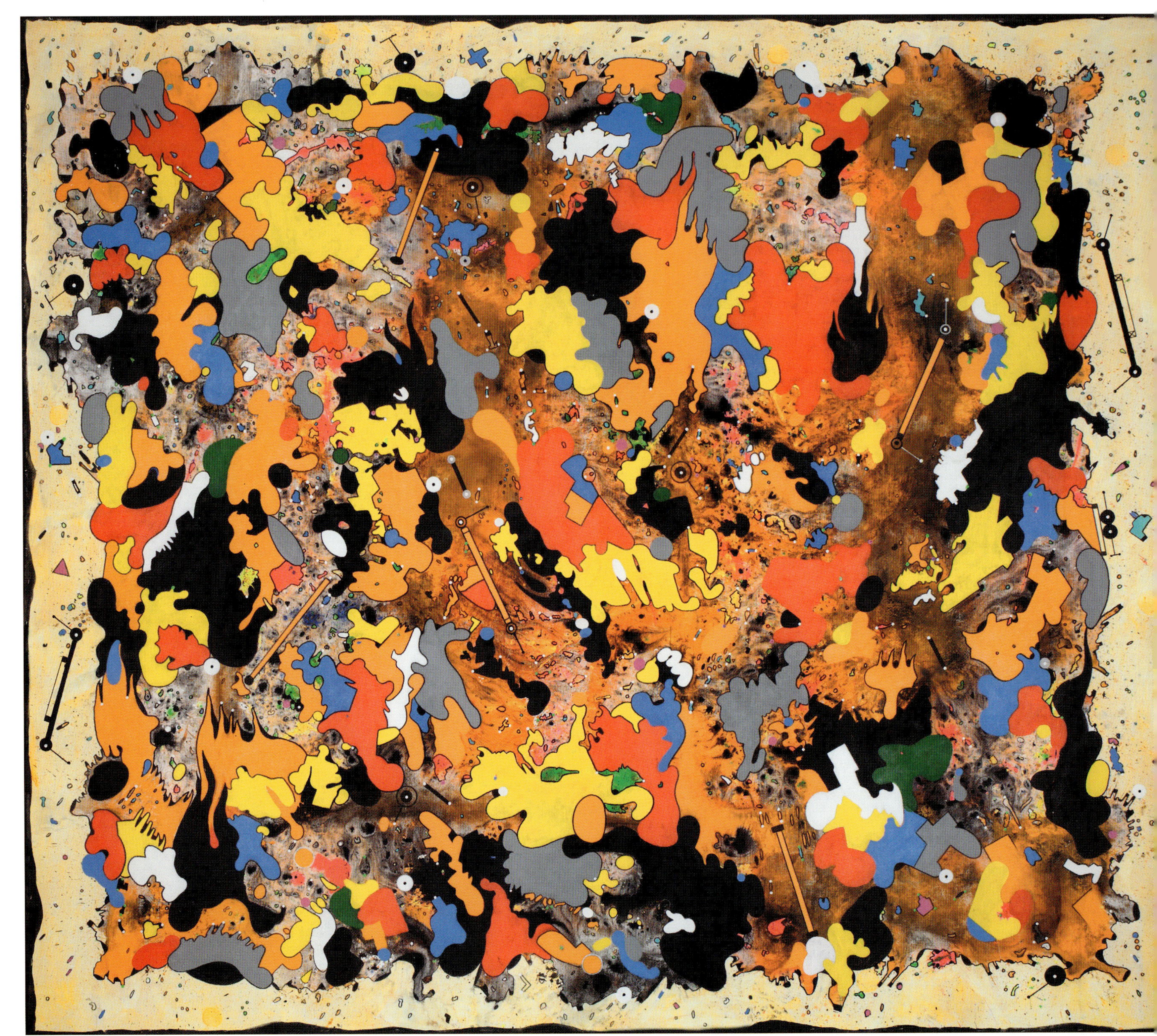

Falling Sky – Fire, 2014
Acrylic on canvas
Acrílico sobre lienzo
108 x 120"
274 x 305 cm
Courtesy of Arthur Roger Gallery,
New Orleans, LA

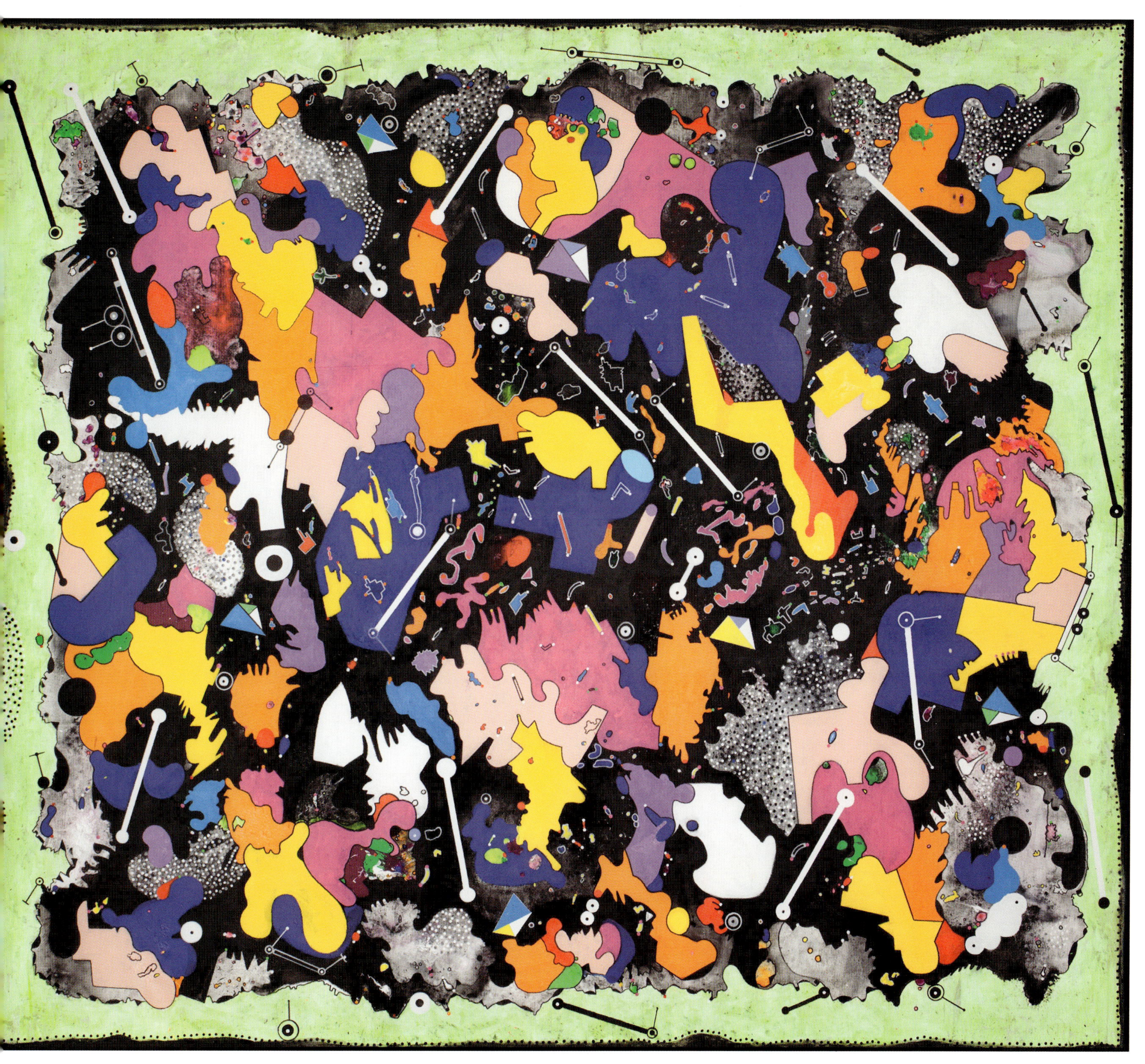

Falling Sky – Movement 29, 2014
Acrylic on canvas
Acrílico sobre lienzo
108 x 120"
274 x 305 cm
Courtesy of Arthur Roger Gallery,
New Orleans, LA

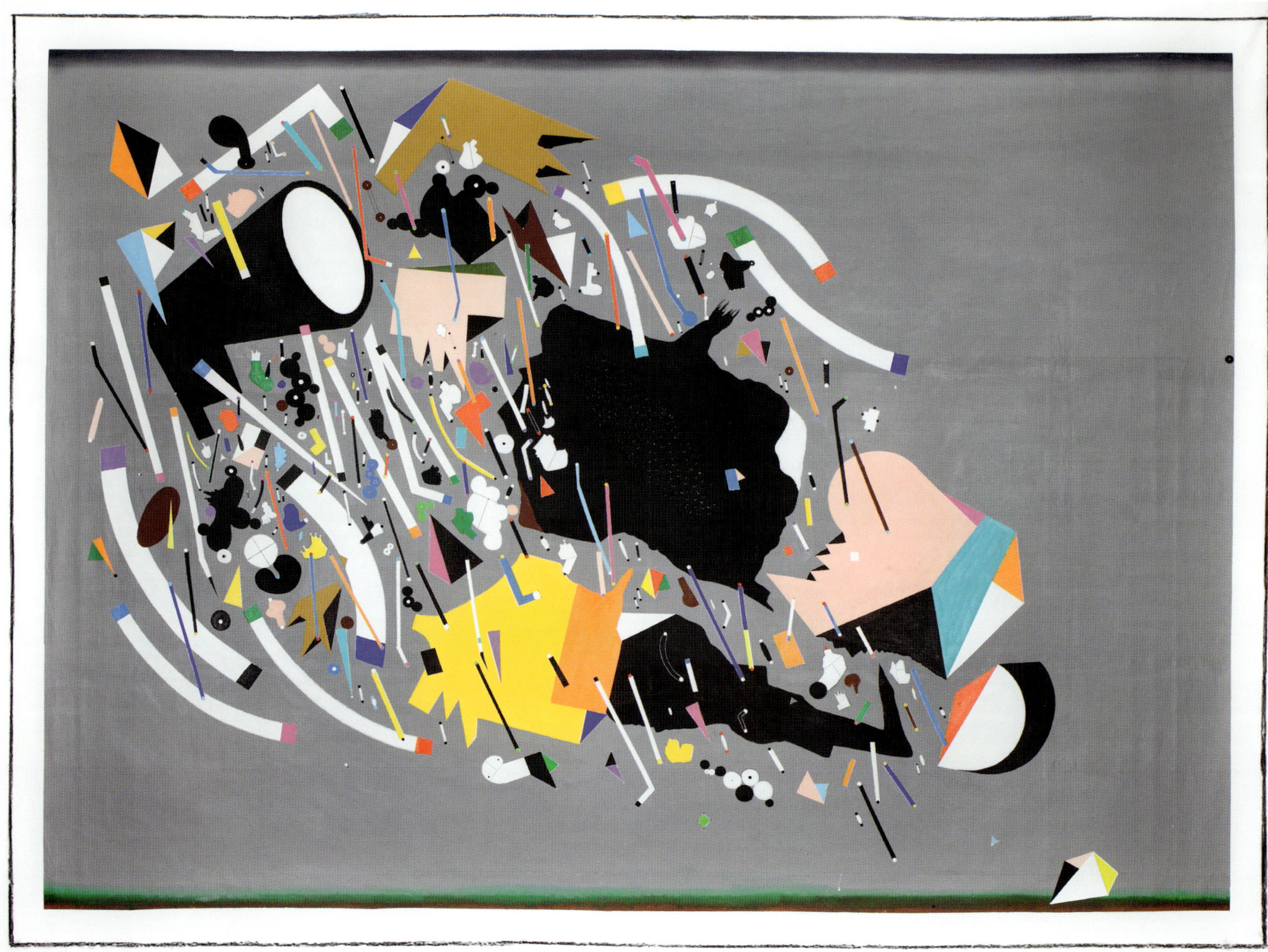

Falling Sky 7, 2013
Acrylic on canvas
Acrílico sobre lienzo
108 x 141"
274 x 358 cm
Courtesy of Allegro Galeria, Panama

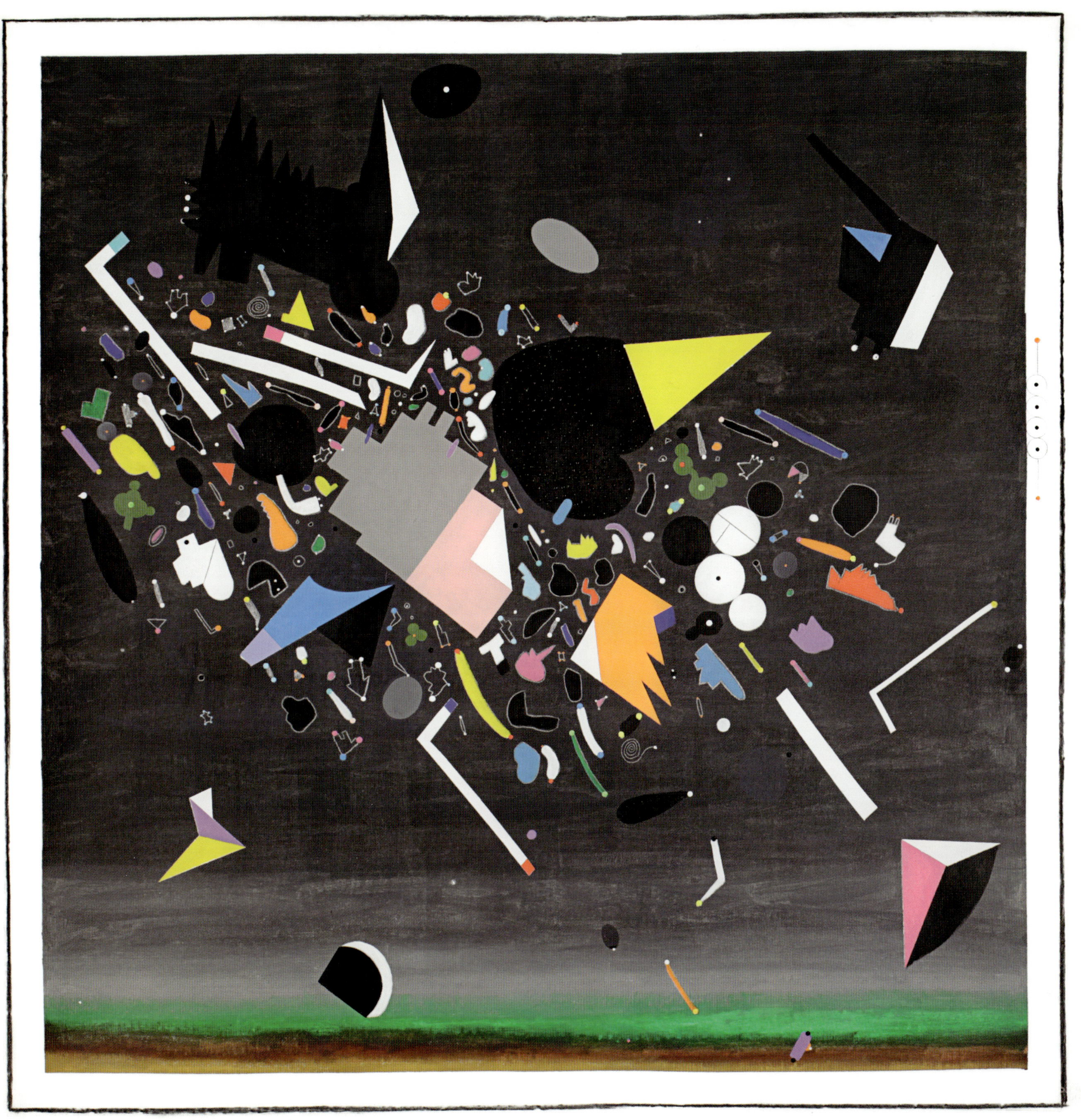

Falling Sky 1, 2013
Acrylic on canvas
Acrílico sobre lienzo
85 x 83"
216 x 211 cm
Courtesy of Lyle O. Reitzel Gallery, New York
& Santo Domingo, Dominican Republic

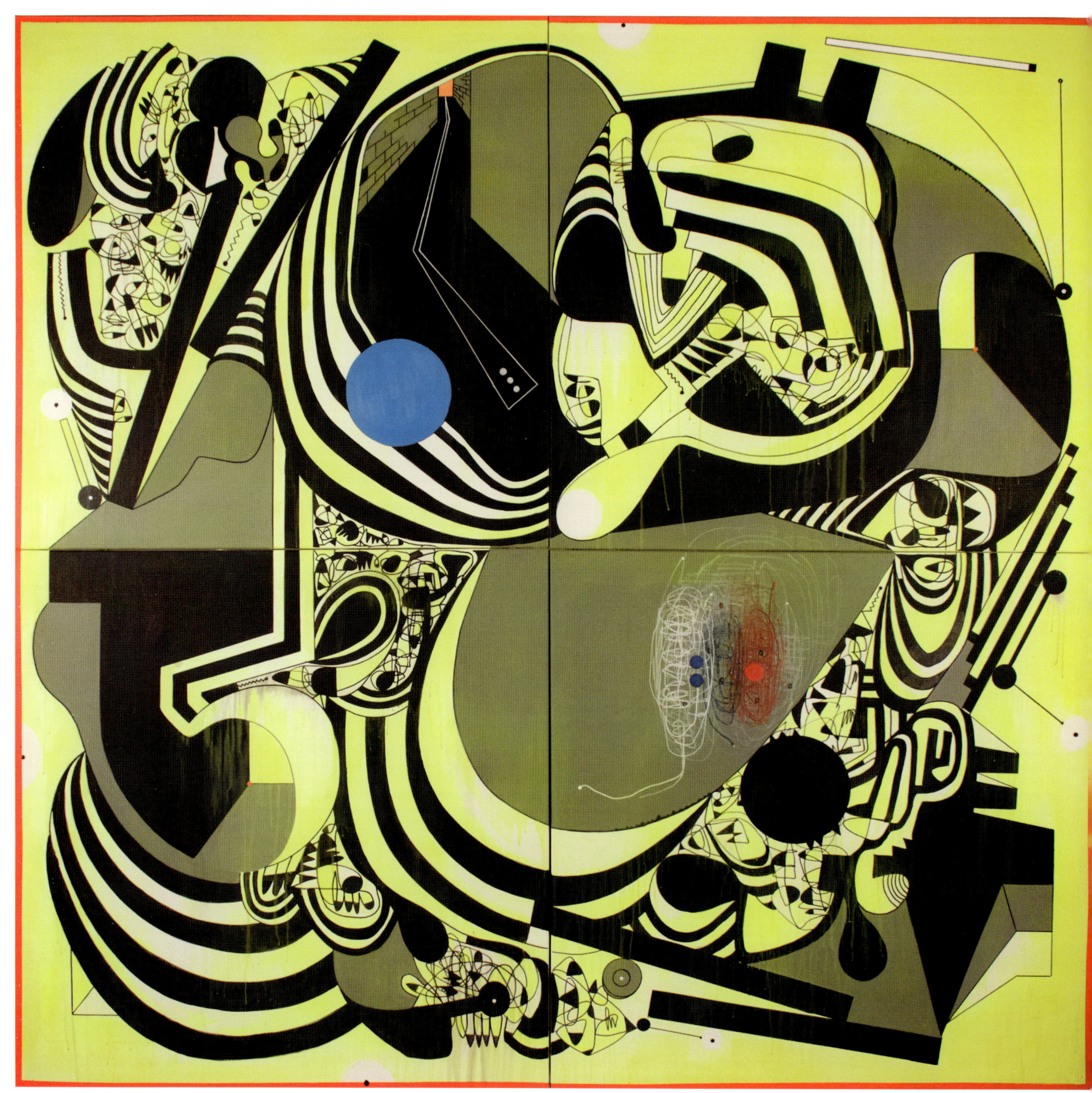

No Exit 2, 2015
Acrylic on canvas
Acrílico sobre lienzo
96 x 96"
244 x 244 cm

Design, edition and production
Diseño, edición y producción
TURNER

Texts
Textos
Carlos A. Aguilera

Poems
Poemas
Luis Cruz Azaceta

Translation
Traducción
Douglas Prats

Photo credits
Créditos fotográficos
Eeva Inkeri
Will Drescher
Mike Smith
Cameron Wood
Dylan Cruz Azaceta

ISBN 978-84-16714-31-5
DL M-26474-2016

DISTRIBUTION BY TURNER
DISTRIBUCIÓN A CARGO DE TURNER
www.turnerlibros.com

Distributed in Spain by
Distribuido en España por
Machado Grupo de Distribución
machadolibros@machadolibros.com
Les Punxes Distribuidora
punxes@punxes.es
www.punxes.es

Distributed in Latin America by
Distribuido en Latinoamérica por
Océano
info@oceano.com
www.oceano.com

Distributed in USA by
Distribuido en Estados Unidos por
DAP
orders@dapinc.com
www.artbook.com

Distributed in Europe
Distribuido en Europa por
ACC
sales@antique-acc.com
www.accdistribution.com/uk

Thanks to the following galleries for their generous support and contributions
to this publication
Nuestro agradecimiento a las siguientes galerías por su generoso apoyo y su
contribución a esta publicación:
Arthur Roger Gallery, New Orleans, LA
Allegro Galeria, Panama
Lyle O. Reitzel Arte Contemporáneo, New York & Santo Domingo,
Dominican Republic

Statement - Luis Cruz Azaceta
SHIFTING STATES is an ongoing series of works relating to the rapid state of
change we see in the world at large—climate change, collapsing economies, greed,
war and revolution—a point where individual citizens are rising against political,
economic and social injustices. In this process of shifting there is courage, faith
and innovation in mapping a new terrain.
Declaración - Luis Cruz Azaceta
SHIFTING STATES es un proyecto en curso compuesto de obras relativas a los
cambios constantes que se están produciendo en el mundo en general —cambio
climático, economías que se desmoronan, avaricia, guerra y revolución— en un
momento en que los ciudadanos se están rebelando individualmente contra la
injusticia política, económica y social. En este proceso de cambio hay valentía, fe
e innovación a la hora de diseñar un nuevo territorio.

Cover:
Cubierta:
Blast 2, 2015 (detail / detalle)
Acrylic on canvas
Acrílico sobre lienzo
60 x 96"
152 x 244 cm
Courtesy of Arthur Roger Gallery, New Orleans, LA

P. 176:
Self Portrait El Tatuado, 1981
Etching
Grabado
8¾ x 12"
22 x 30 cm
The Museum of Modern Art,
New York, NY

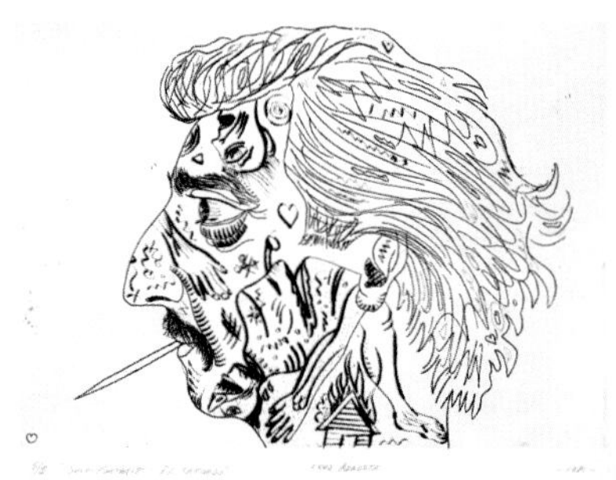

Este libro se acabó de imprimir
en julio de 2016
Se realizó un tiraje de 1.500 ejemplares

This book was printed in July 2016
The print run was 1,500 copies